方 言 校 箋

（ 附釋名校箋 ）

周祖謨　校箋

中華書局

圖書在版編目(CIP)數據

方言校箋:附釋名校箋/周祖謨校箋. —北京:中華書局,2022.12
(周祖謨文集)
ISBN 978-7-101-15872-4

Ⅰ.方… Ⅱ.周… Ⅲ.《方言》-研究 Ⅳ.H171

中國版本圖書館 CIP 數據核字(2022)第 160842 號

審圖號:GS(2022)786 號

書　　名	方言校箋(附釋名校箋)
校　　箋	周祖謨
叢 書 名	周祖謨文集
責任編輯	劉歲晗
責任印製	管　斌
出版發行	中華書局
	(北京市豐臺區太平橋西里 38 號　100073)
	http://www.zhbc.com.cn
	E-mail:zhbc@zhbc.com.cn
印　　刷	三河市宏達印刷有限公司
版　　次	2022 年 12 月第 1 版
	2022 年 12 月第 1 次印刷
規　　格	開本/710×1000 毫米　1/16
	印張 18½　插頁 4　字數 271 千字
印　　數	1-1500 册
國際書號	ISBN 978-7-101-15872-4
定　　價	88.00 元

周燕孙（祖谟）先生

1984年於日本京都講學

與黃家教先生

與林燾（左一）、朱德熙（左三）、王力（右四）等先生

《周祖謨文集》出版説明

　　周祖謨(1914～1995),字燕孫,北京人,我國傑出的語言學家,卓越的文獻學家、教育家。原北京大學中文系教授,歷任普通話審音委員會委員、中國語言學會常務理事、中國音韻學研究會名譽會長、北京市語言學會副會長等職。

　　周祖謨先生一生致力於漢語史與古文獻研究,出版學術著作十餘種,發表論文二百餘篇,涉及音韻、文字、訓詁、詞彙、方言、語法、詞典編纂、版本、目録、校勘、敦煌學、文學、史學等多個領域,而尤孜孜於傳統語言文字學典籍的校勘。作爲20世紀人文領域的一位大家,周祖謨先生根植傳統、精耕細作,對中國語言學的發展與進步産生了深遠的影響。

　　《周祖謨文集》共分九卷,涵蓋周祖謨先生論文結集、古籍整理成果及學術專著等。所收文集、專著保持周祖謨先生生前編訂成書的原貌,其他散篇論文新編爲《問學集續編》。收録論著均參考不同時期的版本細心校訂、核查引文,古籍整理成果後附索引,以便讀者使用。

　　《周祖謨文集》的出版工作得到了周祖謨先生家屬及社會各界人士的幫助和支持,在此謹致以誠摯的謝意。

中華書局編輯部

2020 年 12 月

本卷出版説明

本卷收録周祖謨先生古籍整理作品《方言校箋》《釋名校箋》。

《方言校箋》是周先生繼《廣韻校本》之後出版問世的又一古籍整理經典之作。以《四部叢刊》影印雙鑑樓藏宋刊本爲底本，全文排印，參校各種傳刻本，全面吸收清代學者戴震、盧文弨、王念孫等人的校勘成果，參校多種宋代及以前的古書，寫出了詳盡的校記，爲讀者呈現了一部權威可靠的《方言》校本。

《方言校箋》1951 年由巴黎大學北京漢學研究所出版，1956 年科學出版社再次印刷，並與吳曉鈴先生主編《方言校箋通檢》合訂爲一册。1993 年中華書局據初印本影印，不再與《通檢》合訂，書後附郭雅莉先生編製的筆畫索引和四角號碼索引。

本次我們以中華書局 1993 年版爲底本進行重排，訂正了舊版的文字録排錯誤。部分引文或係節引、或在用字上與今通行本有些許差別，凡不影響理解之處，一依原書。本次重排在版式、標點、索引等方面做了以下幾點變更：

1. 原版周先生箋注文字以脚注形式居於版面下方，本次重排，將箋注字號適當放大，條次於相應《方言》原文之後，便於閱讀的同時，也使校箋內容更加凸顯。

2. 原版《方言》被釋詞之間或以逗號分隔、或不做點斷，本次重排，被釋詞之間一律用頓號分隔，以符合文意層次。原版《方言》全書不加書名號，引用古書中的訓詁材料時,通常不加點斷、不用引號。本次重排,按現今出版習慣,添加書名號、引號,及其他必要的標點。

3. 原書筆畫索引和四角號碼索引係手寫影印,本次重排,不再收録此二種索引。我們重新排印製作了音序索引和筆畫索引附於書後,便於查檢。

《釋名校箋》是周先生生前未完稿,爲條札形式,僅完成前二卷,先生便已仙去。遺作刊發於《文史》1999 年第 2 輯(總第 47 輯),本次即以此爲底本重排,附於《方言校箋》之後。另收録周先生相關研究文章《書劉熙釋名後》。

中華書局編輯部

2021 年 12 月

目　録

方言校箋

羅　序 ……………………………………………………………… 3

自　序 ……………………………………………………………… 7

凡　例 …………………………………………………………… 17

輶軒使者絶代語釋別國方言第一 …………………… 23

輶軒使者絶代語釋別國方言第二 …………………… 38

輶軒使者絶代語釋別國方言第三 …………………… 52

輶軒使者絶代語釋別國方言第四 …………………… 66

輶軒使者絶代語釋別國方言第五 …………………… 78

輶軒使者絶代語釋別國方言第六 …………………… 91

輶軒使者絶代語釋別國方言第七 ………………… 106

輶軒使者絶代語釋別國方言第八 ………………… 113

輶軒使者絶代語釋別國方言第九 ………………… 120

輶軒使者絶代語釋別國方言第十 ………………… 130

輶軒使者絶代語釋別國方言第十一 ……………… 143

輶軒使者絶代語釋別國方言第十二 ……………… 150

輶軒使者絶代語釋別國方言第十三 ……………… 168

郭璞方言注序 …………………………………………… 190

劉歆與楊雄書 …………………………………………… 191

楊雄答劉歆書 …………………………………………… 193

李孟傳刻方言後序 ·· 195

朱質跋 ·· 196

音序索引 ·· 197

筆畫索引 ·· 227

插頁　方言地名簡要圖 ·· 254

附　釋名校箋

　序 ·· 259

　釋名卷第一 ·· 263

　釋名卷第二 ·· 273

　書劉熙釋名後 ·· 284

方 言 校 箋

羅　序

　　在語言學的三大部門裏,從中國古代語言學發展史來看,詞彙學創始的最早,可是後來並沒能發揮光大。音韻學到第 3 世紀才有了萌芽,因爲受了幾次外來的影響,比較最能走上科學的路。文法學發展的最晚,一直到第 19 世紀末才有了第一部系統的文法書——《馬氏文通》(前六卷 1898 年冬出版,後四卷 1899 年付印)。它以後的五十年來,還不免停滯在 "拉丁文法漢證" 或 "拉丁文法今證" 的階段。

　　詞彙的纂輯從公元前 2 世紀已經開始了。《爾雅》的著者雖然有人僞托得很古,實際上它只是漢代經師解釋六經訓詁的彙集。曹魏時張揖所作的《廣雅》,也仿照《爾雅》體例,搜羅《爾雅》所沒有收進去的名物訓詁。這一類的詞書是專爲六經作注脚的,他們所輯錄的限於古書裏有文字記載的語言,並沒有注意到當時各地人民口裏的活語言。至於較後的劉熙《釋名》,乃是一部主觀的、唯心的訓詁理論書,近人雖然有根據它作 "義類" 或 "字族" 研究的,可是從唯物的語言學觀點來看,這部書在中國語言學史上並不占重要的地位。當公元第 1 世紀左右,已經有唯物的觀點,從大眾的語言出發,應用客觀的調查方法的,只有《方言》能夠具備這些條件。

　　《方言》是中國的第一部比較方言詞彙。它的著者是不是楊雄,洪邁和戴震有正相反的說法,後來盧文弨、錢繹、王先謙都贊成戴說,認爲《方言》是楊雄所作。本書的著者周燕孫(祖謨)在自序裏對這個問題並沒加斷定,他的矜慎態度是很可嘉許的。我自己却很相信應劭的話,他在《風俗通》序裏開始說:"周秦常以歲八月遣輶軒之使,采異代方言,還奏籍之,藏於秘室。

及嬴氏之亡,遺棄脫漏,無見之者。蜀人嚴君平有千餘言,林閭翁孺才有梗概之法。楊雄好之,天下孝廉衛卒交會,周章質問,以次注續。二十七年,爾乃治正,凡九千字。"由這段記載,咱們可以推斷:《方言》並不是一個人作的,它是從周秦到西漢末年民間語言的可靠的記錄。楊雄以前,莊遵(就是嚴君平)和林閭翁孺或者保存了一部分資料,或者擬定了整理的提綱。到了楊雄本身也願意繼承前人的旨趣,加以"注續"。他"注續"的資料不是憑空杜撰的,而是從群眾中來的,他雖然沒有坐着輕便的輶軒車到各處去調查方言殊語,可是他利用各方人民集中都市的方便,記錄了當時知識分子(孝廉)、兵士(衛卒)、其他平民乃至少數民族的語言。他所用的調查方言法是"常把三寸弱翰,油素四尺,以問其異語;歸即以鉛摘次之於槧"(《答劉歆書》,並參閱《西京雜記》)。這簡直是現代語言工作者在田野調查時記錄卡片和立刻排比整理的功夫。這真是中國語言史上一部"懸日月不刊"的奇書,因爲它是開始以人民口裏的活語言作對象而不以有文字記載的語言作對象的。正因爲這樣,所以《方言》裏所用的文字有好些只有標音的作用:有時沿用古人已造的字,例如,"儇,慧也",《說文》"慧,儇也",《荀子·非相篇》"鄉曲之儇子";有時遷就音近假借的字,例如,"黨,知也",黨就是現在的懂字;又"寇、劍、弩,大也",這三個字都沒有大的意思;另外還有楊雄自己造的字,例如俺訓愛,悢訓哀,娃訓好之類。這三類中,除了第一類還跟意義有關係外,實際上都是標音符號。至於像"無寫、人兮"一類語詞的記載,更是純粹以文字當作音符來用的。假如當時楊雄有現代的記音工具,那麼,後代更容易瞭解他重視活語言的深意了。《方言》還有一個長處,就是郭璞《方言注》序所說的:"考九服之逸言,標六代之絕語;類離詞之指韻,明乖途而同致;辨章風謠而區分,曲通萬殊而不雜。"它雖然偏重橫的空間,却没忽略了縱的時間,雖然羅列了許多殊域方言,却能劃分地區,辨別"通語、凡語"和"轉語";在頭緒紛繁的資料中却能即異求同,條分縷析。綜括全書來看,這的確是一部有系統、有計劃的好書。它的許多特徵,本書的自序已然說得很詳細,這裏就無須贅述了。

　　楊雄以後，懂得這部書是拿語言作對象的，前有郭璞（276～324），後有
王國維（1877～1927）；跟他所用的調查方法不謀而合的，只有一個劉獻廷
（1648～1695）。從景純的注可以看出漢晉方言的異同和有音無字各詞的
讀法；可是假若沒有靜安的闡發，郭注的優點恐怕也不能像現在這樣顯著。所
以郭王兩君都可以算是《方言》的功臣。劉獻廷曾經想應用他自己所定的《新
韻譜》（1692）"以諸方土音填之，各郡自爲一本，逢人便可印證。以此授諸門
人子弟，隨地可譜，不三四年，九州之音畢矣"（《廣陽雜記》卷三）。拿他所說
的跟楊雄比較起來，雖然劉偏重音韻，楊偏重詞彙，但是在19世紀以前，語
言學還沒成爲科學的當兒，中國的先民居然前後輝映發明了跟現代語言科
學若合符節的調查方法，這實在不能不算是中國語言學史上的兩大貢獻。

　　楊雄以後，續補《方言》的有杭世駿、戴震、程際盛、徐乃昌、程先甲、張
慎儀各家。至於分地爲書的，有李實《蜀語》、張慎儀《蜀方言》、胡文英《吳
下方言考》、孫錦標《南通方言疏證》、毛奇齡《越語肯綮錄》、茹敦和《越言
釋》、范寅《越諺》、劉家謀《操風瑣錄》、胡樸安《涇縣方言》、詹憲慈《廣州語
本字》、羅翽雲《客方言》等；考證方言俗語的，也有岳元聲《方言據》、楊慎《俗
言》、錢大昕《恒言錄》、錢坫《異語》、翟灝《通俗編》、張慎儀《方言別錄》、孫
錦標《通俗常言疏證》、謝璿《方言字考》等書。綜起來看，這些書大都是從
史傳、諸子、雜纂、類書以及古佚殘編等抄撮而成，除去一兩種外，始終在"文
字"裏兜圈子，很少曉得從"語言"出發。能夠瞭解並應用《方言》本書的條
例、系統、觀點、方法的，簡直可以說沒有人。可惜在中國語言史上發達最早
的詞彙學，從《方言》以後，就這樣黯淡無光，不能使第1世紀左右已經有了
的逼近語言科學的方法繼續發展！

　　章炳麟的《新方言》，運用古今音轉的定律來整理當時的活語言，比起上
面兩類著作來，算是知道拿語言作對象的。不過，他一定要把"筆札常文所
不能悉"的語詞，都在《爾雅》《說文》裏求得本字，硬要證明"今之殊言不違
姬漢"，那就未免拘泥固執沒有發展觀念了！關於這一點，倒是他的弟子沈
兼士見解高明得多。沈氏說，"表示語言的文字，本不一定都用本字"；語詞

隨時孳生，“後起的語言，不必古書中都有本字”。“語言往往因種族交通而發生混雜的狀態，倘一切以漢字當之，恐反昧其來源”，並且“中國的語言由單綴音逐漸變爲多綴音，而文字學家仍拘守着‘字’，不注意到‘詞’，對於複音詞往往喜歡把它拆開來，一個一個替它找本字，殊爲無謂”。這些議論的確是“青出於藍”的。沈氏認爲研究方言的方法可以分縱橫兩方面：縱的方面，應該從事“各代記載中方言之調查和比較”，“單綴語漸變爲多綴語之歷史的研究”，“語言與文字之分合的研究”，“語源的研究”；橫的方面，應該從事“語彙之調查”，“同一意義之各地方言的比較研究”，“各地單語之詞性變化法的比較研究”，“與異族語之關係的研究”（見《段硯齋雜文·今後研究方言的新趨勢》）。這些觀點直到現在還是很重要的。章沈所論雖然跟《方言》本書沒有直接關係，實際上卻比那些續補《方言》或考證常言俗語的著作有價值，所以我在這裏附帶提一下。

周君這個校本以宋李文授本作底本，而參證清代戴震、盧文弨、劉台拱、王念孫、錢繹各本，論其是非，加以刊定。旁徵的論著達 33 種，其中的原本《玉篇》殘卷、《玉燭寶典》、慧琳《一切經音義》、《倭名類聚鈔》、王仁煦《切韻》、《唐韻》殘卷等都是清人所沒看見的。對於原書的訛文脫字也都能夠依例訂正：實在不愧是“後出轉精”的“定本”。至於吳曉鈴君主編的《通檢》兼用“引得”和“堪靠燈”兩法，分析細微而且富於統計性，對於應用《方言》作研究的人實在便利萬分，減少無窮的麻煩。拿《通檢》跟《校箋》配合起來，可稱“相得益彰”！從此中外學者再來研究《方言》，只要“手此一編”，就可以不必還在校刊文字和分析排比上費冤枉功夫；他們就可以集中精力，“單刀直入”地從語言的觀點去探討《方言》的精詣。這樣一來，二千年前莊遵、林閭翁孺和楊雄的集體工作，才可以在郭璞、劉獻廷、王國維之外，多加幾個知己。假如將來中外學者對於《方言》能夠有偉大的新貢獻，那麼，他們的成績應該有不少的部分記在周吳兩君的賬上！

1950 年 10 月 2 日羅常培序於北京大學文科研究所

自　序

　　《方言》是中國很早記載古代語言的書,漢末晉初的人都説是楊雄所作。如應劭的《風俗通義》① 和常璩的《華陽國志》② 都是如此。但是《漢書·藝文志》③ 和《楊雄傳》④ 根本没有説到楊雄作《方言》,所以宋朝的人便懷疑起來,以爲屬之楊雄,可能出於依托。關於這一個問題,《四庫全書總目提要》分辨的很清楚⑤,結論是:"反覆推求,其真偽皆無顯據。"但是我們知道這部書題名叫做"方言",並且普遍的流傳起來,應當是東漢和帝以後的事。

　　首先我們看王充《論衡》裏面稱贊楊雄的文章和《太玄》《法言》兩部書的地方很多⑥,可是始終没有提到《方言》。例如《齊世》篇説:"楊子雲作《太玄》,造《法言》,張伯松不肯壹觀。與之併肩,故賤其言。使子雲在伯松前,伯松以爲《金匱》矣。"⑦ 這一段話和《方言》後面楊雄《答劉歆書》中所説"(張伯松)常爲雄道,言其父及其先君喜典訓,屬雄以此篇目頗示其成者,伯松曰:'是懸諸日月不刊之書也。'又言恐雄爲《太玄經》,由鼠坻之與牛場也"很相

① 見應劭《風俗通義》序頁 3(巴黎大學北京漢學研究所《通檢叢刊》本,下同)。
② 見常璩《華陽國志》卷十上《先賢士女總贊》,頁 2b ～ 3b(《四部叢刊》初編本)。
③ 見《漢書》卷三十《志十》,頁 1a ～ 36b(百衲本《二十四史》本,下同)。
④ 見《漢書》卷八十七上《列傳五十七》上,頁 1a ～ 24a;卷八十七下《列傳五十七》下,頁 1a ～ 17b。
⑤ 見《四庫全書總目提要》卷四十《經部小學類》"《方言》"條,頁 2a ～ 3a(大東書局石印本)。
⑥ 見《論衡》卷十三《超奇》第三十九,頁 14b ～ 20b;卷十八《齊世》第五十六,頁 16a ～ 22a;卷二十《佚文》第六十一,頁 6a ～ 11a;卷二十八《書解》第八十二,頁 9b ～ 15a;卷二十九《案書》第八十三,頁 1a ～ 6a;卷二十九《對作》第八十四,頁 6a ～ 11a(《四部叢刊》初編本)。
⑦ 見《論衡》卷十八《齊世》第五十六,頁 20b。

符合。但是王充没有一字説到《方言》。王充是在和帝永元年間(89 ～ 104)
死的①。其次我們看許慎的《説文解字》裏用方言解釋字義的和今本《方言》
詞句相同的很多,他既没有説到楊雄作《方言》,也没有説到《方言》的書名。
許慎的書是和帝永元十二年(100)開始作的,建光元年(121)才完成。從這
兩點來看,和帝的時候還没有叫做《方言》的一部完全的書是很清楚的事情。
直到靈帝、獻帝的時候,應劭在《漢書集解》裏開始明白引用《方言》②,而且
稱爲"楊雄《方言》";他又在《風俗通義》序裏更詳細地引用楊雄《答劉歆書》
的話③,而且説《方言》"凡九千字"。由此推測,《方言》在漢末應當已經普遍
流傳起來了。魏孫炎注《爾雅》是引用《方言》的,張揖作《廣雅》也把《方言》
的語詞大量搜羅在内,這都是很好的證明。

那麽,《方言》會不會是漢末人作的呐? 這又不然。因爲許慎《説文》裏
既然有很多跟今本《方言》相合的詞句,必然在和帝永元以前就有了跟今本
《方言》相類的記載了。從永元十二年(100)推到楊雄的卒年,就是天鳳五
年(18),中間是 82 年。如果《方言》不是楊雄所作,在這八十年裏也就有了
最初的底本。從許慎完成《説文》的時候,就是建光元年(121),到應劭作《風
俗通義》的時候,約在獻帝興平初(194),中間是 73 年。這 73 年中應當是
有了"方言"的名稱,而且逐漸流布的時期。這麽説,《方言》是不是楊雄所作,
很不容易斷定。不過,這部書包括了西漢、東漢之間許多方言的材料倒是很
值得寶貴的。

這部書記載的都是古代不同方域的語彙,地域包括的很廣。稱名雖然
很雜,而都是漢代習用的名稱。有的是秦以前的國名和地名,有的是漢代實
際的地名。東起東齊海岱,西至秦隴涼州,北起燕趙,南至沅湘九嶷;東北至
北燕朝鮮,西北至秦晉北鄙,東南至吴越東甌,西南至梁益蜀漢。作者能夠

---

① 編者按:和帝於 105 年 4 月改永元爲元興。以下凡涉及年份的判定,例如年號所對應的公元
　　紀年、斷代、作者生卒年等,倘與今通行觀點略有出入,一律遵照原文,不做改動且不出注。
② 見《戴氏遺書》卷五,頁 17a《方言疏證》序(微波榭刊本)。
③ 見《風俗通義》序,頁 3 ～ 4。

搜集這麼多的方言,必然是在漢代武功極盛之後,版圖已經開拓很廣的時候做成的,否則不能如此①。但是要記載這樣廣大地域的語言,采用小的地理的名稱是很困難的,所以不得不采用古代的國名和較大的地名。

作者記載方言的方式,是先舉出一些語詞來,然後說明"某地謂之某"或"某地某地之間謂之某"。這些方言的語詞都是作者問到以後記下來的。魏天行先生曾經給它一個名字,叫做"標題羅話法"②。其中所記的語言,包括古方言、今方言和一般流行的普通語。凡說"某地語"或"某地某地之間語"的,都是各別的方言。說"某地某地之間通語"的,是通行區域較廣的方言。說"通語、凡語、凡通語、通名"或"四方之通語"的,都是普通語。凡說"古今語"或"古雅之別語"的,都是古代不同的方言。若從所記的方域來看,凡是一個地方單舉的,它必然是一個單獨的方言區域;某地和某地常常在一起並舉的,它們應當是一個籠統的區域。這樣也可以極粗疏的看出來漢代方言區域分布的大概情形③。

單就這種實際的語言記載裏我們還可以知道:

1. 一部分漢代社會文化的情形。例如由卷三"臧、甬、侮、獲,奴婢賤稱也"一條,知道蓄養奴隸在漢代是很普遍的事情;由卷四所記衣履一類的語彙,可以知道漢人衣着的形製;由卷五所記蠶薄用具在不同方言中的名稱,可以知道養蠶在南北是很普遍的事。

2.《爾雅》所記的許多同義詞和《方言》對照來看,往往都是古代不同的方語,到了漢代有些還在某一地方保存着,有些已經變成了普通語,甚至於有些已經消失,僅僅是書寫上的語詞了。

3.《方言》所記漢代的語言有普通語和特殊語。我們知道,不同的方言相互交融,可以成爲普通語;政治、文化上有力量的語言,也可以成爲普通

---

① 例如書中所稱涼益二州就是漢武帝元封以後才有的名稱,涼州舊稱雍州、益州舊稱梁州,見《漢書》卷二十八《志八》上,頁 10b。

② 見魏建功《方音研究講義》,頁 21(北京大學排印本)。

③ 見林語堂《語言學論叢》,頁 16～44《前漢方音區域考》(開明書店排印本)。

語。漢代的普通語應當是由這兩方面形成的。我們想春秋以前民族是多的，語言是分歧的，可是經過列國的爭霸，七雄的角逐，秦代的統一，各地的語言彼此吸收，其間不知有了多少次的糅合。後來到了漢代，原來不是通語的，也就變爲通語了。再看《方言》所記的語言，其中以秦晉語爲最多，而且在語義的説明上也最細。有些甚至於用秦晉語作中心來講四方的方語。由此可以反映出來秦晉語在漢代的政治文化上所有的地位了。進一步來説，漢代的普通語恐怕是以秦晉語爲主的。因爲一個新興的統治者對於過去在政治、文化上有力量的語言是往往承接過來的。春秋時代的"雅言"就是統治階級一般所説的官話，這種官話就是"夏言"①，"夏言"應當是以晉語爲主的。因爲晉國立國在夏的舊邑，而且是一時的霸主；晉語在政治和文化上自然是占優勢的。等到後來秦人強大起來，統一中夏以後，秦語和晉語又相互交融，到了西漢建都長安的時候，所承接下來的官話應當就是秦晉之間的語言了。

4.《方言》裏所記的特殊方語是循地理的分布而表示差別的，有的通行的區域狹，有的通行的區域廣。在語言上有的是聲音相近的"轉語"，有的是聲音不同的"同義詞"。從聲音不同的同義詞可以看出不同的人造詞的心理過程，從聲音相近的轉語可以看出聲音在方言中轉變的條理。

5.《方言》距今已經一千九百多年了，其中所舉的方語在現代方言裏依然保留着很多。這種語彙大半都是口頭語，而且是文人不大寫在文章上的。例如"慧謂之鬼，憂謂之怒，斂物而細謂之摯，人肥盛曰膿，器破曰披，器破而未離謂之璺，貪飲食者謂之茹，庸謂之倯，子曰崽，物生而不長大曰鮆，凡相推搏或曰攩，小簁謂之簍，飯箄謂之簹"等，都是大衆口裏流行的話。如果没有《方言》記載下來，我們就無從知道這些語言已經遠在漢代就有了。還有《方言》書裏的古語有些在現代方言裏仍舊保存着，可是語音和現代方言中文字的讀音不一定完全相同。例如"知謂之黨"就是現代北方説的"懂"；"物大謂之奘"，現在北方説"zhuǎng"；"耦曰姕"，匹萬反，現在北方稱"雙生"也

叫“雙 bànr”；“昒曰略”，音略，現在北方説“瞜（ lōu ）”；“雞伏卵而未孚，始化
曰譁”，現在普通説“寡（ guǎ ）”；“錘，重也”，現在説“秤錘”叫“秤 tó”；“絓，
持也”，現在普通説布上的絲結叫“絓絲”，音 xuà；“久熟曰酋”，現在普通説
“kiǔ”。諸如此類，也都是“古語之遺”。

6. 前人説《方言》多奇字，是就文字的寫法來講的，如果從語言的觀點
來看，這些字只是語音的代表，其中儘管和古書上應用的文字不同，實際上
仍是一個語言。例如“咺”同“喧”、“唏”同“欷”、“愻”同“懦”、“夰”同“介”、
“脅閲”同“脅嚇”、“踏”同“蹋”、“佫”同“格”、“猳”同“愬”、“蓋”同“爐”、“益”
同“棬”、“賀”同“荷”，都是很明顯的例子。更有很多古今相同的語言，《方言》
寫的字和現在一般所寫的不同。例如“少兒泣而不止謂之唴”，現在寫“嗆”；
“好曰釥”，現在寫“俏”；“遽曰茫”，現在寫“忙”；“獪曰姡”，現在寫“猾”；“縫
納弊故謂之緻”，現在寫“紩”；“甖謂之瓨”，現在寫“缸”；“臿謂之桑”，現在寫
“鍬”；“僉謂之桮”，現在寫“棒”；“火乾曰煤”，現在寫“炒”；“裁木曰鈹”，現在
寫“劈”，這些都是音義一樣的。所以我們不能墨守文字，而忽略了語言。

從這幾點來看，《方言》在漢語語言史上的價值既然很高，同時也就關
涉到整個的中國文化史。尤其重要的是它啓示了我們怎樣去明瞭語言，如
方言和普通語的關係，古語和現代大眾語的關係等，都是值得重視的。

今本《方言》是晉郭璞的注本，凡十三卷。《隋書·經籍志》[①] 和《新唐
書·藝文志》[②] 著録的也是一樣。但是劉歆和楊雄往來的信裏説是十五卷，郭
璞的《方言注》序裏也説是“三五之篇”，卷數和今本不同。這應當是六朝時
期的變動。至於字數，在應劭的《風俗通義》序裏説是九千字，但據戴震的
統計[③]，現在郭注本有一萬一千九百多字，比應劭所見的本子多出將近三千
字。這些字是在什麼時候增添出來的，已經無從考訂。我想一定是郭璞以
前的事情。因爲大凡一種古書有了好的注本以後，就不易有什麼改動了。

---

① 見《隋書》卷三十二《志二十七》，頁 27b ～ 28a。
② 見《新唐書》卷五十七《志四十七》，頁 9b。
③ 見戴震《方言疏證》序。

以郭注《方言》而論,我們可能考查出來的佚文,爲數很少,就是很好的證明。

郭璞(275～323)是精通音義訓詁的人①,他的《方言注》和《爾雅注》解說字義都有一貫的精神,那就是用今語來説明古語。《爾雅注》裏固然常常引用楊雄《方言》和晉代的方言來解釋古語,在《方言注》裏更常常舉出晉代的方言來和楊雄所記的漢代方言相比較。在意義上,或者證明古今語義相近,或者説明語同而義不同和義同而語不同。在地域上,或者指明某些古語依然在某地保存,或者指出某些古語不在當地保存,而轉在別處却有這樣的説法,甚至於更進一步地變成了一般的普通話。這就是他在序文裏所説"觸事廣之,演其未及"的意思。王國維《書郭注方言後二》已經把這種精神指出來了②。但是在郭璞解釋《方言》語詞的時候,還有一些條例,是我們應當知道的。

1. 原來"釋詞"不明晰的,給一個明確的解釋。例如"虔、儇,慧也",注"謂慧了";"烈、栬,餘也",注"謂殘餘也";"孑、藎,餘也",注"謂遺餘也";"斟、協,汁也",注"謂和協也";"謫,怒也",注"謂相責怒也";"爱、喛,恚也",注"謂悲恚也"。凡注中説"謂某某"的大都屬於這一類。説"謂某某",猶如説"這是指什麽意思來説的",這是一種限制的説明。

2. 説明《方言》中一個語詞所以這樣説的意義。例如"慧,秦謂之謾",注"言謾詑也";"好,秦曰娥",注"言娥娥也";"眉,老也,東齊曰眉",注"言秀眉也";"嫷,美也,南楚之外曰嫷",注"言媠嫷也";"楚東海之間卒謂之弩父,或謂之褚",注"言衣褚也";"生而聾,陳楚江淮之間謂之聳",注"言無所聞常聳耳也"。凡注中説"言某某"的大都屬於這一類。説"言某某",猶如説"意思是説什麽,所以有這樣的説法"。

3. 用普通語詞來解釋特殊語詞或特殊的文字。例如"台,養也",注"台猶頤也";"鬱悠,思也,晉宋衛魯之間謂之鬱悠",注"鬱悠猶鬱陶也";"瀧涿

① 見《晉書》卷七十二《列傳四十二》,頁1a～7b。
② 見《海寧王靜安先生遺書·觀堂集林》卷五《藝林》五,頁10b～14a(商務印書館石印本)。

謂之霑潰”，注“瀧涿猶瀨滯也”；“憛，江湘之間謂之頓愍”，注“頓愍猶頓悶也”；“南楚愁恚憒憒、毒而不發謂之氐惆”，注“氐惆猶懊憹也”；“麋，老也”，注“麋猶眉也”。凡注中説“猶某某”的大都屬於這一類。

4.用語言裏的複音詞來解釋原書的單音詞。例如“渾，盛也”，注“們渾，肥滿也”；“㥴，愧也，梁宋曰㥴”，注“㪥㥴亦憋貌也”；“徥，行也”，注“徥偕，行貌”；“踊，力也，東齊曰踊”，注“律踊，多力貌”；“杜、蹻，躍也，趙曰杜，山之東西或曰蹻”，注“郤蹻，燥躍貌”。

5.説明“語轉”。例如“蔦、譌、譁，化也”，注“皆化聲之轉也”；“蘇，草也”，注“蘇猶蘆，語轉也”；“甋，燕之東北朝鮮洌水之間謂斛”，注“湯料反。此亦䥽聲轉也”；“杷，宋魏之間謂之渠挐，或謂之渠疏”，注“語轉也”。這些都是説明因聲音的改變而生的“轉語”。還有説明語音不正而生的轉語的。例如“薄，宋魏陳楚江淮之間謂之苗，或謂之麴”，注“此直語楚聲轉也”；“吳越飾貌爲拘，或謂之巧”，注“語楚聲轉耳”。説“楚”，猶如説“傖”。

從以上五點我們可以看出郭璞注這一部書照顧的方面非常之廣。《方言》是一部好書，幸而又有郭璞的精善注本，真是相得益彰了。

《方言》的刻本，舊有宋本、明本和清人的校刻本。今日我們能看到的宋本是南宋寧宗慶元六年（1200）尋陽太守李孟傳的刻本[①]。他在《刻方言序》上説：“今《方言》自閩本外不多見，每惜其未廣。予來官尋陽，有以大字本見示者，因刊置郡齋。”又南宋紹興間晁公武在《郡齋讀書志》上説：“予傳本於蜀中，後用國子監刊行本校之，多所是正，其疑者兩存之。”[②]由這兩段話我們可以知道《方言》的宋刻本在北宋有國子監本，在南宋有蜀本、閩本、贛本。贛本是宋代最晚的一個刻本了。監本、蜀本、閩本現在都没有看到，我想李本可能就是重刻的蜀本，也就是北宋監本的第二次傳刻本。因爲李刻本注文内説“某字一作某”的很多，正和晁公武的話相合；而且宋代蜀刻本的書

---

① 《李孟傳傳》有二：一附《李光傳》後，見《宋史》卷三六三《列傳一二二》，頁 9a；一見《宋史》卷四百一《列傳一百六十》，頁 15b ～ 17b。

② 見《郡齋讀書志》卷四，頁 8a “《方言》”條（吳門汪氏藝芸書舍刻本）。

很多都比閩、浙的刻本字大,李孟傳既然明白的説所根據的是大字本,那麽推想他重刻的是蜀本更有幾分相像了。這樣看來李孟傳本雖是一個很晚的宋刻本,但是他的底本是相當早的。所以刻本裹還有許多字仍然保存着唐代書寫的體式。後來許多明本都是翻刻李本的。如吴琯的《古今逸史》、胡文焕的《格致叢書》、程榮的《漢魏叢書》都是同出一源。不過經過寫刻,生出一些錯誤,彼此不同罷了。

　　到了清朝的戴震根據《永樂大典》的《方言》開始和明本校勘,進一步更搜集古書引到《方言》和郭注的文字來和《永樂大典》本互相參訂,正訛補漏,逐條疏證,於是成爲一個善本。因爲《永樂大典》是根據宋本來的,明本的錯誤可以根據《永樂大典》本來改正,《永樂大典》本的錯誤可以用宋以前古書所引來訂正。這種辦法是很好的。《四庫全書》和《武英殿聚珍版叢書》的《方言》都是戴震的校本。後來他又題名《方言疏證》①,經人重刻,流傳更廣。這是清人第一個校本。但是其中也有不正確的地方,盧文弨又有《重校方言》②,根據不同的刻本和校本增訂很多,這是清人第二個校本。這兩個校本都是大家一向推崇的善本。

　　然而實際上兩個本子互有短長。論學識盧不如戴,論詳審戴不如盧,並且他們都沒有看到原宋本。戴震所提的曹毅之本③,僅僅是一個明人影抄的本子;盧文弨雖然記出李孟傳本,可是也和宋刻原著不完全相合,或者是根據過録的本子來寫的。這已經是他們工作上的一種缺欠,更加都喜歡改字,把不錯的改錯了,錯的改的更錯。盧文弨又把郭注的音和注文分開,更是一種錯誤了。

　　在戴盧兩家以後又有劉台拱的《方言補校》④和錢繹的《方言箋疏》⑤。

---

① 《方言疏證》有《武英殿聚珍版叢書》本、閩覆本、《微波榭叢書》本、汗青簃據微波榭本重校本、《安徽叢書》本。

② 《重校方言》有《抱經堂叢書》本、《小學彙函》本。

③ 見《方言疏證》卷二,頁 4b。

④ 《方言補校》有《劉端臨先生遺書》本、《廣雅叢書》本。

⑤ 《方言箋疏》有紅蝠山房本、《積學齋叢書》本、《廣雅叢書》本。

劉校最精,可惜僅有幾十條。錢疏除折衷戴盧兩家以外,又用玄應《一切經
音義》參校一過,但是用力勤而發明少。在清代校勘家裏面王念孫是最傑出
的人物,他的《遺書》裏有《方言疏證補》一卷①,常常有很精到的見解。另
外在他的《廣雅疏證》裏引到的《方言》文字都是經過校勘的,往往和戴盧
兩家不同。因爲散在全書裏,反倒不被人重視了。

　　由以上所説,足見清人對於《方言》這一部書是非常重視的,做校勘工
作的人也很多。然而始終沒有人把他們所作的工作總結起來,加以整理。
在 1943 到 1945 年間我曾經作了一番整理工作,同時用了乾嘉諸老沒有見
到的古書,如原本《玉篇》、《玉燭寶典》、慧琳《一切經音義》等所引到的《方
言》詞句,校勘一過。雖然補充很多,然而始終沒有排比成書。在 1947 年我
又看到王念孫手校本《方言疏證》②,又增加一些新資料。剛好去年吳曉鈴
先生在給巴黎大學北京漢學研究所的《通檢叢刊》計劃編纂《方言通檢》,想
取一個校本作底本,因此在他的鼓勵和督促之下,才寫成這一部《校箋》。另
外,我感覺到我們有研究語言興趣的人始終還沒有走上一條寬廣的路,能夠
照顧到語言的整體來作全面的研究。因此《方言》作者的精神很值得我們
留意,所以我也樂於從事來整理一下這樣古代記載語言的書。不是要"導夫
先路",而是有"擁篲清道"的意思。

　　不過《方言》本子裏的錯誤是多方面的,前後錯亂、訛字衍文、脱落倒置,
不一而足。若就錯誤發生的時代説,有郭璞原本的錯誤,有郭璞以後到隋唐
間傳寫的錯誤,有宋以後傳刻本的錯誤。郭璞原本的錯誤,可以根據《説文》
《廣雅》來校訂。郭璞以後到隋唐間傳寫的錯誤,可以根據唐以前的書如原
本《玉篇》、《玉燭寶典》等書來校訂。宋以後傳刻本的錯誤,可以根據唐宋
間的書,例如李善《文選注》、玄應和慧琳的《一切經音義》、《太平御覽》、《爾
雅疏》、《集韻》等書來校訂。但是材料還感覺不足,更加自己的能力有限,所

---

① 《方言疏證補》有《高郵王氏遺書》本。
② 中國科學院藏,存卷一至卷七的七卷。

能做的工夫,也就僅僅如此了。《校箋》所用的底本就是宋李孟傳本,並且以不改字爲原則。一切校語案語都逐條寫下來,列在本文的下面。至於戴震所見的曹毅之本是張金吾《愛日精廬藏書志》所著録的一個景宋抄本。《藏書志》上説,卷末有"正德己巳(1509)夏五得曹毅之宋刻本手影"一行①。這是怎樣一個本子,還不能定,傅增湘以爲曹毅之應當是明代收藏這個宋本的人名,不是宋代傳刻《方言》的人名,這一個影宋本就是李孟傳本②。這個問題不容易肯定,在《校箋》裏只是根據戴盧兩家所説的情形寫下來,作爲一個明本看待而已。

　　在《校箋》的體例上,羅莘田、魏天行兩位先生都給我很多寶貴的指示,又在百忙中特意爲本書寫序文,魏先生並且爲我看過稿子的一部分,在這裏我要首先向他們敬致謝意! 最後還要鄭重的謝謝吴曉鈴先生,他除了鼓勵我、督促我以外,並且在本書排校上替我改正了許多的錯誤,没有他的幫助,是不會順利完成的。

1950 年 6 月 15 日周祖謨序

---

① 見《愛日精廬藏書志》卷七,頁 6b ～ 7a "《輶軒使者絶代語釋別國方言》" 條(吴縣徐氏靈芬閣活字本)。
② 見《藏園群書題記》卷一,頁 14a "宋刊本《方言》跋" 條(企麟軒排印本)。

凡　例

1. 現在所能看到的最早的《方言》本子，是南宋寧宗慶元六年（1200）李孟傳的刻本。明代許多《方言》刻本都是傳刻李孟傳本的。如吳琯刻的《古今逸史》、胡文煥刻的《格致叢書》、程榮刻的《漢魏叢書》等，其中的《方言》都是如此。這一個宋本流傳的不多，清初季振宜收藏過一部，到民國間歸傳增湘所有，涵芬樓《四部叢刊》影印的《方言》就是這個本子；現在已經是很容易得到的書了。另外還有福山王氏天壤閣的覆刻本，流行的也很廣。本書就用《四部叢刊》本作底本，參照明本和清人的校本寫成的。不過，《四部叢刊》本在影印上有一些錯誤，不如天壤閣本精細，例如：

卷二 6a.29	短度絹	絹，《四部叢刊》本誤作綃
卷三 5b.33	音贖	贖，《四部叢刊》本誤作蠵
卷六 1a.2	言無所聞，常聳耳也	《四部叢刊》本誤作 "言無所聞，當聳聯也"
卷六 2b.12	勑略反	略，《四部叢刊》本誤作落
卷九 2a.10	于屬反	于，《四部叢刊》本誤作干
卷十 3b.18	晞音霏	霏，《四部叢刊》本誤作非
卷十一 3a.13	蟻蜏二音	二，《四部叢刊》本誤作一
卷十二 5b.72	皆强取物也	物，《四部叢刊》本誤作㤣
卷十三 7a.96	許規反	規，《四部叢刊》本誤作捾
卷十三 8a.112	言跳躑也	跳，《四部叢刊》本誤作咷

卷十三 10a.141　　謂之牛筐　　　　　　　牛,《四部叢刊》本誤作井
卷十三 11a.146　　匙下郭注"音衹"二字　　《四部叢刊》本脱

這些《四部叢刊》本錯誤的地方現在都照天壤閣本改正了。

2. 本書按照宋本排印。一卷之内各條的前面都按照它們的次第編定數碼,以便檢查。宋本原書的頁數寫在最左一行,一頁有前後兩面,又用 a、b 來區分。例如卷一 4b.14 "嫁、逝、徂、適,往也",這表示"往也"一條見於宋本卷一第四頁後一面,是卷一的第十四條。這樣讀者可以按照頁數去檢原書。

3.《方言》的體例,凡是訓釋相同的詞,或事類相近的詞,都作爲一條來作解釋;訓釋不同或事類彼此不相關連的詞則分作兩條。但是宋本内有當爲一條而分寫爲兩條的,有當爲兩條而連寫爲一條的。例如卷九 2a.9 "大車謂之綦",3b.21 "有小枝刃者謂之鉤釪",都應當和前面的文字連寫;卷一 7a.25 "張小使大謂之廓",卷二 3b.12 "倚、踦,奇也",就應當和上文分寫。現在都儘量改正過來。如果有不能決定的,就照舊不改。但是,《方言》裏有些同是一個詞而相連作兩個訓釋的,舊本或分寫爲兩條,或合寫爲一條,格式不一致。現在就訓詞的意義相近與否來定。例如卷十二 1b.8 "築娌,匹也",又説"娌,耦也"。原書分寫爲兩條。案:匹耦義同,現在根據盧文弨本連寫爲一條。又同卷 5a.61 "蒨、蒙,覆也",又説"蒨,戴也"。原書也分寫爲兩條。依照郭璞在"戴也"一條下所注的"此義之反覆兩通者"一句話來看,這也是應當連寫爲一條的。像這一類的例子,不一定都能改的正確,可是也許會和原來的體例更適合一點。

4.《方言》以往傳刻本的錯誤,經過戴震、盧文弨一些人的校改,已經減少很多。然而有些還没有改,或者雖然改了,還不正確。現在都指點出來,寫作"校箋",列在《方言》本文的下面。校箋每一條前面的大字的號數是和本文的條數相應的,小字的號數是和本文一條内的箋號相應的①。

---

① 編者按:本次重排,將校箋條次於相應《方言》本文之下,故不再保留校箋前之大字序號。詳《本卷出版説明》。

5. 本書的《方言》原文和郭注是用大小字來區分的。大字是正文,括號内的小字是注文①。正文和注文依照原本抄錄,以不改動爲原則。但是爲着同一個詞在《通檢》裏可以在一處同時出現起見,有些地方就必須校改過才行。改字的條例有十點:

（1）古今字體不同的,改從今體。如皃作貌、逞作退。

（2）別體一概改作正體。如㝵作各、恔作恪、邵作卻、聑作堳、襦作襦、互作互。

（3）避諱的缺筆字一律補足。如桓作桓、廓作廓、敦作敦、慎作慎、筐作筐。

（4）正文互校。如卷一 6a.21 暇改作睱、卷六 4b.34 廝改作癬。

（5）依例增補脱文。如卷五 2a.10 罴下增也字、卷六 3a.14 壞下增也字、卷六 3b.19 東上增而字。

（6）據郭注校改正文。如卷三 2a.8 芥改作莽、卷六 3b.19 狙改作狙。

（7）據正文校改郭注。如卷六 7a.57 定改作安、卷十一 2a.5 虹改作虹。

（8）以郭注證改郭注。如卷十 6a.39 "媒母反" 改作 "媒母"。

（9）郭注中因字誤不能分辨是音是義的,一律改正。如卷一 7a.22 "觸牴也" 改爲 "觸牴"。

（10）凡是與統計性有關係的反切誤字,依音理校改。如卷二 3b.11 "追萬反" 改作 "匹萬反"、卷三 7b.52 "一圭反" 改作 "一音圭"。

以上這些改字的地方,除前 3 點以外,其餘一律在校箋内有説明,不是改了就不言語了。

6.《方言》本文内有上一條末一字誤竄爲下一條第一字的。例如卷六 4a.26 "台既,失也,宋魯之間曰台",4a.27 "既隱、據,定也",第二條的既字當在第一條台字的下面。又如卷九 3b.20"所以藏箭弩謂之箙。(藏)弓謂之鞬,或謂之韇",3b.21"凡矛骹細如鴈脛者謂之鶴厀",第二條的凡字是丸字之誤,

---

① 編者按:本次重排,郭注部分改用楷體小字,不再使用括號標注,特此説明。

應當在第一條牘字的下面。這些只在校箋裏加説明,本文没有改動。

7.《方言》本文裏有些句子是不容易斷句的,遇到這種困難的地方,只好參照前人講解《方言》的書和其他的字書來決定。例如卷一 3b.12 "舊書雅記故俗語,不失其方",是依照王念孫的《方言疏證補》來定的。又如卷三 3b.12 "自關而西謂之毒。痟,痛也",是根據王念孫的《廣雅疏證》中的句讀來定的。

8.《校箋》所根據的清人校本,如戴震的《方言疏證》、盧文弨的《重校方言》、王念孫的《方言疏證補》、錢繹的《方言箋疏》等,都是主要的資料。明本則以《古今逸史》本和《格致叢書》本爲主。這許多本子都和宋本有很多的出入。除必要者外,其中不需要舉出的異同,一概省略。

9. 校勘宋本《方言》,所用的幾種宋代以前的主要參考書和它們的版本寫在下面:

《爾雅》郭璞注(《四部叢刊》本)

《爾雅》邢昺疏(《四部叢刊》本)

《釋名》(《四部叢刊》本)

《廣雅》(王念孫疏證本)

《説文解字》(平津館本)

原本《玉篇》殘卷(羅振玉影印本)

宋本《玉篇》(澤存堂本)

《萬象名義》(日本影印本)

《新撰字鏡》(日本影印本)

《干禄字書》(《夷門廣牘》本)

《急就篇補注》(天壤閣本)

《倭名類聚抄》(日本狩谷望之箋注本)

《經典釋文》(通志堂本)

玄應《一切經音義》(日本影印古本和海山仙館本)

慧琳《一切經音義》（日本獅谷白蓮社本）

慧苑《華嚴經音義》（臧庸本）

中算《法華經釋文》（日本大正本《大藏經》）

《刊謬補缺切韻》（故宮博物院藏延光室影印本）

敦煌本王仁昫《刊謬補缺切韻》（《敦煌掇瑣》本）

《唐韻》殘卷（蔣斧印本）

《廣韻》（澤存堂本）

《集韻》（《楝亭五種》本）

《玉燭寶典》（《古逸叢書》本）

《藝文類聚》（明刊小字本）

《初學記》（古香齋本）

《太平御覽》（鮑刻本）

《紺珠集》（《四庫全書》本）

《漢書·楊雄傳》殘卷（日本影印古寫本）

《國語》韋昭注（《四部叢刊》本）

《荀子》楊倞注（世德堂本）

《淮南子》高誘注（《四部叢刊》本）

《齊民要術》（《四部叢刊》本）

《文選》李善注（胡克家刻本）

輶軒使者絕代語釋別國方言第一

1a.1　黨、曉、哲，知也①。楚謂之黨，黨，朗也，解寤貌。或曰曉，齊宋之間謂之哲。

【校箋】

①戴震《方言疏證》云：“知讀爲智。《廣雅》‘黨、曉、哲，暂也’，義本此。暂，古智字。”案：玄應《一切經音義》卷五、卷十引《方言》云：“齊宋之間謂智爲哲。”是玄應亦讀知爲智。

1a.2　虔、儇，慧也。謂慧了。音翾。秦謂之謾，言謾詑也①。詑，大和反②。謾，莫錢反③，又亡山反。晉謂之㦗，音悝④，或莫佳反。宋楚之間謂之倢，言便倢也。楚或謂之譎。他和反，亦今通語。自關而東趙魏之間謂之黠，或謂之鬼。言鬼眎也⑤。

【校箋】

①“言謾詑也”，原作“言謾詑音”。考原本《玉篇》謾下引《方言》云：“秦晉謂慧爲謾。郭璞曰：‘言詑謾也。’”郭注“謾詑”作“詑謾”。此下所出詑謾二字之音先詑而後謾，是本作“詑謾”，不作“謾詑”。盧文弨校本謂先音詑後音謾誤，因而乙正之，非是。案：《楚辭·九章·惜往日》曰：“或詑謾而不疑。”殆即郭注所本。詑謾亦曰誕謾、譠謾。《史記·龜策列傳》云：“人或忠信而不如誕謾。”本書卷十云：“譠謾、憛

佗,皆欺謾之語。”誕謾、讘謾,與詑謾音近義通。惟聯綿詞上下二文
間或倒置,詑謾,古人亦有言謾詑者,如《急就篇》云:“謾詑首匿愁勿
聊。”《説文》逸下云:“兔謾詑善逃也。”並是其例。然郭注之本作“詑
謾”,由注中音字之次第足以證明,實無疑義。其訑字則爲詑之別體。
音字蓋沿上文而誤,今據《玉篇》改“音”作“也”。

② “大和反”,王念孫《方言疏證補》改爲“土和反”。王氏云:“詑字即
　　正文譀字,《廣韻》詑譀並土禾切。大和則音牠。考《玉篇》《廣韻》
　　詑字俱無牠音。又《集韻》一書備載《方言》之音,詑字亦不音牠,今
　　據以訂正。”案:《廣雅·釋詁二》“詑,欺也”,曹憲音湯陀反;《史記·龜
　　策傳》“誕謾”下《集解》引徐廣曰“誕一作訑,音土和反”;《玄應音義》
　　卷八引何承天《纂文》云:“兖州人以相欺爲訑人,音湯和反。”原本
　　《玉篇》詑音湯柯、達可二反,譀音吐禾反,並與王説合。

③ “莫錢反”,原無反字,今依盧本增。案:謾有兩讀,故云“某某反,又
　　某某反”。戴氏删“莫錢”一音,但存“亡山反”三字,誤。盧氏云:“卷
　　十二内謾亦音莫錢反,是舊讀如此,非傳寫之誤。”劉台拱《方言補
　　校》亦云:“《集韻》删仙兩韻皆收謾字,當兼存二音爲是。”

④ 王氏《疏證補》改“音悝”作“音埋”,云:“《玉篇》《廣韻》懬字並音
　　埋。《廣雅》‘懬,慧也’,曹憲音莫佳、莫諧二反,莫諧正切埋字,莫佳
　　之音亦與《方言》同。二音一屬佳韻,一屬皆韻,故《集韻》佳皆二韻
　　俱有懬字。若孔悝之悝則在灰韻,與莫佳、莫諧之音俱不合,故《玉
　　篇》《廣韻》《集韻》懬字俱無悝音。今據以訂正。”

⑤ 眎,戴本改作脈。戴氏云:“‘鬼脈’,各本訛作‘鬼眎’,脈俗作脉,因
　　訛而爲眎。後卷十内‘脈,慧也’,注云:‘今名點爲鬼脈。’”案:眎爲
　　古文視字,今北人謂小兒慧點曰鬼視。今不從戴本改。

1a.3　娥、嬴^①,_{音盈。}好也。秦曰娥,_{言娀娀也。}宋魏之間謂之嬴,

言孅孅也②。秦晉之間凡好而輕者謂之娥。自關而東河濟之間謂之媌，今關西人亦呼好爲媌，莫交反。或謂之姣。言姣潔也，音狡。趙魏燕代之間曰姝，昌朱反，又音株③，亦四方通語。或曰妦。言妦容也。音蜂。自關而西秦晉之故都曰妍④。秦舊都，今扶風雍丘也⑤。晉舊都，今太原晉陽縣也。其俗通呼好爲妍，五干反⑥。妍一作忓。好，其通語也。

【校箋】

①孅，戴氏改作孅，云："各本訛作孅，惟《廣雅》不誤。《説文》嬴從女，嬴省聲，嬴與孅有省不省之異，實一字。"案:《廣雅》景宋本字作孅，戴氏所據蓋明刻本也。孅當即嬴之增益字，猶日莫之莫作暮，暮即莫之增益字，盧本不改，是也。

②《太平御覽》卷三八一引本文云"宋謂之孅"，注作"言孅弱也"。

③原無又字，此從戴本增。《廣雅·釋詁一》"姝，好也"，曹憲姝音充朱、竹瑜二反，與郭音相合。

④妍，《御覽》引作忓。《集韻》寒韻忓音俄干切，云"秦晉謂好曰忓"，即本《方言》。《廣雅·釋詁一》忓、妍並訓爲好，而忓次於妦字下，與《方言》次第亦合；妍則與妦不相承。故王氏《疏證補》據《御覽》《集韻》改妍爲忓。王氏云："忓，各本皆作妍，下有注云'妍一作忓'，此校書者所記，非郭注原文，然據此知《方言》之本作忓也。蓋正文本作'秦晉之故都曰忓'，注文本作'忓，五干反'，只因'五干'訛作'五千'，與妍字之音相同，而《廣雅》妍字亦訓爲好，後人多見妍，少見忓，遂改忓爲妍以從五千反之音，而一本作忓者，乃是未改之原文也。"

⑤"雍丘"，王氏改爲"雍縣"，云："《晉書·地理志》扶風郡有雍縣，無雍丘縣。《御覽》引郭注云：'秦舊都，今扶風雍縣也。'今據以訂正。"

⑥《御覽》引注文作："其俗通呼好爲忓，五干反。"

1b.4　烈、栵，餘也。_{謂烈餘也}①。_{五割反。}陳鄭之間曰栵，晉衛之間曰烈②，秦晉之間曰隸，_{音謐，}《傳》曰“夏隸是屏”。或曰烈。

【校箋】

①戴云：“‘烈餘’，當作‘遺餘’。”盧氏據本書卷二“子、蓋，餘也”郭注“謂遺餘”之文亦改烈作遺。王念孫云：“烈非遺字之訛，乃㪿之訛也。㪿讀若殘，《說文》‘㪿，禽獸所食餘也’。今本作‘烈餘’者，烈字上半與㪿相似，上下文又多烈字，因訛而爲烈。”案：王説是也。原本《玉篇》餘下引《方言》云：“晉衛之間謂餘曰烈。郭璞曰‘謂殘餘也’。”又慧琳《一切經音義》卷六十七“栽櫱”下云：“郭璞注《方言》云櫱‘謂殘餘也’，《説文》云‘櫱，伐木餘也’。古文作栵，或作蘗。”兩書所引並作“謂殘餘也”，當據正。

②《爾雅·釋詁》“烈、栵，餘也”，郭注云：“晉衛之間曰櫱，陳鄭之間曰烈。”櫱烈二字與《方言》文互異。戴氏云：“蓋郭注偶訛耳。”案：原本《玉篇》餘下引《方言》“晉衛之間曰烈”，與今本同，戴氏之言蓋不誤。

2a.5　台、胎、陶、鞠，養也。_{台猶頤也。音怡。}晉衛燕魏曰台①，陳楚韓鄭之間曰鞠②，秦或曰陶，汝潁梁宋之間曰胎，或曰艾。《爾雅》云“艾，養也”。

【校箋】

①《爾雅·釋詁》“頤、艾，養也”，邢疏引《方言》本文作“晉衛燕趙曰台”。
②原本《玉篇》陶下引《方言》“陳楚鄭魏之間或曰陶”，“韓鄭”二字作“鄭魏”，與今本異。

2a.6　憮、_{亡輔反。}俺、_{音淹}①。憐、牟，愛也。韓鄭曰憮，晉衛曰俺，俺憸,多意氣也。汝潁之間曰憐,宋魯之間曰牟,或曰憐②。憐,通語也。

【校箋】

① "音淹",《爾雅·釋詁》疏引作"音掩"。《廣雅·釋詁一》"俺,愛也",曹憲俺音於檢、於劍二反。

②《爾雅·釋詁》"憮、憐,愛也",疏引《方言》或上有一秦字。

2a.7　悽、憮、矜、悼、憐,哀也。悽亦憐耳,音陵。齊魯之間曰矜,陳楚之間曰悼,趙魏燕代之間曰悽,自楚之北郊曰憮,秦晉之間或曰矜,或曰悼。

2b.8　咺、香遠反。唏、虛几反。忚、音的,一音灼。怛,痛也。凡哀泣而不止曰咺,哀而不泣曰唏。於方:則楚言哀曰唏,燕之外鄙鄙,邊邑名。朝鮮洌水之間朝鮮,今樂浪郡是也。洌水在遼東,音烈。少兒泣而不止曰咺。少兒猶言小兒。自關而西秦晉之間,凡大人少兒泣而不止謂之唴,丘尚反。哭極音絶亦謂之唴。平原謂啼極無聲謂之唴哴,哴音亮,今關西語亦然。楚謂之噭咷,叫逃兩音。字或作吲,音求。齊宋之間謂之喑,音蔭。或謂之怒。奴歷反。

3a.9　悼、怒、悴、憖①,傷也。《詩》曰"不憖遺一老",亦恨傷之言也。憖,魚客反。自關而東汝潁陳楚之間通語也②。汝謂之怒,秦謂之悼,宋謂之悴,楚潁之間謂之憖。

【校箋】

①憖,馬瑞辰謂爲憗字之譌。《毛詩傳箋通釋》卷二十《詩·十月之交》"不憖遺一老"條云:"《方言》'憖,傷也,楚潁之間謂之憖',考《説文》憗字注'楚潁之間謂憂曰憗',是知《方言》憖乃憗字形近之譌,傷讀

憂傷之傷。《廣雅》‘愁,憂也’,《廣韻》‘愁,一曰傷也’,並誤以慈爲愁。郭璞《方言》本已誤作愁,因引《詩》‘不愁遺一老’,云‘亦恨傷之言也’,誤矣。”

②丁杰謂此句自字上似少一傷字。

3a.10　慎、濟、睰、㤪[①]、溼[②]、桓,憂也。<small>睰者,憂而不動也</small>[③]。<small>作念反。</small>宋衛或謂之慎,或曰睰。陳楚或曰溼,或曰濟。自關而西秦晉之間或曰㤪,或曰溼。自關而西秦晉之間,凡志不得、欲而不獲、高而有墜、得而中亡謂之溼,<small>溼者,失意潛沮之名</small>[④]。<small>沮一作阻。</small>或謂之㤪。

【校箋】

①㤪,《文選·陸機〈贈弟士龍詩〉》李善注引作惱,《說文》云:“惱,憂貌。”戴氏據此改㤪爲惱。案:㤪惱同音通用,《說文》云:“㤪,饑也,餓也,一曰憂也。”《爾雅》云:“㤪,思也。”舍人注云:“志而不得之思也。”舍人以志而不得釋㤪,正與《方言》同,不宜改㤪爲惱。

②溼,盧本作濕,云:“濕,舊皆作溼。案:楊倞注《荀子·修身篇》《不苟篇》引《方言》皆作‘濕,憂也’,今據此作濕。字當讀爲佗合反。今吳越語猶然。”案:原本《玉篇》溼下引《方言》本條溼字均作濕。王國維《書郭注方言後三》云:“濕,古人皆讀他合反,今人於志而不得、欲而不獲、高而有墜、得而中亡時,猶皆讀之如他合反之濕,以此一音表彼四義,當是秦晉舊語,自以作濕爲長。”

③《廣韻》鹽韻昨鹽切:“睰,閉目內思也。”劉台拱云:“注‘不動’上當脫目字。”

④“潛沮”,原本《玉篇》溼下引作“憯怛”。案:憯怛猶言慘怛也。

3b.11　鬱、悠、懷、㤪、惟、慮、願、念、靖、慎,思也。晉宋衛魯之間謂之鬱悠①。鬱悠猶鬱陶也。惟，凡思也；慮，謀思也；願，欲思也；念，常思也。東齊海岱之間曰靖；岱，太山②。秦晉或曰慎，凡思之貌亦曰慎，謂感思者之容。或曰怒。

【校箋】

① “衛魯”，《紺珠集》八引作“魯衛”。

② “太山”，戴本作“泰山”。

3b.12　敦、豐、厖①、䳳鷦②。夿、音介。幠③、海狐反。般、般桓。嘏、音賈。奕、戎、京、奘、在朗反。將，大也。凡物之大貌曰豐。厖，深之大也。東齊海岱之間曰夿，或曰幠。宋魯陳衛之間謂之嘏，或曰戎。秦晉之間凡物壯大謂之嘏，或曰夏。秦晉之間凡人之大謂之奘，或謂之壯。燕之北鄙齊楚之郊或曰京，或曰將。皆古今語也，語聲轉耳。初別國不相往來之言也，今或同。而舊書雅記故俗語，不失其方，皆本其言之所出也。雅，《爾雅》也④。而後人不知，故爲之作釋也。《釋詁》《釋言》之屬。

【校箋】

①原本《玉篇》广部庬下引《方言》“庬，深之大也”，是本條厖字作庬。

②注“䳳鷦”，劉台拱云：“當作‘鷦䳳’。”案：《爾雅·釋鳥》“狂，茅鴟”，郭注云：“今鷦鴟也。”以郭證郭，當作“鷦鴟”。玄應《一切經音義》卷十三引《埤蒼》云：“鷦鴟也，怪鳥也。”

③幠原作憮，戴盧兩家據《爾雅》改作幠，下文同。今據正。

④《爾雅》，原作《小雅》。戴本作《爾雅》，云：“爾，各本訛作小。據下云‘《釋詁》《釋言》之屬’，當作《爾雅》甚明。爾亦作尒，遂訛而爲小。”今據戴本改正。

4a.13　假①、音駕。徦、古格字。懷、摧、詹、戾、艐、古屆字。至也。邶

唐冀兖之間曰偟,或曰佫。邠,今在始平漆縣。唐,今在太原晉陽縣。齊楚之
會郊兩境之間。或曰懷。摧、詹、戾,楚語也。《詩》曰"先祖于摧""六日不詹"
"魯侯戾止"之謂也。此亦方國之語,不專在楚也。艐,宋語也。皆古雅之別語
也,雅謂風雅。今則或同。

【校箋】

①偟,王氏《疏證補》改作偟,云:"偟,各本作假。《説文》'偟,至也''假,
非真也,一曰至也'。《集韻·去聲四十禡》假偟二字並居迓切。假字
注云:'以物貸人也。'偟字注云:'《方言》:至也。'《爾雅》疏引《方言》
云:'偟,至也。邠唐冀兖之間曰偟。'偟假古雖通用,然《集韻》、《爾
雅》疏引《方言》並作偟,不作假,今據以訂正。"

4b.14　嫁、逝、徂、適,往也。自家而出謂之嫁,由女而出爲嫁也①。
逝,秦晉語也。徂,齊語也。適,宋魯語也。往,凡語也。

【校箋】

①《爾雅·釋詁》:"適、嫁、徂、逝,往也。"郭注引《方言》曰:"自家而出
謂之嫁,猶女出爲嫁。"女,下無而字。王氏《疏證補》云:"余同里故
友李氏成裕云:'而字因上句"自家而出"而衍。'此言自家而出謂之
嫁,亦猶女出爲嫁耳。"

4b.15　謾台,蠻怡二音。脅鬩①,呼隔反。懼也。燕代之間曰謾台,
齊楚之間曰脅鬩。宋衛之間凡怒而噎噫噎謂憂也②。噫,央媚反。謂之脅鬩。
脅鬩猶闃毃也③。南楚江湘之間謂之嘽咺。湘,水名,今在零陵。咺音香遠反。

【校箋】

①脅,《玄應音義》卷四、卷十三引作憎。

②“噎謂憂也”，戴本作“噎噫，謂憂也”。劉台拱云：“當作‘謂噎憂也’。
《詩》‘中心如噎’，傳曰：‘噎憂不能息也。’噎憂雙聲字。《玉篇》引
《詩》‘中心如噎’：‘謂噎憂不能息也。’增一謂字，最得毛氏之意。噎
憂即歐嚘，氣逆也。《說文》歐字注：‘嚘也。’《玉篇》嚘字注：‘老子曰：
終日號而不嚘。嚘，氣逆也。’噎噫、噎憂一聲之轉。戴本作‘噎噫，
謂憂也’，不知其義而妄增之，非是。”

③本書卷十云：“凡窘猝怖遽謂之澗沐。”戴氏謂此條“閡穀”誤，據卷
十文改“閡穀”爲“澗沐”。

5a.16　虔、劉、慘、㪍，殺也。今關西人呼打爲㪍，音㾊，或洛感反。秦晉
宋衞之間謂殺曰劉，晉之北鄙亦曰劉。秦晉之北鄙、燕之北郊、翟縣之
郊謂賊爲虔。今上黨潞縣即古翟國。晉魏河内之北謂㪍曰殘①，楚謂之貪。
南楚江湘之間謂之欿②。言欿㪍難猒也③。

【校箋】

①㪍，戴本據《左傳·昭公二十八年》正義引改作惏。案：《說文》云：“河
　内之北謂貪曰惏。”本書卷二云：“惏，殘也。陳楚曰惏。”王念孫校《方
　言疏證》云：“‘河内之北謂惏曰殘’，當作‘河内之北謂殘曰惏’。賊
　與殘意相因，故云‘秦晉之北鄙、燕之北郊、翟縣之郊謂賊爲虔。晉
　魏河内之北謂殘爲惏’。殘與貪意相因，故下文即言貪。昭二十八
　年《左傳》正義引此已誤。”

②欿，戴改作歁，云：“各本訛作欿，注内同。《說文》‘歁，食不滿也。讀
　若坎’，《廣雅》‘歁，婪貪也’，義本此。曹憲音苦感反。今據以訂正。”
　案：原本《玉篇》欿口感、口含二反，注云：“《方言》‘江湖之間謂貪惏
　曰欿’，郭璞曰：‘欿惏難猒也。’”是欿乃欿字之誤。《說文》云“欿，
　欲得也”，《廣雅·釋詁二》云“欿，貪也”，與《方言》文正合。

③原本《玉篇》歆下引郭注作"歆㤿難悪也"。

5a.17　亟、憐、憮、俺，愛也。東齊海岱之間曰亟。詐欺也①。自關
而西秦晉之間凡相敬愛謂之亟，陳楚江淮之間曰憐，宋衛邠陶之間曰
憮，或曰俺。陶唐，晉都處。

【校箋】

①注戴本改作"欺革反"，云："各本譌作'詐欺也'，於正文不相涉。《廣
雅》'㥛、憮、俺，愛也'，義本此。曹憲於㥛下列欺革、九力二反，今據
以訂正。"

5b.18　眉、梨、鮐、鮐，老也。東齊曰眉，言秀眉也。燕代之北鄙曰
梨，言面色似凍梨①。宋衛兗豫之内曰鮐。八十為鮐，音絰。秦晉之郊陳兗
之會曰耇鮐。言背皮如鮐魚。耇音垢。

【校箋】

①似，戴作如。

5b.19　修、駿、融、繹、尋、延，長也。陳楚之間曰修，海岱大野之
間曰尋，大野，今高平鉅野。宋衛荆吳之間曰融。自關而西秦晉梁益之
間凡物長謂之尋。《周官》之法，度廣為尋、度謂絹帛橫廣。幅廣為充。《爾
雅》曰"緇廣充幅"。延，永長也①。凡施於年者謂之延，施於衆長謂之永。
各隨事為義。

【校箋】

①"延，永長也"，《文選·養生論》李善注及《爾雅·釋詁》邢疏所引並作
"延，年長也"，戴本據改。盧氏不從，以為上文不出永字，則下文永字

無所承,改永爲年誤。劉台拱則曰:"當作'延,年長也'。《方言》中
推類備言而上無所承者多矣,未可以此難戴。"王氏《疏證補》亦力
辯戴氏不誤。以爲"訓延爲年長者,所以別於上文之訓延爲長也。《文
選》注、《爾雅》疏引《方言》皆作'年長',自是確證"。

6a.20　允、訦、音諶。恂、音荀。展、諒、音亮。穆,信也。齊魯之間曰
允,燕代東齊曰訦,宋衛汝潁之間曰恂,荆吳淮汭之間曰展,汭,水口也,
音芮。西甌毒屋黃石野之間曰穆。西甌,駱越別種也。音嘔。其餘皆未詳所在。
衆信曰諒,周南召南衛之語也。

6b.21　碩、沈、巨、濯、訏、敦、夏、于,大也。訏亦作芋,音義同耳。香
于反。齊宋之間曰巨、曰碩。凡物盛多謂之寇①。今江東有小蝦,其多無數,
俗謂之寇也。齊宋之郊楚魏之際曰夥②。音禍〔一〕。自關而西秦晉之間凡
人語而過謂之過,于果反③。或曰僉。東齊謂之劍,或謂之弩。弩猶怒
也④。陳鄭之間曰敦,荆吳揚甌之郊曰濯,中齊西楚之間曰訏⑤。西楚,
謂今汝南彭城。自關而西秦晉之間凡物之壯大者而愛偉之謂之夏⑥,周
鄭之間謂之暇⑦。音賈。郴,齊語也。洛舍反。于,通詞也⑧。

【校箋】

①《後漢書·張衡傳》注引《方言》:"凡物盛而多,齊宋之郊謂之夥。"多
　上有而字。

②《慧琳音義》卷四十五引"齊宋"作"齊魯"。

③《廣雅·釋言》"僉,過也",曹憲過音禍。此云于果反,于疑爲乎字
　之誤。

④《慧琳音義》卷八"弓弩"條下云:"郭璞注《方言》云:'弩猶怒也。'"

〔一〕編者按:底本作楇,《方言校箋》原書作禍,今依原書。《集韻》楇、禍皆音戶果切。

此四字爲注文。

⑤間,原本《玉篇》訐字下引作郊。

⑥《爾雅·釋詁》疏引無者字。

⑦碬原作暇,戴本改作假。盧氏據曹毅之本改作碬。案:本書前"敦、豐、厖、夆、憮、般、碬,大也"一條云:"秦晉之間凡物壯大謂之碬,或曰夏。"碬,郭注"音賈"。是此處亦當作碬。今據盧本改。

⑧詞,戴本改作語。

7a.22　牴^①、觸牴^②。牴,_{音致}。會也。雍梁之間曰牴,秦晉亦曰牴。凡會物謂之牴。

【校箋】

①牴,戴本改作抵,云:"各本訛作牴。據《廣雅》'會、抵,至也',義與此合。注內'觸牴',各本訛作'觸牴也',遂並正文改爲牴,今訂正。"案:《慧琳音義》卷四十五"牴僈"條云:《方言》'牴,會也',《説文》'牴,觸也,從牛氏聲'。"是慧琳所據《方言》作牴。又《萬象名義》牛部牴注云:"觸也,至也,會也。""會也"一訓當即出於《方言》。《萬象名義》本於顧野王原本《玉篇》而作,則顧氏所據《方言》亦作牴,不作抵。戴本作抵,似未可從。

②牴下原有也字,戴氏以觸牴爲音,故删去也字。今據改。

7a.23　華、荂,皽也^①。_{荂亦華别名,音誇}^②。齊楚之間或謂之華,或謂之荂。

【校箋】

①皽,《慧琳音義》卷十引作盛。皽、盛音義並同。

②誇字有誤。《説文》荂爲�> 之或體，《唐韻》況于切〔一〕。《玉篇》荂許俱、

芳俱二切。《爾雅·釋草》"華，荂也"，郭注云："今江東呼華爲荂，音

敷。"均無誇音。況于、許俱，即訏音，芳俱即敷音。此注"音誇"疑

爲"音訏"之訛。

7a.24　墳，地大也。青幽之間凡土而高且大者謂之墳①。即大陵也。

【校箋】

①而字疑爲衍文。《文選·射雉賦》"巡丘陵以經略兮，畫墳衍而分畿"，

徐爰注云："青幽之間土高且大者通之曰墳。"此語蓋本《方言》。高

上無而字。《慧琳音義》卷十八"窣堵波"條引《方言》云："幽燕之間

凡土方而高大者謂之方墳。"文字亦有小異。

7a.25　張小使大謂之廓①，陳楚之間謂之摸。音莫。

【校箋】

①"張小使大謂之廓"，原與上文"墳，地大也"連寫爲一條，此從戴本

提行別爲一節。

7b.26　嬽、火全反①。蟬、繕、音剿。撚、諾典反。未②，續也。楚曰嬽。

蟬③，出也。別異義。楚曰蟬，或曰未及也④。

【校箋】

①火全反，原在蟬字下，戴本列於嬽下，是也。今據改。

②"未，續也"，《廣雅·釋詁二》同。王氏疏證疑未爲末之訛。漢《蒼頡碑》

〔一〕編者按:《唐韻》，原書作此，當改爲《廣韻》。今所見蔣藏《唐韻》虞韻不存。第40頁校

箋4 "《唐韻》縣胡畎切"，《唐韻》亦當作《廣韻》。

“□□禮崇樂，以化未造”，未即末字。王説是也。詳下文。

③蟬，原作嬋，戴盧二本並作蟬，是也。日本古鈔本《漢書·楊雄傳》殘卷天歷二年（948）倭點於楊雄《反離騷》“有周氏之蟬嫣兮，或鼻祖於汾隅”下引顧胤《漢書古今集義》云：“晉曰：《方言》：‘蟬出□未也。’言胄出於周，雄是其末也。”案：晉者晉灼，所引《方言》字正作蟬，今據以訂正。又由晉灼語可證未即末字。

④未當作末。

7b.27　蹍、古躡字，他匣反。蹈、逍遥。跰，音拂。跳也。楚曰跡。勑屬反，亦中州語。陳鄭之間曰蹈，楚曰蹠。自關而西秦晉之間曰跳，或曰蹍。

7b.28　躡、邲、音質。跂、音企。㗓、格亦訓來。躋、濟渡。踚，踊躍。登也。自關而西秦晉之間曰躡，東齊海岱之間謂之躋，魯衛曰邲，梁益之間曰㗓，或曰跂。

8a.29　逢、逆，迎也。自關而東曰逆，自關而西或曰迎，或曰逢。

8a.30　㩴、常含反。攓、音蹇。撠、盜蹠。挺，羊羶①。取也。南楚曰攓，陳宋之間曰撠，衛魯揚徐荆衡之郊曰㩴。衡，衡山，南岳名，今在長沙。自關而②西秦晉之間凡取物而逆謂之籑③，音饌。楚部或謂之挺。

【校箋】

①羶下原有反字，劉台拱云：“挺音羊羶之羶，不當爲羊羶反也。反字誤衍。”案：劉説是也。挺見《廣雅·釋詁》，曹憲音式延、丑延二反，《廣韻》式連切。式延、式連，即羶字音，是羶下不當有反字，今删。

②而，原本《玉篇》籑下引作以。

③籑，戴本改作纂，云："各本訛作籑，蓋因注内饌字而誤，今訂正。《爾雅·釋詁》'探、纂、俘，取也'，《説文》'屰而奪取曰纂'。"盧本字亦改作纂，並刪注文"音饌"二字，云："纂音初患反，不當音饌。"案：《説文》"籑，具食也"，字或作饌。原本《玉篇》食部字作籑，注云："《方言》自關以西秦晉之間凡取物而逆謂之籑。"又故宫博物院舊藏《刊謬補缺切韻》線韻籑音知戀反，云"《方言》音饌"。是纂字作籑，其來已久。

8a.31　餥、音非。飺，音昨。食也。陳楚之内相謁而食麥饘謂之餥①，饘糜也。音旃。楚曰飺。凡陳楚之郊南楚之外相謁而飧②，晝飯爲飧。謁，請也。或曰飺，或曰鉆。音黏。秦晉之際河陰之間曰饐惡恨反。餲。五恨反。今馮翊郃陽河東龍門是其處也。此秦語也。今關西人呼食欲飽爲饐餲。

【校箋】

①内，原本《玉篇》餥下引作閒，《集韻》微韻及《紺珠集》八引並同。《爾雅·釋言》"餥，餱食也"，郭注曰："《方言》云：'陳楚之間相呼食爲餥。'"亦作閒。邢疏引則作内。

②飧，戴改作餐，注"晝飯爲飧"同。案：原本《玉篇》飺下引字作湌，湌即餐之俗體，見《干禄字書》。飧《説文》云"餔也"，今郭云"晝飯爲飧"，不言夕飯，亦足證飧爲餐字之訛。《廣雅·釋詁二》"餥、飺、鉆、饐、餲、湌，食也"，湌亦當作湌。湌者飧之或體也，見原本《玉篇》。桂馥《説文義證》餐字下所論亦詳。

8b.32　釗、薄，勉也。相勸勉也。居遼反。秦晉曰釗，或曰薄。故其鄙語曰薄努，猶勉努也。如今人言努力也。南楚之外曰薄努，自關而東周鄭之間曰勔釗，沉湎。齊魯曰勖兹。勖勔亦訓勉也。

輶軒使者絶代語釋別國方言第二

1a.1 鈔、_{錯眇反。}嫽，_{洛夭反。}好也。青徐海岱之間曰鈔，或謂之嫽。今通呼小姣潔喜好者爲嫽鈔①。好，凡通語也②。

【校箋】

① 《廣雅·釋詁一》"鈔、嫽，好也"，王氏疏證引本書郭注"嫽鈔"作"鈔嫽"。

② 凡，《御覽》卷三八一引作其。

1a.2 朦、_{忙紅反。}厖①，_{鴎鶬②。}豐也。自關而西秦晉之間凡大貌謂之朦，或謂之厖，豐，其通語也。趙魏之郊燕之北鄙凡大人謂之豐人。《燕記》曰"豐人杼首"。杼首，長首也。楚謂之伃③，_{音序。}燕謂之杼。燕趙之間言圍大謂之豐。_{謂度圍物也④。}

【校箋】

① 厖，原本《玉篇》广部庞下及《御覽》卷三八一引並作庞。下文同。

② 劉台拱云："'鴎鶬'，當作'鶬鴎'。"《爾雅·釋鳥》"狂，茅鴎"，郭注云："今鶬鴎也，似鷹而白。"釋文引《字林》"鶬，亡董反"。

③ 《廣雅·釋詁二》"抒，長也"，字作抒。《集韻》語韻敘紐伃下引《方言》"豐人，楚謂之伃"，與今本同。《廣韻》語韻無伃字，伃音以諸切，在魚韻。

④《紺珠集》八引郭注 "度圍物" 作 "度物圍"。

1b.3　娃、烏佳反。嫽，諾過反①。窕，途了反。豔，美也。吴楚衡淮之間曰娃，南楚之外曰嫽，言婬嫽也。宋衞晉鄭之間曰豔，陳楚周南之間曰窕。自關而西秦晉之間凡美色或謂之好，或謂之窕。故吴有館娃之宮，秦有榛娥之臺。皆戰國時諸侯所立也。榛音七。秦晉之間美貌謂之娥。言娥娥也。美狀爲窕，言閑都也。美色爲豔，言光豔也。美心爲窈。言幽静也。

【校箋】

① "諾過反"，諾字誤。案：《廣雅·釋詁一》"嫽，好也"，曹憲音大果反；《玉篇》嫽湯臥、徒果二切；《御覽》卷三八一引《通俗文》"形美曰嫽，湯火反"；《文選·神女賦》李善注嫽音他臥反。此字均不讀泥母，疑諾爲託字之誤。

1b.4　奕、僷①，容也。自關而西凡美容謂之奕，或謂之僷。奕、僷皆輕麗之貌②。僷音葉。宋衞曰僷，陳楚汝潁之間謂之奕。

【校箋】

①僷，《紺珠集》引作僷。明刻各本《方言》同。案：《説文》"僷，宋衞之間謂華僷僷"，《廣雅·釋訓》"僷僷，容也"，字均作僷，當據正。

② "奕僷"，《紺珠集》引作 "奕奕僷僷"，《御覽》卷三八一引作 "奕奕僷僷"，《廣韻》葉韻僷下云："僷僷，輕薄美好貌。" 是 "奕僷" 舊作 "奕奕僷僷"。郭璞注《方言》每取疊字及聯綿語釋書中所舉之單詞，自以作 "奕奕僷僷" 爲是。

2a.5　顣、音綿，下作矊，音字同耳。爍、舒灼反。盱、香于反。揚、瞔②，音滕。雙也③。南楚江淮之間曰顣，或曰瞔。好目謂之順，言流澤也。

黸黸黑也。瞳之子謂之瞯④。言瞯遶也⑤。宋衛韓鄭之間曰䁐。言光明也。燕代朝鮮洌水之間曰盰，謂舉眼也。或謂之揚⑥。《詩》曰"美目揚兮"是也。此本論雙耦⑦，因廣其訓，復言目耳。

【校箋】

①下瞯字乃縣字之誤，詳下文第4。

②䁍，戴本作䐩，盧錢兩家未從。案：䐩訓爲雙，《萬象名義》目部䐩以證反，注云"雙也"，字正作䐩，足證戴校不誤。敦煌本王仁昫《切韻》登韻䐩音徒登反，注云："美目，又以登反。"《集韻》登韻䐩徒登反，注云："美目也，一曰大視。"音與郭注"音䐩"相合，而字均作䐩，䐩從目㬥聲，隸變作䐩耳。宋本作䁍者，蓋因注文"音䐩"之䐩而誤。

③"雙也"，原作"隻也"，戴本改作"雙也"，云："雙，各本訛作隻，注内'雙耦'訛作'隻耦'。《玉篇》引《方言》'顟，雙也'，今據以訂正。"案：戴改隻爲雙，是也。原本《玉篇》陽下引《方言》"陽，雙也，燕代朝鮮洌水之間或謂好目爲陽"，又引郭璞曰"此本記雙偶，因廣其訓，復言目也"，足證隻爲雙字之誤。又《萬象名義》目部䐩字、盰字，頁部顟字，並注云雙也，亦本於《方言》無疑。惟此節所列各詞義皆指目而言，非雙偶之異名，洪頤煊《讀書叢録》卷九"《方言》雙也"一條云："顟䁐盰揚䐩五字，皆是目訓，非雙訓，注義甚迂。雙疑瞱字之訛。《説文》'瞱，大視也'。䁐，言其目光灼䁐。《後漢書·馬援傳》'矍䁐哉是翁也'，李賢注：'《東觀漢記》作瞱。' 瞱䁐連文，明其義也。"案：顟䁐等詞皆張目美好之貌，洪説是也。自郭璞以來瞱訛爲雙，戴錢諸家遂不能通其解。

④瞯當作縣。《説文》"縣，盧瞳子也"。《唐韻》縣胡畎切。段注云："《方言》瞯字當是縣字之誤。郭注釋爲'縣遶'，非也。縣遶可言目，而不可言眸子。"

⑤“矄邈”，劉台拱云“當作‘緜邈’”。案：《文選·司馬相如〈上林賦〉》“微睇緜藐”，郭璞云：“緜藐，遠視貌。”緜邈、緜藐，音義同。

⑥揚，原本《玉篇》陽下引作陽。案：《詩·猗嗟》“清揚婉兮”，馬瑞辰《毛詩傳箋通釋》八云：“目以清明爲美，揚亦明也。《韓詩外傳》引作‘青陽宛兮’。”

⑦“雙耦”，原作“隻耦”，戴本改作“雙耦”，與原本《玉篇》陽下引合，今據正。

2a.6　魏①、羌箠反。笙、揳、音道。摻，素檻反。細也。自關而西秦晉之間凡細而有容謂之魏。魏魏，小成貌。或曰徥。言徥偕也。度皆反②。凡細貌謂之笙，斂物而細謂之揳，或曰摻。

【校箋】

①魏，戴本據《説文》《廣雅》改作嫢，下同。案：《説文》“嫢，媞也。秦晉謂細腰爲嫢”，《廣雅·釋詁二》“嫢、笙、揳、摻，小也”，與本書相合。又《莊子·庚桑》“若規規然若喪父母”，釋文云：“規規，細小貌。”規與嫢義同。

②徥，度皆反，卷六31音度揩反，盧本改作度指反。劉台拱云：“《集韻》‘徍徥，行貌’，徍音於佳反，徥音度皆反，徍徥疊韻字。郭云‘徥偕’猶‘徍徥’也。徥舊音度皆反及卷六音度揩反皆不誤。盧改作度指反，非。”案：《廣韻》徥音承紙、池爾二切，無度皆、度揩之音，故盧氏改爲度指反，而不知支脂二韻古不相通，承紙、池爾均在紙韻，改爲度指則在旨韻矣。劉氏援據《集韻》以正其失，是也。惟《廣雅·釋詁一》云“徥，行也”，曹憲音直駭反，又仕紙反；《萬象名義》《字鏡》均作度揩反。揩即楷字，古人寫書從扌從木皆作扌旁。《廣韻》楷在上聲駭韻，度楷一音與曹憲直駭反正合，第直駭爲音和切，度楷爲類隔切，

小有不同耳。卷六郭音度揩反，揩當作楷。此作“度皆”者殆亦“度楷”之訛也。

2b.7　傀、言瓌瑋也。渾、們渾，肥滿也。狐本反。膹、膹呬充壯也。匹四反。膁、音壤。儬、愘膠反。泡，音庖。盛也。自關而西秦晉之間語也①。陳宋之間曰儬，儬伴，麤大貌②。江淮之間曰泡。泡肥，洪張貌③。秦晉或曰膁。梁益之間凡人言盛及其所愛，偉其肥臧謂之膁④。肥膁多肉。

【校箋】

① 自上戴本增傀字。

② 《字鏡》儬字注云：“盛也。儬牢，麤大貌。”即本《方言》郭注，伴字作牢。

③ 《慧琳音義》卷十八引《方言》：“泡，盛也，江淮之間語也。郭璞注云：‘泡洪，漲兒也。’”張字作漲。

④ 偉上原有曰字，臧作臟，今依戴本改。案：《説文》膁下云：“益州鄙言人盛諱其肥曰膁。”《漢書·鄒陽傳》注云：“晉灼曰：‘楊雄《方言》：梁益之間所愛諱其肥盛曰壤。’”據此則偉上不當有曰字甚明。又晉灼引本書偉作諱，《御覽》卷三七八引同。盧錢兩家謂作諱爲是。

3a.8　私、策①、纖、荒、音鋭。稺、古稺字。抄，莫召反。小也。自關而西秦晉之郊梁益之間凡物小者謂之私；小或曰纖，繒帛之細者謂之纖。東齊言布帛之細者曰綾，音凌。秦晉曰靡。靡，細好也②。凡草生而初達謂之荒。鋒萌始出③。稺，年小也。木細枝謂之抄，言抄梢也④。江淮陳楚之內謂之篾⑤，篾，小貌也。青齊兖冀之間謂之葼，馬鬃。燕之北鄙朝鮮洌水之間謂之策。故傳曰：慈母之怒子也，雖折葼笞之，其惠存焉。言教在其中也。

【校箋】

①《紺珠集》引策字在杪字下。

②注戴本據《文選·長門賦》《魯靈光殿賦》李善注改作"靡靡,細好也"。

③注《紺珠集》引作"言鋒萌始出也"。

④《玄應音義》卷十七引《方言》:"杪,小也。郭璞曰:'言杪者稍微小也。'"《慧琳音義》卷二十一引郭注則作:"杪言梢也。"

⑤箋,戴本作蔑,注同。案:《文選·長笛賦》注引《方言》作蔑,《慧琳音義》卷四十五、六十六兩引作懱。

3b.9　殗、_{於怯反}。殜,_{音葉}。微也。宋衛之間曰殗。自關而西秦晉之間凡病而不甚曰殗殜。_{病半臥半起也}。

3b.10　臺敵,匹^①_{一作迮^②}。也。東齊海岱之間曰臺。自關而西秦晉之間物力同者謂之臺敵^③。

【校箋】

①匹原作延,戴本據《廣雅》改作匹,是也。今據正。匹,唐人俗作迊,見《干禄字書》,因而訛作延。

②此校書者所加,迮亦迊字之訛。戴本改作"一作疋也",以爲郭注原文,非是。

③《紺珠集》引物上有凡字。

3b.11　抱娂,_{匹萬反^①。一作娞^②}。耦也。_{耦亦匹,互見其義耳。音赴^③}。荆吴江湖之間曰抱娂,宋穎之間或曰娂。

【校箋】

①"匹萬反",原作"追萬反",戴從曹毅之本作"孚萬反"。案:此追字乃

近字之訛，近訛作迸，又訛作迤也。娩，《説文》作㜣，注云：“生子齊均也。讀若幡。”《玉燭寶典》卷二引《通俗文》音匹萬反。字又作嬔，《爾雅·釋獸》“兔子，嬔”，釋文云：“嬔，匹萬反，又匹附反。本或作娩，敷萬反。”《廣雅·釋獸》“嬔，兔子也”，曹憲音匹萬反。足證“追萬反”爲“匹萬反”之訛。《文選·思玄賦》舊注引《説文》“生子二人俱出爲娩”，故《方言》訓爲耦。

②“一作嬔”三字蓋校書者所加。

③注匹字原作迸，今依戴本校正。又“音赴”二字戴本移列於正文抱字之下，以爲抱字讀音，誤。案：《玉燭寶典》卷二引《方言》“抱娩，耦也”，注云：“耦亦近也，廣見其義耳。娩音赴。”又引《蒼頡篇》曰：“娩，子出。音妨萬反，一音赴。”是“音赴”二字爲娩字讀音甚明。考《禮記·月令》云：“（仲春之月）玄鳥至，至之日，以大牢祠於高禖，天子親往。”鄭注云：“玄鳥，燕也，燕以施生時來，巢人堂宇而孚乳，嫁娶之象也。”釋文：“孚如字，一音芳付反；乳，而樹反。”蔡邕《月令章句》云：“玄鳥感陽而至，集人室屋。其來主爲娩乳蕃滋，故重至日，因以用事。”鄭云孚乳，蔡云娩乳，音義相同。孚既音赴，娩亦音赴矣。據此足證戴校之誤。至於抱字，又見卷八，郭音房奧反，房奧反與赴字讀音迥異，戴氏蓋未詳考耳。惟娩字一音匹萬反，一音赴，“音赴”二字當與匹萬反同列，不當列於正文“耦也”之下。

3b.12　倚①、丘寄反②。踦，卻奇反。奇也。奇偶。自關而西秦晉之間凡全物而體不具謂之倚，梁楚之間謂之踦。雍梁之西郊，凡㽂支體不具者謂之踦③。

【校箋】

①倚下一節舊與上文“抱娩”連寫爲一條，今從戴本提行別寫。

②"丘寄反",戴本作"於寄反"。案:《集韻》寘韻倚音卿義切,注云"奇
　也";又音於義切,注云"因也,加也"。卿義與丘寄音同,《集韻》所據
　《方言》舊本當是丘寄反。

③罞,盧本改作獸。

4a.13　遰、勅略反。獡、音鑠。透,式六反。驚也。自關而西秦晉之
間凡蹇者或謂之遰,行略遰也。體而偏長短亦謂之遰。宋衛南楚凡相
驚曰獡,或曰透。皆驚貌也。

4a.14　儀、佫,來也。陳潁之間曰儀,自關而東周鄭之郊齊魯之間
或謂佫曰懷①。

【校箋】

①"或謂佫曰懷",戴本作"或謂之佫,或曰懷",盧本作"曰佫,或曰懷"。

4a.15　㔉、音日①。敽,音汝。黏也。齊魯青徐自關而東或曰㔉,言
黏㔉也。或曰敽。

【校箋】

①"音日",戴盧兩本作"音昵"。案:《爾雅·釋言》"㔉,膠也",釋文:"㔉,
　女乙反,郭音馹。"馹日同音,是作"音日"不誤。

4b.16　餬①、音胡。託、庇、庇廕。寓、媵,音孕。寄也。齊衛宋魯②陳
晉汝潁荊州江淮之間曰庇,或曰寓。寄食爲餬,《傳》曰"餬予口於四方"
是也③。凡寄爲託,寄物爲媵。

【校箋】

①此節原與上節連寫爲一條,今從戴本提行分寫。

②盧氏據曹毅之本改作齊魯宋衛。

③予,《左傳·隱公十一年》作其。

4b.17　逞、苦、了,快也。自山而東或曰逞,楚曰苦,苦而爲快者,猶以臭爲香、亂爲治①、徂爲存②,此訓義之反覆用之是也。秦曰了。今江東人呼快爲恒。相緣反。

【校箋】

①“亂爲治”,原作“治爲亂”。盧本據《爾雅·釋詁》“徂、在,存也”下郭注改爲“亂爲治”,是也。今據改。

②徂原作但,戴本作徂,與《爾雅》合。今據改。

4b.18　挴、慲、赧①,愧也。晉曰挴,或曰慲。秦晉之間凡愧而見上謂之赧,《小雅》曰“面赤愧曰赧”②。梁宋曰慲③。勑慲亦憨貌也。音匿。

【校箋】

①赧原作赦,下同。戴本從《說文》作赧。今訂正。

②注《小雅》,戴本作“《小爾雅》”。“面赤愧曰赧”,盧本刪赤字,與《玄應音義》卷二引合。今《小爾雅》作“面慚曰戁”。

③“梁宋”,《玉篇》慲下引作“梁宋之間”。

5a.19　叨、託高反。悇,洛含反。殘也。陳楚曰悇。

5a.20　憑、齘〔一〕、苟,怒也。楚曰憑,憑,恚盛貌。《楚詞》曰“康回憑怒”。小怒曰齘。言喋齘也。陳謂之苟①。相苟責也。

〔一〕編者按:齘,底本作齭,後同。原書改作齘,未做說明。今依原書。

【校箋】

①苛，原本《玉篇》訶字注云：“《方言》：‘訶，怒也。陳謂之訶。’郭璞曰：‘相責也。’”是古本苛作訶。《玄應音義》卷一、卷十五、卷十八、卷二十二引字皆作呵。呵亦訶之或體。

5a.21　憛、刺，痛也。憛憛^①，小痛也。音策。自關而西秦晉之間或曰憛。

【校箋】

①“憛憛”，盧本同，戴本改作“憯憛”。未詳所據。

5a.22　撟捎，選也。此妙擇積聚者也。矯騷兩音。自關而西秦晉之間凡取物之上謂之撟捎^①。

【校箋】

①《説文》捎下云：“自關以西凡取物之上者爲撟捎。”疑此上字下脱者字。

5a.23　摑、呼旱反。梗、魚鯁。爽，猛也。晉魏之間曰摑，《傳》曰“摑然登埤”。韓趙之間曰梗，齊晉曰爽。

5b.24　睭、音閑。睇、音悌。睎、睉，音略。眄也。陳楚之間南楚之外曰睇，東齊青徐之間曰睎，吳揚江淮之間或曰睭，或曰睉，自關而西秦晉之間曰眄。

5b.25　餲、消息。喙、口喙。咽，許四反。息也。周鄭宋沛之間曰餲^①，自關而西秦晉之間或曰喙，或曰餲，東齊曰咽。

【校箋】

①原本《玉篇》餽下引《方言》：“餽，息也，周鄭宋之間曰餽餼。”與今本不同。

5b.26　鈚、劈歷。撌，音規。裁也。梁益之間裁木爲器曰鈚，裂帛爲衣曰撌。鈚又斯也。皆析破之名也①。晉趙之間謂之鈚鈚②。

【校箋】

①析原作折，戴本作析，是也。今據以改正。

②盧云：“疑衍一鈚字。”

6a.27　鐫，琢也①。謂鏨鐫也。子旋反。晉趙謂之鐫。

【校箋】

①琢原作捄。案：《説文》：“鐫，穿木鐫也，一曰琢石也。”戴盧兩家據《説文》改捄爲琢，與《慧琳音義》卷八十、卷八十四所引合。

6a.28　錯、音楷①。鐕〔一〕，音啓。堅也。自關而西秦晉之間曰錯，吳揚江淮之間曰鐕。

【校箋】

①楷原作揩，今據戴本改。《廣韻》錯楷同音苦駭反，見駭韻。

6a.29　揄鋪、音數。幠音藍。怖、帗音拂。縷、葉輸①，音史。毳也。音脆。皆謂物之行蔽也②。荊揚江湖之間曰揄鋪，楚曰幠怖，陳宋鄭衛之間謂之帗縷，燕之北郊朝鮮洌水之間曰葉輸。今名短度絹爲葉輸也。

────────

〔一〕編者按：鐕，底本字作鐕，後同。

【校箋】

① “葉輸”，戴本改作“葉褕”，云：“輸字不得有臾音。《玉篇》云：‘葉褕，短度絹也。’今據以訂正。”下文葉輸亦誤。

② “行蔽”，《集韻》帗字注引作“行敝”。原本《玉篇》縿字注引本書郭注作“謂物之行弊者也”，《萬象名義》幰下云“物行弊者”，亦本郭注。是注文當作“皆謂物之行弊者也”。劉台拱云：“《周禮·司市》‘利者使阜，害者使亡’，後鄭注：‘利，利於民，謂物實厚者；害，害於民，謂物行苦者。’《淮南子·繆稱訓》‘周政至，殷政善，夏政行’，高誘注：‘行，尚麤也。’物以攻緻爲貴，故敝者曰行；物以精細爲貴，故麤者曰行。行猶敝也，故曰行敝。”案：劉説甚碻。戴本“行弊”作“扞蔽”，尤誤。

6b.30　子、藎①，餘也。謂遺餘。昨客反。周鄭之間曰藎，或曰子。青徐楚之間曰子。自關而西秦晉之間炊薪不盡曰藎。子，俊也②。遵，俊也。廣異語耳。

【校箋】

①藎，《玄應音義》卷二十二引作爐。

②“子，俊也”以下似當提行。

6b.31　翿、音濤。幢，徒江反。翳也。儛者所以自蔽翳也①。楚曰翿，關西關東皆曰幢。

【校箋】

①《慧琳音義》卷六引《方言》：“幢，翳也。郭注云：‘儛者所以自蔽翳身也。’”卷二十九引又作：“舞者執之以自蔽翳也。”文字有改動。

6b.32　掞^①、略，求也。秦晉之間曰掞，就室曰掞^②，於道曰略。略，强取也。攘^③、古据字。摭，盜跖。取也。此通語也。

【校箋】

①《廣雅·釋詁三》"庲、略，求也"，掞作庲。原本《玉篇》广部庲下云"《方言》'庲，求也'"，字亦作庲。

②《顔氏家訓·音辭篇》引《通俗文》云："入室求曰搜。"原本《玉篇》庲下引本文室下亦有求字，當據補。

③攘原作攘，從戴本改。

6b.33　茫、矜、奄，遽也。謂遽矜也。吳揚曰茫，今北方通然也。莫光反。陳潁之間曰奄，秦晉或曰矜，或曰遽。

7a.34　速、逞、搖扇，疾也。東齊海岱之間曰速，燕之外鄙朝鮮洌水之間曰搖扇，楚曰逞。

7a.35　予、賴，讎也。南楚之外曰賴，賴亦惡名。秦晉曰讎。

7a.36　恒慨、蓼索含反。綏、羞繹、音弈。紛毋^①，言既廣又大也。荆揚之間凡言廣大者謂之恒慨，東甌之間謂之蓼綏，東甌亦越地，今臨海永寧是也。或謂之羞繹、紛毋。

【校箋】

①"紛毋"，原作"紛母"，戴本作"紛毋"，下同。原本《玉篇》紛下引《方言》毋作無。案：無毋同音，戴校是也。

7a.37　剟、崔潦反，又子了反。蹶，音厥^①。㨖也。古狡狘字。秦晉之間曰獪，楚謂之剦，或曰蹶，<small>言踏蹶也</small>。楚鄭曰蔦，<small>音指撟，亦或聲之轉也</small>[②]。或
曰姡。<small>言黠姡也</small>。今建平郡人呼狡爲姡[③]，<small>胡刮反</small>。

【校箋】

①　“音厥”二字戴本删，將下文“或曰蹶”之注文“言踏蹶也”四字改爲
　　“音踏蹶”三字，移置此處。

②　或，戴本改作獪。

③　狡原作妓，盧本作狡，是也。今據改。

輶軒使者絶代語釋別國方言第三

1a.1　陳楚之間凡人嘼乳而雙産謂之釐孳①，音茲。秦晉之間謂之僆子，音華。自關而東趙魏之間謂之孿生。蘇官反②。女謂之嫁子③。言往適人。

【校箋】

①“釐孳”，《集韻》之韻孳下引作“孳孳”。《玉篇》子部“孳，力辭切。孳孖雙生也”，字又作“孳孖”。

②孿字曹憲《博雅音》音山患反，玄應《一切經音義》卷十七音所患反，《廣韻》諫韻音所患反，均讀去聲。此蘇官反疑爲蘇宦反之誤。宦患同音。

③“女謂之嫁子”及注文“言往適人”，劉台拱謂當屬下節，在“東齊之間”下。

1a.2　東齊之間壻謂之倩①。言可借倩也②。今俗呼女壻爲卒便是也。卒便一作平使③。

【校箋】

①壻原作聟，注同。案:唐人俗書壻字作壻，或訛作聟，又作聟。見顏元孫《干禄字書》。此聟字即壻字之訛，兹改爲今體。

②“言可借倩也”，《史記·倉公列傳》集解引作“言可假倩也”。案:借

假義通。本書卷十二云："倩,借也。"

③ "卒便一作平使",此爲校書者之語,非郭氏注文。盧文弨云："卒便合音即爲倩。"是作"平使"者誤。

1a.3　燕齊之間養馬者謂之娠①。今之溫厚也②。音振。官婢女廝謂之娠。女廝婦人給使者,亦名娠。

【校箋】

① 娠,《後漢書·杜篤傳》李賢注引《方言》云："侲,養馬人也。"又云："《字書》侲音真。"《玉篇》人部侲下引《方言》字亦作侲。案:《説文》娠下云："官婢女隸謂之娠。"是娠侲二字通用。

② 注 "今之溫厚也",蓋後人所加之義訓,非郭氏原本所有。考《萬象名義》侲之仁、之伇二反,注云："養馬器,又恩厚也。"此云溫厚,當爲別一義甚明。

1a.4　楚東海之間亭父謂之亭公①。亭民。卒謂之弩父,主擔幔弩導幨,因名云②。或謂之褚。言衣赤也。褚音赭。

【校箋】

① 楚上玄應《一切經音義》卷四、卷九、卷十一引並有南字,慧琳《一切經音義》卷四十五及《太平御覽》卷三百引亦同。當據補。

② 注 "主擔幔弩導幨,因名云",《御覽》卷三百引作 "卒主擔弩導引,因以爲名",《紺珠集》引作 "言主擔弩,因以爲名也"。

1b.5　臧、甬、音勇。侮、獲,奴婢賤稱也。荆淮海岱雜齊之間俗不純爲雜。罵奴曰臧,罵婢曰獲。齊之北鄙燕之北郊,凡民男而壻婢謂之臧,女而婦奴謂之獲;亡奴謂之臧,亡婢謂之獲。皆異方罵奴婢之醜稱也。自關而東陳魏宋楚之間保庸謂之甬。<small>保，言可保信也。</small>秦晉之間罵奴婢曰侮。<small>言爲人所輕弄。</small>

1b.6　蕐、<small>音花。</small>譌、<small>訛言。</small>譁、<small>五瓜反</small>①，<small>皆化聲之轉也。</small>涅，化也。燕朝鮮洌水之間曰涅②，或曰譁。<small>雞伏卵而未孚音赴。始化之時謂之涅。</small>

【校箋】

①譁，五瓜反，《廣雅·釋言》曹憲音同，原本《玉篇》譁音呼瓜反，引《方言》"譁，化也"。

②"燕朝鮮洌水之間"，原本《玉篇》引同。案：本書卷八云："北燕朝鮮洌水之間謂伏雞曰抱，其卵伏而未孚始化謂之涅。"文與此同。此條燕上疑脱北字。

2a.7　斟、恊，汁也。<small>謂和協也，或曰潘汁，所未能詳</small>①。北燕朝鮮洌水之間曰斟，自關而東曰恊，關西曰汁。

【校箋】

①注"謂和協也"云云，原本《玉篇》汁下引作："謂協和也，或曰潘汁，所未詳也。"

2a.8　蘇、芥①，草也。<small>《漢書》曰"樵蘇而爨"</small>②。<small>蘇猶蘆，語轉也</small>③。江淮南楚之間曰蘇，自關而西或曰草，或曰芥。<small>或言菜也</small>④。南楚江湘之間謂之莽⑤。<small>嫫母。</small>蘇亦茌也⑥。<small>茌屬也。《爾雅》曰"蘇，桂茌也"。</small>關之東西或謂之蘇，或謂之茌。周鄭之間謂之公蕡。<small>音翡翠。今江東人呼茌爲菩，音魚。</small>沅湘之南或謂之䒤。<small>今長沙人呼野蘇爲䒤，音車轄。沅，水名，在武陵。</small>其小者謂之䕅菜⑦。<small>堇菜也</small>⑧，<small>亦蘇之種類，因名云。</small>

【校箋】

①《藝文類聚》卷八十一引此芥下有莽字。

②爨原作齏，齏者爨之別體。“樵蘇而爨”，《漢書‧韓信傳》作“樵蘇後爨”。

③“蘇猶蘆，語轉也”，王氏校本蘆作蘆，是也。蘆蘆形近而訛。《廣雅‧釋草》云：“蘇、茉、芥、莽、蘆、毛，草也。”曹憲音蘆千古反。又玄應《一切經音義》卷四“草蓾”條云：“蓾音察，草蘆也，亦芥也；蘆音千古反，枯草也。今陝以西言蓾，江南山東言草蘆，蘆音山東云七故反也。”據是可知蘆乃枯草之名，與蘇音義相似，故郭云語轉。蘆者葦也，與蘇、芥不類，不得謂之語轉。

④注“或言菜也”，菜字疑爲茉字之誤。《廣雅‧釋草》茉、芥、莽、蘆並訓爲草，曹憲音“茉，力内反”。詳見王氏《廣雅疏證》。

⑤莽原作芥，戴氏疏證改作莽，是也。郭注音嬎母之嬎，是其證。

⑥“蘇亦荏也”以下，戴本別爲一條，錢盧兩家不從。劉台拱云：“當跳行，不當屬上。”今依舊本。

⑦釀，《齊民要術》卷三引及《御覽》卷九百八十引並作穰。

⑧“菫荣也”，《齊民要術》卷三引及《御覽》卷九百八十引並作“薰荣也”，當據正。《玉篇》云：“荣，香荣菜，蘇類也。”《萬象名義》云：“荣，薰荣也。”薰荣即香荣。是作菫者，誤字也。

2b.9　蘴、舊音蜂。今江東音嵩，字作菘也。蕘，鈴鐃。蕪菁也。陳楚之郊謂之蘴①，魯齊之郊謂之蕘②，關之東西謂之蕪菁，趙魏之郊謂之大芥。其小者謂之辛芥，或謂之幽芥；其紫華者謂之蘆菔。今江東名爲温菘，實如小豆。羅匐二音。東魯謂之菈薘。洛答、大合兩反③。

【校箋】

①“陳楚之郊”，《倭名類聚抄》卷八“蔓菁”條引作“陳宋之間”，《禮

記·坊記》鄭注云:“葑,蔓菁也。陳宋之間謂之葑。”亦云“陳宋”。

②“魯齊之郊”,盧本據曹毅之本作“魯齊之間”。

③“大合”,盧氏據曹毅之本作“徒合”,音同。

3a.10　葰①、芡,音儉。雞頭也。北燕謂之葰,今江東亦呼葰耳。青徐淮泗之間謂之芡。南楚江湘之間謂之雞頭,或謂之鴈頭,或謂之烏頭。狀似烏頭②,故傳以名之③。

【校箋】

①葰原作薂,戴本據《廣雅》《玉篇》改作葰,是也。《齊民要術》卷十引及《御覽》卷九百七十五引均作葰,葰下且有注文“音役”二字。下文葰字,戴本亦均作葰,今據正。

②“狀似烏頭”,各本同,劉台拱云“烏當作鳥”,是也。

③“傳以名之”,戴本作“轉以名之”,劉台拱云“轉當作博”,是也。案:葰,方語或曰雞頭,或曰鴈頭,或曰烏頭,稱謂有殊,而同以鳥頭名之,則一也。故郭璞云:“狀似鳥頭,故博以名之。”傳博形近而訛,戴校作轉,則似郭注專爲釋烏頭一詞而設矣,不若劉説爲長。

3a.11　凡草木刺人①,北燕朝鮮之間謂之茦,《爾雅》曰“茦,刺也”。或謂之壯。今淮南人亦呼壯。壯,傷也,《山海經》謂刺爲傷也。自關而東或謂之梗,今云梗榆。或謂之劌。劌者傷割人名。音鱥魚也②。自關而西謂之刺。江湘之間謂之棘。《楚詞》曰“曾枝剡棘”。亦通語耳。音己力反。

【校箋】

①玄應《一切經音義》卷一引《方言》云:“凡草木莿人,關西謂之莿。”刺作莿。

②鱥,盧本作鱖,云:“劌鱖皆居衛反,俗本鱖誤作鱥,今從宋本改正。”

案:鱖鱥一字,見《集韻》。盧氏所據爲曹毅之本。

3b.12　　凡飲藥傅藥而毒,南楚之外謂之癆,乖瀨①。北燕朝鮮之間謂之癆,癆、瀨皆辛螫也。音聊②。東齊海岱之間謂之眠③,或謂之眩。眠眩亦今通語耳。自關而西謂之毒。瀨,痛也。

【校箋】

①“乖瀨”,盧氏云:“或當是音乖剌,郎達反。”

②癆音聊,戴本同。盧本作“音澇”,云:“俗本作‘音聊’,今從宋本。”劉台拱云:“音澇非,音聊是。”案:《廣雅·釋詁二》“癆,痛也”,曹憲癆音老到、力彫二反,是二音均不誤。

③眠,戴校本作瞑,注“眠眩”同。云:“各本訛作眠,曹毅之本不誤。”案:《書·金縢》正義及玄應《一切經音義》卷十三引並作瞑。盧氏云:“卷十內正作眠,二字可通用。”

3b.13　　逞、曉、恔、苦,快也。恔即狡①,狡戲亦快事也。自關而東或曰曉,或曰逞。江淮陳楚之間曰逞,宋鄭周洛韓魏之間曰苦,東齊海岱之間曰恔,自關而西曰快。

【校箋】

①“恔即狡”,原作“快即狡”,今據戴本、盧本改。

4a.14　　膠①、譎,詐也。涼州西南之間曰膠,自關而東西或曰譎,或曰膠。汝南人呼欺爲讁,託回反②。亦曰詒,音殆。詐,通語也。

【校箋】

①膠當作謬。原本《玉篇》謬下引《方言》云:“謬,詐也。自關而東西

或曰謬。"《爾雅序》釋文及《玄應音義》卷二,《慧琳音義》卷六、卷七、卷三十四等引《方言》並云"謬,詐也",當據正。下文膠字亦誤。

②託原作詑。《集韻》灰韻譴通回反。此音詑回反,詑爲誤字,盧校改作託,是也。今據正。

4a.15　撋、擢、拂、戎,拔也。<small>今呼拔草心爲撋。烏拔反。</small>自關而西或曰拔,或曰擢。自關而東江淮南楚之間或曰戎,東齊海岱之間曰撋。

4a.16　慰、塵、度,凥也。<small>《周官》云"夫一廛",宅也。音纏約。</small>江淮青徐之間曰慰。東齊海岱之間或曰度,或曰塵,或曰踐。

4a.17　萃、雜,集也。東齊曰聖①。

【校箋】

①聖,戴氏據《廣雅》改作聚。案:《玄應音義》卷四引《方言》云:"東齊海岱之間謂萃曰聚。"又《慧琳音義》卷三十引《方言》云:"東齊之間謂萃爲聚。"是字當作聚無疑。

4b.18　迨、遝,及也。東齊曰迨。<small>音殆。</small>關之東西曰遝①,或曰及。

【校箋】

①遝,《玄應音義》卷六,《慧琳音義》卷三、卷二十七引字並作逮。案:遝逮字通。

4b.19　荄、杜,根也。<small>今俗名韭根爲荄。音陔。</small>東齊曰杜,《詩》曰"徹彼桑杜"是也。或曰荄。<small>音撥。</small>

4b.20　班、徹，列也。北燕曰班，東齊曰徹。

4b.21　瘼、音莫。癁，病也。謂勞復也。東齊海岱之間曰瘼，或曰癁。秦曰瘎。音閻或湛①。

【校箋】

①瘎注"音閻或湛"，湛，《御覽》卷七百三十八引作諶。戴本同。案：《廣雅·釋言》曹憲音及《廣韻》《集韻》並音諶，不音湛，則作諶爲是。盧本據曹毅之本刪閻之一音，而湛亦作諶。

4b.22　掩、醜、捆、充衣。絳，作憤反。同也。江淮南楚之間曰掩。宋衛之間曰絳，或曰捆。東齊曰醜。

5a.23　裕、猷，道也。東齊曰裕，或曰猷。

5a.24　虔、散，殺也。東齊曰散，青徐淮楚之間曰虔。

5a.25　氾、音汎。浣、音漫。潤、湯澗①。洼，烏蛙反。洿也。皆洿池也。自關而東或曰洼，或曰氾。東齊海岱之間或曰浣，或曰潤。荊州呼潢也。

【校箋】

①"湯澗"，戴氏云："當作'音湯爛之爛'。"案：於湯中瀹肉曰爛，故郭注音潤爲湯爛之爛。作澗則不辭矣。《集韻》鹽韻潤音爛，並引《方言》云"洿也"，足證戴校不誤。

5a.26　庸、恣①、比、比次。偱、挺直②。更、佚，蹉跌。代也③。齊曰佚，江淮陳楚之間曰偱，餘四方之通語也。今俗亦名更代作爲恣作也。

【校箋】

①戴氏云:"恣當作伙。《説文》'伙,遞也''遞,更易也'……《廣雅》
　　'庸、比、侹、伙、更、迭,代也',義本此。"案:《廣雅》"伙,代也",見《釋
　　詁三》。王氏疏證引《方言》恣改作次,郭注"恣作"之恣亦作次,云:
　　"次與伙通。"

②挺原作侹,戴本作挺,是也。今據正。

③錢繹箋疏代上增遞字,云:"各本並脱遞字,(玄應)《衆經音義》卷
　　二十二、卷二十三並引《方言》'遞,代也',今據補。"

5b.27　氓,民也。民之總名。音萌。

5b.28　杁①,仇也。謂怨仇也。音舊。

【校箋】

①杁,《集韻》尤韻字作扐,引《方言》"扐,仇也"。是舊本有作扐者。
　　扐見《太玄·内》初一。案:《萬象名義》手部有扐字,云:"渠鳩反。
　　怨仇也。"與郭注合。疑此杁字爲扐字之誤。

5b.29　寓,寄也。

5b.30　露,敗也。

5b.31　别,治也。

5b.32　棖,法也。救傾之法。

5b.33　謫，怒也。相責怒也①。音賾〔一〕。

【校箋】

①原本《玉篇》謫下引本書郭注相上有謂字。《慧琳音義》卷十一、卷三十三、卷六十五及《集韻》麥韻引並同，當據補。

5b.34　間，非也。

6a.35　格，正也①。

【校箋】

①"格，正也"，慧苑《華嚴經音義》上第三十八葉下"無所拒"條引《方言》云："格，止也。"

6a.36　釃，數也。偶物爲麗〔二〕，故云數也①。

【校箋】

①云原作立，戴本作云，是也。今據正。

6a.37　軫，戾也。相了戾也。江東音善①。

【校箋】

①注"相了戾也。江東音善"，原本《玉篇》軫下引作"謂相了戾也。江東呼爲善"。

〔一〕編者按：賾，底本作蹟，原書校改作賾。今依原書。
〔二〕編者按：麗，底本作灑，原書校改作麗。今依原書。

6a.38　屑，潔也。謂潔清也。音薛。

6a.39　諄，罪也。謂罪惡也。章順反。

6a.40　俚，聊也。謂苟且也。音吏。

6a.41　梱^①，就也。梱梱，成就貌。恪本反。

【校箋】

①梱，戴本改作稇，字從禾，注内同。戴云："《説文》'稇，絭束也'。《玉篇》
　《廣韻》並云'成熟'，與郭注'成就貌'合。梱乃門橛，於義無取。"劉
　台拱云："梱字俱當作稇。'成就'當作'成孰'。"

6a.42　苙，圂也。謂蘭圂也。音立。

6b.43　廀，隱也。謂隱匿也。音搜索也。

6b.44　銛，取也。謂挑取物。音忝。

6b.45　根，隨也。根柱令相隨也。

6b.46　儓、音臺。㒑，音僰。農夫之醜稱也。南楚凡罵庸賤謂之田
儓，佁儓，騃鈍貌。或曰"僕臣儓"，亦至賤之號也。或謂之㒑，㒑，丁健貌也。《廣雅》
以爲奴，字作僰，音同。或謂之辟。辟，商人醜稱也。辟辟，便黠貌也^①。音擘^②。

【校箋】

①"僻僻"，戴本作"辟辟"。

②辟音擘,依注義"便黠貌"疑當作"音擗"。擘《廣韻》在麥韻,音博
厄切,便辟字在昔韻擗紐,音房益切。

6b.47　庸謂之倯,轉語也。倯猶保倯也。今隴右人名嬾爲倯。相容反。

7a.48　褸裂、須捷①、挾斯,敗也。南楚凡人貧衣被醜弊謂之須捷②。
須捷,狎嬖也。或謂之褸裂,裂③,衣壞貌。音縷。或謂之褴褸④。故《左傳》⑤
曰"蓽路褴褸,以啓山林",蓽路,柴車。殆謂此也。或謂之挾斯。挾斯猶
挾變也⑥。器物弊亦謂之挾斯。

【校箋】

①捷原作揰,據戴本改。

②"凡人貧衣被醜弊",原本《玉篇》縷下引同。《左傳·宣公十二年》正
義引"衣被"作"衣破",蓋誤。弊,戴本改作敝,與《藝文類聚》卷
三十五引合。

③注"裂,衣壞貌",《藝文類聚》引作"褸,衣壞貌"。盧本作"褸裂,衣
壞貌"。

④褸,原本《玉篇》縷下引作縷,下"蓽路褴褸"同。

⑤原本《玉篇》縷下引作"《左氏傳》"。

⑥"挾變",變疑爲燮字之誤。《集韻》帖韻燮音悉協切。同紐有嚖字,
云"壞聲";又有甄字,云"瓦破聲"。二字均從燮得聲,而同有破敗之
義,是聲中兼義,故疑"挾變"爲"挾燮"之誤。燮斯雙聲,挾燮疊韻,
故郭云"挾斯猶挾燮也"。

7a.49　撲①、打撲②。鋌、音挺。澌,盡也。南楚凡物盡生者曰撲生。
今種物皆生云撲地生也③。物空盡者曰鋌;鋌,賜也④。亦中國之通語也。連

此樸漸[一]，皆盡也⑤。鋌，空也，語之轉也。

【校箋】

①戴氏云："樸亦作撲，本作穛，《廣韻》'穛，草生概也'。注內'打撲'
　當作'音打撲之撲'。鮑照《蕪城賦》'廛閈撲地，歌吹沸天'，李善注
　引《方言》'撲，盡也'。"案：劉台拱云："本文樸當作樸，注'打撲'當
　作撲。"此說較戴氏爲長。考《字鏡》有樸字，云："薄角反。擊也，打
　也，投也。"與此義不合。《萬象名義》木部樸下云："普木反。苞木也，
　聚也，盡也。"聚也、盡也二訓蓋本《方言》。本文云"樸，盡也"，下文
　云"樸，聚也"，此字並當從木作，於義始合。《廣韻》屋韻扑紐普木反
　但有穛，無樸；《集韻》則有樸字，訓"堅木也，一曰木生密"，義與穛
　近。如是言之，《方言》本文不得從手作撲或樸。鮑照《蕪城賦》"撲
　地"之撲蓋爲樸字之誤。《玉篇》《集韻》樸亦作樸。《詩·大雅·棫樸》
　"芃芃棫樸"，鄭箋云"相樸屬而生"；又《爾雅·釋木》"樸，枹者"，郭注
　云"樸屬叢生者爲枹"。足證樸樸通用。若作"打撲"之撲則不合矣。
　本條之樸字均當作樸。

②"打撲"，當作"打撲"。本書卷十二"懯朴，猝也"，朴郭音"打撲"，與
　此同例。

③"樸地生"，《文選·蕪城賦》李善注引作"撲地出"。

④賜，《玄應音義》卷七、卷十三引並作偒。

⑤"連此樸漸"，戴本作"鋌賜樸漸"。

7b.50　樸①、翕、葉，聚也。樸屬，藂相着貌。楚謂之樸，或謂之翕。葉，
楚通語也。

【校箋】

①攗，當作樸。見 49.1。

7b.51　斟，益也。言斟酌益之。南楚凡相益而又少謂之不斟。凡病少愈而加劇亦謂之不斟，或謂之何斟。言雖小損無所益也。

7b.52　差、間、知，愈也。南楚病愈者謂之差①，或謂之間，言有間隟。或謂之知。知，通語也。或謂之慧，或謂之憭，慧、憭，皆意精明。或謂之瘳，或謂之蠲，蠲亦除也②。音涓，一音圭③。或謂之除。

【校箋】

①病，原本《玉篇》除字下引作疾。《玄應音義》卷二、卷六、卷二十二、卷二十三引《方言》云：“南楚疾愈謂之蠲。”字並作疾。《御覽》卷七百三十八引本文亦然。是古本作疾，不作病也。

②《玄應音義》卷二十二頁二十二“蠲除”條引《方言》郭注作“蠲，除也。方俗語異耳”。

③“音涓，一音圭”，原作“音涓，一圭反”，戴本作“音涓，又一圭反”。盧本改作“音涓，一音圭”，云：“舊本作‘一圭反’，誤。案：《詩》‘吉蠲爲饎’，三家《詩》作‘吉圭惟饎’，是蠲有圭音，今改正。”案：盧校是也。《呂氏春秋·尊師篇》“必蠲絜”，高注云：“蠲讀曰圭。”《周禮·蜡氏》“令州里除不蠲”，鄭注云：“蠲讀如‘吉圭惟饎’之圭。”《穆天子傳》二“癸亥，天子具蠲齊牲全，以禋于昆侖之丘”，郭璞注云：“蠲者，潔也。音圭。”是蠲潔之蠲音圭，足證盧校不誤。今據正。

輶軒使者絕代語釋別國方言第四

1a.1　禪衣^①,江淮南楚之間謂之褋,《楚辭》曰"遺余褋兮澧浦"。音簡牒。關之東西謂之禪衣。有裹者,前施裹囊也。房報反。趙魏之間謂之袏衣^②;無裹者謂之裎衣,音逞。古謂之深衣^③。制見《禮記》。

【校箋】

①"禪衣",《御覽》卷六九一引作"單衣",下"關之東西謂之禪衣",禪亦作單。

②"袏衣",《御覽》引作"左衣"。案:《淮南子·氾論訓》"豈必襃衣博帶",高注云:"襃衣謂方與之衣,如今吏人之左衣也。"

③《御覽》引深衣下有"是也"二字。

1a.2　襜褕,江淮南楚^①謂之褋襦。裳凶反^②。自關而西謂之襜褕,其短者謂之裋褕。音豎。以布而無緣、敝而紩之謂之襤褸^③。自關而西謂之䘿裯,俗名䘿披。音倔。其敝者謂之緻^④。緻,縫納敝故名之也^⑤。丁履反。

【校箋】

①《御覽》卷六九三引作"江淮之間"。

②"裳凶反",《御覽》引作"常凶反"。案:《廣雅·釋器》曹憲襜亦音常凶反。常裳聲同。

③原本《玉篇》縷下引《方言》"襜褕以布而無緣、弊而紩之謂之襤縷",

敝作弊,褸作縷。

④原本《玉篇》緻下引敝作弊。

⑤注文原本《玉篇》緻下引作 “縫納弊故之名也”。今本 “之名” 二字

　　誤倒,錢繹箋疏已發其誤。

1b.3　汗襦,《廣雅》作襦。江淮南楚之間謂之襑。音甑。自關而西或謂之袛裯①。袛音氏②,裯丁牢反。亦呼爲掩汗也。自關而東謂之甲襦。陳魏宋楚之間謂之襜襦,或謂之禪襦③。今或呼衫爲單襦④。

【校箋】

①袛原作衼,戴本作袛,是也。《説文》云:“袛裯,短衣。”《廣雅·釋器》

　　云:“袛裯,襜襦也。” 字均從氏。《集韻》虞韻襦下引《方言》亦作袛,

　　今據正。注同。

②“音氏”,原作“音止”,盧本改作“音氏”,云:“《廣雅》音低。”案:《萬

　　象名義》袛音丁奚反,《集韻》齊韻袛下引《方言》袛亦音氏,並與《廣

　　雅》音同。盧校是也。今據正。

③禪,《初學記》卷二十六及《御覽》卷六九三引均作單。案:《廣雅·釋

　　器》云“禪襦謂之襜襦”（今本 “襜襦” 誤作 “襜裯”）,即本《方言》,

　　字從衣作禪。

④注 “單襦”,戴本作 “禪襦”,與正文相同。

1b.4　帮,陳魏之間謂之帔①,音披。自關而東或謂之襬。音碑,今關西語然也。

【校箋】

①“陳魏之間”,《字鏡·巾部》帔字注、《玉篇》引《方言》本文作 “陳楚

　　之間”。

1b.5　蔽厀,江淮之間謂之褘^①,<small>音韋,或暉。</small>或謂之袚。<small>音沸^②。</small>魏宋南楚之間謂之大巾。自關東西謂之蔽厀。齊魯之郊謂之袡^③。<small>昌詹反。</small>

【校箋】

①　"江淮之間",《爾雅·釋器》邢疏引《方言》作"江淮南楚之間"。

②　《爾雅》疏引作"音弗"。案:《廣雅·釋器》曹憲音不勿反,與弗音同。

③　"齊魯",《爾雅》疏引同,盧氏謂曹毅之本作"齊楚"。袡,《爾雅》疏引同,盧氏謂曹毅之本作袡。王應麟《急就篇補注》卷二引《方言》同。

2a.6　襦^①,<small>字亦作襦^②。又襦無右也。</small>西南蜀漢謂之曲領^③,或謂之襦。

【校箋】

①此條原與上文相連,今從戴本別爲一條。

②襦原作襦,戴本作襦,是也。今據正。

③　"蜀漢",原作"屬漢",戴本作"蜀漢",與《急就篇補注》卷二引同。今據正。

2a.7　襌^①,陳楚江淮之間謂之褋。<small>錯勇反^②。</small>

【校箋】

①此條原與5、6連寫爲一條,今從戴本別寫。

②　"錯勇反",盧本據曹毅之本作"息勇反"。案:《廣雅·釋器》"袑、褋、褳,幝也",字作褋,曹憲音七勇反,與郭音錯勇反相同。

2a.8　袴,齊魯之間謂之襱^①,《傳》曰"微褰與襦"^②。<small>音騫。</small>或謂之襱。<small>今俗呼袴踦爲襱。音銅魚。</small>關西謂之袴。

【校箋】

①襦，《御覽》卷六九五 "袴" 條引字作褰。案:《説文》云 "褰，絝也"，是褰襦字同。

②襦原作褰，戴本作襦，是也。案:褰爲訛字。今《左傳·昭公二十五年》字作褰，褰襦字通。今據戴本校正。

2a.9　褕謂之袖①。襦襦有袖者，因名云。

【校箋】

①戴氏云:"案:《釋名》云:'半袖，其袂半襦而施袖也。'是襦有不施袖者，正文當云 '褕謂之半袖'，注當云 '襦之半袖者'，注内襦字亦舛誤，襦不得言袖，當是因上條而訛。"

2a.10　袚謂之褾。即衣領也。劫偃兩音。

2b.11　袿謂之裾。衣後裾也。或作祛。《廣雅》云 "衣袖"。

2b.12　褸謂之衽。衣襟也，或曰裳際也。

2b.13　褸謂之緻。襤褸，綴結也①。

【校箋】

① "綴結"，盧氏據曹毅之本作 "緻結"。案:原本《玉篇》緻下引《方言》:"褸謂之緻。郭璞曰:'襤褸，緻袟者也。'" 本書下文云:"楚謂無緣之衣曰襤，袟衣謂之褸。秦謂之緻。" 是此注當據原本《玉篇》改正。

2b.14　禂謂之襤。祗裯①，弊衣，亦謂襤褸。

【校箋】

①衹原作衹,依戴本改正。詳本卷 1b.3 校箋 1。

2b.15　　無緣之衣謂之襤①。

【校箋】

①"無緣之衣"以下三條戴本與上一條連寫不分。

2b.16　　無袂衣謂之裯。袂,衣袖也。音藝①。裯音慢惰。

【校箋】

①盧氏所見曹毅之本作"音寐"。

2b.17　　無裲之袴謂之襣。袴無踦者,即今犢鼻褌也。裲亦襱,字異耳。

2b.18　　綃謂之袹〔一〕。千苕①、丁俠兩反,未詳其義。

【校箋】

①"千苕",原作"干苕",戴本同。盧氏據曹毅之本改作"所交"。案:"干
　　苕"當作"千苕",《廣雅·釋器》綃曹憲音七霄反,七、千聲同。

3a.19　　衿謂之交。衣交領也。

3a.20　　揜謂之襦。央劍反①。

〔一〕編者按:袹,底本作袉,原書校改作袹。今依原書。袹《集韻》一音的協切,合郭注丁俠反。

【校箋】

①裺,《廣韻》音衣儉、於劍二切,此注“央劍反”,原作“尖劍反”,誤。盧氏據曹毅之本作“於劍反”。劉台拱謂“尖爲衣字之誤”。案:影母細音字本書郭注多以央字爲切語,此尖當爲央字之誤,今改作央。

3a.21　襜謂之被。衣被下也。

3a.22　佩紟謂之裎。所以係玉佩帶也。音禁。

3a.23　褸謂之祛。即衣袪也。

3a.24　覆裒謂之禪衣。作憤反。

3a.25　偏裨謂之禪襦①。即衫也。

【校箋】

①戴本連上“覆裒”爲一條。又裨作襜。

3a.26　袀繵謂之禪①。今又呼爲涼衣也②。灼纏兩音。

【校箋】

①禪原作襜,戴本改作禪,云:“《玉篇》於袀字下云‘禪衣’,於繵字下云‘袀繵謂之禪也’。約即袀之訛,以郭注言‘今又呼爲涼衣’證之,不得爲襜明矣。”案:盧氏所見曹毅之本字作禪。原本《玉篇》繵下云“《方言》‘袀繵謂之禪’”,字亦作禪,今據戴盧二本改正。

②原本《玉篇》繵下引注作“今亦呼涼衣也”。

3b.27　祖飾謂之直衿^①。婦人初嫁所著上衣直衿也。音但。

【校箋】

　①衿原作衿,注同,戴本改作衿。今據正。案:直衿即直領也。

3b.28　襃明謂之袍。《廣雅》云"襃明,長襦也"。

3b.29　繞衿謂之帬^①。俗人呼接下^②,江東通言下裳。

【校箋】

　①衿原作衿,戴本改作衿,是也。今據正。《廣雅·釋器》云:"繞領,帬
　　也。"
　②"俗人呼接下",《慧琳音義》卷六十二引作"俗又呼爲接下"。

3b.30　懸淹謂之緣。衣縫緣也。音掩。

3b.31　絜襦謂之蔽刳。廣異名也。

3b.32　袌襦謂之袖。衣褾,音褊^①。江東呼椀,音婉。

【校箋】

　①褊字誤,戴盧兩家作橘,亦非。《萬象名義》褊古穴反,《廣雅·釋器》
　　"袌、褊,袖也",曹憲褊音決,與《萬象名義》同。疑"音褊"當作"音
　　譎",譎決同音字。

3b.33　帗裱謂之被巾。婦人領巾也。方廟反。

3b.34　繞繝謂之䙌裺。衣督脊也^①。繝音循。

【校箋】

①脊，原本《玉篇》繝下引作𥄂，當據正。𥄂者縫也。䙌裺爲衣背縫，故
　　郭云衣督𥄂也。

4a.35　厲謂之帶。《小爾雅》曰"帶之垂者爲厲"。

4a.36　襎裷謂之幭。即帊幞也。煩宛兩音。幭，亡别反。

4a.37　緊袼謂之褔^①。即小兒次衣也^②。翳洛嘔三音^③。

【校箋】

①此條原與上"襎裷"連爲一條，今從戴本别寫。
②"次衣"，原作"次衣"，今依戴本改。次即今之涎字，《説文》云："褔，
　　次裏衣也。"是當從水作次。原本《玉篇》緊下引此注作"即小兒次
　　衷衣也"，"次衷"乃"次裏"之誤。
③嘔，盧氏據曹毅之本作漚。音同。

4a.38　楚謂無緣之衣曰襤^①，紩衣謂之褸^②。秦謂之緻。自關而
西秦晉之間無緣之衣謂之衳褊。嫌上説有未了，故復分明之。

【校箋】

①宋本此條連上"襎裷、緊袼"爲一條，今從戴本分寫。
②褸，原本《玉篇》紩下引字作縷。

4a.39　複襦，江湘之間謂之禪，音豎。或謂之箭襖。今筩袖之襦也。

襫即袂字耳^①。

【校箋】

① “襫即袂字”，《文選·藉田賦》李善注引同。案:何超《晉書音義》中
　　云:“襪與袂同，複襦也。音藝。”《萬象名義》襫音牛世反，袂音彌鋭
　　反，袂襫音有不同。

4a.40　　大袴謂之倒頓，今電袴也。小袴謂之校衳。今禕袴也。皎了兩
音。楚通語也。

4b.41　　幏，巾也。巾主覆者，故名幏也。大巾謂之帒。音芬。嵩嶽之
南嵩高，中岳山也，今在河南陽城縣。陳潁之間謂之帤，如豬反^①。亦謂之幏。
江東通呼巾帒耳^②。

【校箋】

① “如豬反”，戴盧兩家均作“奴豬反”。案:帤《集韻》音女居切，《廣韻》
　　音女余反，與郭音不同。
②《字鏡·巾部》帒下引《玉篇》云:“《方言》‘大巾謂之帒’，郭璞曰:‘今
　　江東通呼巾爲帒也。’”此所稱《玉篇》即顧野王原本《玉篇》。今郭
　　注脱今字、爲字，當據補。

4b.42　　絡頭、帞頭^①、音貊。紗繢、鬠帶、羌位反。髺帶、音菜。帤、音綪，
亦千。崦，於怯反。幧頭也。自關以西秦晉之郊曰絡頭^②。南楚江湘之
間曰帞頭。自河以北趙魏之間曰幧頭，或謂之帤，或謂之崦。其遍者
謂之鬠帶^③，今之偏疊幧頭也。或謂之髺帶。髺亦結也。

【校箋】

① "帕頭"，《倭名類聚鈔》卷四 "冠帽類" 引《方言》云："領巾或謂之帕額，或謂之絡頭。" 是舊本 "帕頭" 有作 "帕額" 者。案：《廣雅·釋器》云："帕頭、帤、鬠帶、髳帶、絡頭，幧頭也。"《晉書》卷二十七音義引《方言》："帕頭，幧頭也。" 則作 "帕頭" 當不誤。《釋名·釋首飾》云："綃頭，或曰陌頭。" 綃頭即幧頭，陌頭即帕頭也。亦是一證。又 "帕頭" 下原有也字，據《廣雅》及《晉書》音義，不當有也字，今刪。

② "以西"，戴本作 "而西"。"秦晉之郊"，《玄應音義》卷十三引作 "秦晉之間"。

③遍，戴盧兩家均作偏，蓋據郭注 "偏疊" 一詞校正。案：原本《玉篇》扁下引《方言》云 "幧頭扁者謂之頭帶"，"頭帶" 當爲 "鬠帶" 之訛，而其遍作扁，與今本不同。

5a.43 覆結謂之幘巾①，或謂承露②，或謂之覆髳。今結籠是也。皆趙魏之間通語也。

【校箋】

①此條原與上文 "絡頭" 一條連寫，不提行，今從戴本改。又 "覆結" 二字，《後漢書·光武紀》注、《慧琳音義》卷七十七、《御覽》卷六八七所引並作 "覆髻"。

②上舉三書所引 "謂" 下並有 "之" 字。當據補。

5a.44 屝、屨、麤，履也。徐兖之郊謂之屝，音翡。自關而西謂之屨。中有木者謂之複舄，自關而東複履①。其庳者謂之鞮下，音婉。禪者謂之鞻，今皁鞻也。絲作之者謂之履，麻作之者謂之不借，粗者謂之屦②。東北朝鮮洌水之間謂之鞡音印③。角。南楚江沔之間摠謂之麤。沔水今在襄陽。西南梁益之間或謂之屟④。他回反。字或作屧,音同。或謂之屦⑤。
下瓦反⑥,一音畫。履,其通語也。徐土邳圻之間⑦今下邳也。圻音祁⑧。大
麤謂之靸角。今漆履有齒者。

【校箋】

①戴本"自關而東"下有"謂之"二字。案:《御覽》卷六九七引《方言》
　　"舄,自關而東謂之複履",是古本有"謂之"二字。依上下文例當
　　據補。

②"粗者謂之屜",戴本作"麤者謂之屜",盧本據曹毅之本作"粗者謂
　　之屜"。案:粗者之粗與草履之麤有別,戴改作麤,有誤。又《左傳·僖
　　公四年》正義引此文云:"粗者謂之屝。"故戴氏復改屜作屝。錢氏箋
　　疏亦據戴校訂正,且云:"屜字各本作屝,誤。屜即屝之異文。若原
　　文作屝,則他回一音,應在此下,不應在後矣。"案:《御覽》卷六九七
　　引字亦作屝,與《左傳》正義合。

③"音印"二字依例當在角下。

④屟,戴本作屜。案:《廣雅·釋器》"屟,履也",字作屟,曹憲音他梅反,
　　與郭音他回反同。

⑤屦,盧本改作屦,非,原本《玉篇》糸部字從戶,不從尸,音胡瓦反,引
　　《方言》云:"履,西南梁益或謂之屦。"足證盧氏之誤。

⑥"下瓦反",盧氏據曹本作"乎瓦反",音同。

⑦《御覽》卷六九七引"邳圻"作"邳沂",當據正。沂者水名,《國語·吳
　　語》韋昭注云:"沂水出泰山,蓋南至下邳入泗。"今作圻,圻者畿也,
　　義與此不合。

⑧"圻音祁",《御覽》引作"沂音圻"。

5a.45　緉、音兩。綹,音爽。絞也。謂履中絞也。音校。關之東西或謂

之緉,或謂之繲。絞,通語也①。

【校箋】

①《御覽》卷六九七引 "通語" 上有其字。

5a.46　纑謂之縝。謂纑縷也。音振。

輶軒使者絶代語釋別國方言第五

1a.1　鍑，釜屬也。_{音富。}北燕朝鮮洌水之間或謂之錪，_{音腆。}或謂之鉼。_{音餅。}江淮陳楚之間謂之錡，_{或口二脚釜也。音技。}或謂之鏤。吳揚之間謂之鬲。_{音曆。}

1a.2　釜^①，自關而西或謂之釜，或謂之鍑^②。_{鍑亦釜之摠名。}

【校箋】

①盧本以此條與上文合寫爲一條，今不從。

②錢繹云：“舊本鍑字下脱‘或謂之鑊’四字。《衆經音義》卷二引《方言》‘鍑，或謂之鑊’，郭璞曰：‘鍑，釜屬也。’今據以補正。”案：錢氏所據《玄應音義》蓋爲莊炘刻本，日本所傳古寫本引《方言》作“鍑，或謂之鬲”，此見上文一條，與本文無涉。

1a.3　甌，自關而東謂之甗，_{音言。}或謂之䍃，_{音岑。}梁州呼鉹^①。或謂之酢餾^②。_{屋雷。}

【校箋】

①“梁州”，戴本改作“涼州”。案：《爾雅·釋器》：“䰞謂之䍃。䍃，鉹也。”《詩·檜風·匪風》正義引孫炎注云：“關東人謂甌爲䍃，涼州人謂甌爲鉹。”蓋本《方言》。《廣韻》支韻鉹下引《方言》曰“涼州呼甌”，亦作

“涼州”。戴氏據以訂正,是也。

②“酢餾”,原本《玉篇》鎦下引作“韶鎦”,疑爲“酢餾”之誤。

1a.4　盂,音于。宋楚魏之間或謂之銚^①。烏管反。銚謂之盂,或謂之銚銳。謠語^②。盌謂之櫂,盂謂之柯。轉相釋者,廣異語也。海岱東齊北燕之間或謂之盎^③。書卷。

【校箋】

　①“宋楚魏之間”,《慧琳音義》卷三十七引作“陳楚宋魏之間”,卷八十引作“宋楚之間”。

　②“謠語”二字戴氏依卷十三“銚銳”下注改作“謠音”。

　③盎,《御覽》卷七五九“棬”條引作棬。

1b.5　㿿、音雅。椷、封緘。盞、酒酸。溋、薄淹反。䀼、呼雅反。醯、音章^①。麽,音摩。桮也。秦晉之郊謂之㿿。所謂伯㿿者也。自關而東趙魏之間曰椷,或曰盞,最小桮也。或曰溋。其大者謂之䀼。吳越之間曰醯,齊右平原以東或謂之麽。桮,其通語也。

【校箋】

　①“音章”,戴本、盧本據《廣雅·釋器》曹憲音改作“又章反”。案:《萬象名義》醯音余章反,《廣韻》音與章切,二音相同,與“又章反”聲類有異。

1b.6　㼡^①,瓠勺也。音麗。陳楚宋魏之間或謂之簞,或謂之櫼,今江東通呼勺爲櫼。音義。或謂之瓢。

【校箋】

　①㼡,《御覽》卷七六二引作蠡。案:㼡蠡通用。

2a.7　案,陳楚宋魏之間謂之檯,自關東西謂之案。

2a.8　梧落^①,盛梧器籠也。陳楚宋衞之間謂之梧落^②,又謂之豆筥。自關東西謂之梧落^③。

【校箋】

① “梧落”,《玄應音義》卷十六引作“杯筶”。《萬象名義》筶力各反,注云“梧器籠”,當本郭注。是古本“梧落”有作“梧筶”者。《説文》云:“筶,梧筶也。”

② “陳楚宋衞”,錢氏箋疏本作“陳楚宋魏”。

③ “自關東西”,《御覽》卷七五九引作“自關而西”。

2a.9　箈筩,盛杙箈簪也。陳楚宋衞之間謂之筩,鞭鞘。或謂之籛^①。《漢書》曰“遺子黄金滿籛”。音盈也。自關而西謂之桶檧。今俗亦通呼小籠爲桶檧。音籠冠^②。檧,蘇勇反。或作箹^③。

【校箋】

①籛,戴本作籛,注同。蓋據《説文》及《漢書·韋賢傳》改。

②“音籠冠”,盧云:“未詳。”案:《御覽》卷七六〇引注“音籠冠”作“桶音籠”,亦有誤。

③盧云:“‘或作箹’三字當在桶字下。”

2a.10　瓬、音岡。㼎、都感反,亦音沉。甌、音舞^①。䍃、音由。甄、音鄭。瓷、胙江反^②。甀、度睡反。瓮、瓿甄、瓵音部;甄,洛口反。甖、牛志反。罌也^③。於庚反。靈桂之郊謂之瓬^④,今江東通名大瓮爲瓬^⑤。其小者謂之㼎。周魏之間謂之甌,今江東亦呼罌爲甌子。秦之舊都謂之甄,淮汝之間謂之䍃,江湘之間謂之瓷。自關而西晉之舊都河汾之間,汾水出大原^⑥,經緯北西南入河。其大者謂之甀,其中者謂之瓿甊。自關而東趙魏之郊謂之瓮,或謂之罃。東齊海岱之間謂之䍃。罃,其通語也。

【校箋】

① "音舞",《爾雅·釋器》邢疏引作 "音武"。舞武同音字。

② "昨江反",《爾雅》疏引作 "仕江反",與《廣雅》曹憲音士江反音同。案:《萬象名義》瓶音昨江反,與今本《方言》昨江反音同。仕江屬牀母,昨江屬從母。

③ 罃下原無也字,《爾雅》疏引有也字,今據補。《玄應音義》卷十六引《方言》"瓶,罃也",足證罃下當有也字無疑。

④ "靈桂",《御覽》卷七五八引作 "酃桂"。酃者酃縣,桂者桂陽。見《漢書·地理志》"長沙國" 及 "桂陽郡"。今湖南衡陽郴縣地也。錢繹失檢,解爲蒼梧郡富川之靈溪水及桂嶺,大謬。

⑤ "通名",戴本作 "通呼"。《玄應音義》卷十六引作 "通言"。

⑥ 大,戴本作太。

3a.11　罃,陳魏宋楚之間曰瓵,音臾。或曰瓶。音殊。燕之東北朝鮮洌水之間謂之瓵。音暢,亦腸。齊之東北海岱之間謂之儋①。所謂 "家無儋石之餘" 也②。音擔③。字或作甔④。周洛韓鄭之間謂之甀,或謂之罃。

【校箋】

① 儋,《御覽》卷七五八及《爾雅·釋器》疏引同。《後漢書·明帝紀》注引作甔,戴本據改。

② 《後漢書》注引作 "所謂 '家無甔石之儲' 者也",戴本據改。案:"家無儋石之儲",見《漢書·楊雄傳》。

③ "音擔",戴本改作 "音儋荷"。

④ "字或作甔",戴本作 "字或作儋"。

3a.12　罃謂之㼶①。鼓鼙。

【校箋】

①此條原與上文連寫爲一條。今從戴本提行分寫。

3a.13　甒謂之㽈①。

【校箋】

①此條及上文"罃謂之㼶"一條原與"罃,陳魏宋楚之間曰瓵"云云爲一條,今從戴本分寫。

3a.14　缶謂之瓴甋。即盆也。音偶。其小者謂之瓶。

3a.15　罃甀謂之盎①。案:《爾雅》"甀,康瓠",而《方言》以爲盆②,未詳也。甀,邻壘反;盎,烏浪反。自關而西或謂之盆,或謂之盎。其小者謂之升甌③。惡牟反,亦音憂。

【校箋】

①盧本罃字移在上條瓶字下,以瓶罃連文爲句,非是。

②盧云:"注盆下疑脱盎字。"

③盧本以甌字屬下條,在甂字上。劉台拱云:"舊本以'謂之升甌'屬上節,甂字領下節,是也。盧本以'謂之升'爲句,屬上節,甌字領下節。案:甌甂同物而大小有異,不得並舉之以爲一節標首,與前後文例不符。"今案:《慧琳音義》卷六十一、卷七十五、卷九十引《方言》並云:"盆之小者謂之甌。"是甌字不當屬下節甚明。

3b.16　甂,音邊。陳魏宋楚之間謂之題。今河北人呼小盆爲題子。杜啓反。自關而西謂之甌，其大者謂之甌。

3b.17　所以注斛，盛米穀寫斛中者也^①。陳魏宋楚之間謂之篙，今江東亦呼爲篙。音巫覡。自關而西謂之注。

【校箋】

①《御覽》卷七六四引注文無者字。

3b.18　箕^①，陳魏宋楚之間謂之籮。篙亦籮屬也，形小而高無耳。

【校箋】

①箕，原與上文“所以注斛”爲一條。盧氏以爲箕以下當別爲一條。今據改。

3b.19　炊箕謂之縮，漉米薁也。或謂之筤，音籔。或謂之匼。音旋。江東呼浙籤。

4a.20　簨，今薰籠也。陳楚宋魏之間謂之牆居。

4a.21　扇，自關而東謂之箑。今江東亦通名扇爲箑。音箑^①。自關而西謂之扇。

【校箋】

①箑，《説文》爲箑之或體，此以箑音箑，疑箑字有誤。蓋當作翣。

4a.22　碓機，碓梢也。陳魏宋楚自關而東謂之梴^①。音延。磑或謂之磑。即磨也。錯碓反。

【校箋】

①原本《玉篇》碓下引《方言》云："碓機也。陳魏宋楚曰碓，自關而東謂之榳。郭璞云'榳、碓，損也'。"文與今本不同。碓機下衍也字，梢作損，誤。

4a.23　繘，汲水索也。音橘。自關而東周洛韓魏之間謂之綆，或謂之絡。音洛。關西謂之繘綆①。

【校箋】

①"關西謂之繘綆"，《易·井卦》釋文及《左傳·襄公九年》正義引皆作"關西謂之繘"，句末無綆字，戴氏據删。案：原本《玉篇》繘下引《方言》"關西謂綆爲繘"，亦無綆字。

4a.24　櫪，養馬器也。梁宋齊楚北燕之間或謂之樎，音縮。或謂之皁。皁隸之名，於此乎出。

4b.25　飤馬橐①，自關而西謂之裺囊，音鶴。或謂之裺篼，或謂之䝝篼。音樓。燕齊之間謂之帳。《廣雅》作振。字音同耳。

【校箋】

①飤原作飲，據戴本改。戴氏云："飤即古飼字。《説文》'篼，飲馬器也'，飤亦譌作飲。《玉篇》'篼，飼馬器也'，可據以訂正二書。"

4b.26　鉤，懸物者。宋楚陳魏之間謂之鹿觡，或呼鹿角。或謂之鉤格。自關而西謂之鉤，或謂之鑯。音微。

4b.27　舌①，燕之東北朝鮮洌水之間謂之䑐②，湯料反，此亦鳌聲轉也。宋魏之間謂之鏵，或謂之鍏。音章。江淮南楚之間謂之臿，沅湘之間謂之畚，趙魏之間謂之喿，字亦作鍫也。東齊謂之梩。音駭。江東又呼鍫刃爲鐅。普蔑反。

【校箋】

①臿，盧本改作鍫，非。《廣雅·釋器》"鍏、畚、䤧、梩、喿，臿也"，本此。

②䤧，戴氏據《説文》改作䤧。

5a.28　杷，無齒爲朳①。宋魏之間謂之渠挐。今江東名亦然。諾豬反。或謂之渠疏。語轉也。

【校箋】

①《玄應音義》卷十八引注文作"有齒曰杷，無齒曰朳"，錢氏補"有齒曰杷"四字。案:《紺珠集》引亦有此四字。

5a.29　𣛗，今連架①，所以打穀者。宋魏之間謂之欇殳②，音殊。亦杖名也。或謂之度。今江東呼打爲度。音量度也。自關而西謂之棓，蒲項反。或謂之柫③。音拂。齊楚江淮之間謂之枷，音悵怏，亦音爲車軮。此皆打之別名也。或謂之桲。音勃。

【校箋】

①架，戴本作枷，當據正。

②欇原作攝，戴本作欇，今據正。《廣雅·釋器》"欇殳，杖也"，欇，曹憲音攝。

③柫原作拂，戴本作柫，今據正。

5a.30　刈鉤^①,江淮陳楚之間謂之鉊,_{音昭〔一〕}。或謂之鐹。_{音果。}自關而西或謂之鉤,或謂之鐮,或謂之鍥。_{音結。}

【校箋】

①　"刈鉤",《慧琳音義》卷五十、六十八、六十九引均作"刈刐"。《倭名類聚鈔》卷五"鐮"條云:"《兼名苑》云:'鐮一名鍥,《方言》云:刈刐。'"狩谷望之云:"今本作'刈鉤'。按:《説文》云'刐,鐮也',《廣雅》亦云'刐,鐮也',《玉篇》云'鐮,刈刐也',是作刐爲正。"

5b.31　薄,宋魏陳楚江淮之間謂之苗,或謂之麴。_{此直語楚聲轉也^①。}自關而西謂之薄,南楚謂之蓬薄^②。

【校箋】

①　戴本注文作"此直語楚聲轉耳"。案:《玄應音義》卷三引《方言》:"麴,江淮陳楚之間謂之苗。注云'楚語轉耳'。""語楚"作"楚語"。

②　"南楚謂之蓬薄"六字戴本誤脱。

5b.32　橛,燕之東北朝鮮洌水之間謂之椴^①。_{楬,杙也。江東呼都音段^②。}

【校箋】

①　椴原作椴,戴本改作椴。案:《廣雅・釋宮》"椴、橛,杙也",曹憲椴音都館反。又《萬象名義》云:"椴,徒館反。杙也。"足證字當從段作椴。今據《廣雅》改正。

②　段原作叚,戴本改作段,今據正。

〔一〕編者按:昭,底本作召,原書校改作昭,未做説明。今依原書。鉊、昭《廣韻》並音止遥切,召《廣韻》直照、寔照二切,與鉊、昭音不同。

5b.33　槌，絲蠶薄柱也①。度畏反。宋魏陳楚江淮之間謂之植。音值。自關而西謂之槌，齊謂之样。音陽。其橫，關西曰㮦②，音朕。亦名校，音交③。宋魏陳楚江淮之間謂之楴，音帶。齊部謂之㭘。丁謹反④。所以縣楴⑤，關西謂之繰，力冉反。東齊海岱之間謂之㰚⑥，相主反⑦。宋魏陳楚江淮之間謂之繯，攝甲。或謂之環。楝⑧。

【校箋】

①絲，戴本作縣，是也。《玉燭寶典》卷三引作懸。《禮記·月令》"（季春之月）具曲植籧筐"正義引本文亦作縣。

②㮦原作㧪，戴本作㮦，與《廣雅·釋器》合，今據正。

③"音交"，王念孫校本改作"音爻"，云："爻字據《廣雅》音。"案：《廣雅·釋器》："楴、㮦、校、㭘、桷、植、样，槌也。"校，曹憲音爻。王氏蓋以校校相通，故改"音交"爲"音爻"耳。

④"丁謹反"，《玉燭寶典》卷三引同。戴本改作"丁革反"。案：《廣雅》音作"竹革反"，《萬象名義》同。是謹當作革。

⑤所原作胡，戴本作所，是也。原本《玉篇》繰下云："《方言》：'所以懸楴也。'"今據正。

⑥㰚，戴本作㰏，與《廣雅》合。《廣雅·釋器》云："縋、繰、㰏，索也。"字作㰏。盧氏所見曹毅之本同。原本《玉篇》則作㰚。

⑦"相主反"，盧氏所見曹本作"相卷反"，戴本作"相卞反"，並與《廣雅》音"思絹反"相合。案：原本《玉篇》繰音思懸反，此音"相主"疑爲"相玄"之誤。

⑧此字疑爲衍文。

6a.34　簟，宋魏之間謂之笙，今江東通言笙。或謂之籧苗。自關而西謂之簟①，或謂之菥②。今云菥簎簟也。其粗者謂之籧篨。自關而東或謂之簻棪[③]。音剡。江東呼籧篨爲籧，音廢。

【校箋】

①戴本"謂"上有"或"字，非。

②荕，戴本作筋，與《廣雅·釋器》合。蔣本《唐韻》祭韻征例反筋下引《方言》字亦從竹，當據正。注荕字亦當作筋。

③"簻棪"，原作"簻掞"，《廣雅·釋器》作"簻棪"，《集韻》琰韻棪"以冉切，通作棪"，字從木，不從手，是掞爲棪字之誤。今據《集韻》改正。

6a.35 筕篖，似籧篨，直文而粗。江東呼笪[①]，音靼[②]。自關而東周洛楚魏之間謂之倚佯。音羊。自關而西謂之筕篖，南楚之外謂之篖。

【校箋】

①笪原作笪，誤。《御覽》卷七六六"笪"條引本文作"江東呼爲笪"，笪音丁葛切。戴本作笪，不誤。今據正。

②靼原作靼，戴本作靼，是也。今據正。《廣韻》曷韻笪靼並音當割切。

6b.36 牀，齊魯之間謂之簀，牀版也。音迮。陳楚之間或謂之笫。音滓，又音姊。其杠，北燕朝鮮之間謂之樹，自關而西秦晉之間謂之杠，南楚之間謂之趙，趙當作兆[①]，聲之轉也。中國亦呼杠爲桃牀，皆通也[②]。東齊海岱之間謂之樺[③]。音先[④]。其上板，衛之北郊趙魏之間謂之牒，簡牒。或曰牖。履屬[⑤]。

【校箋】

①兆，戴本作桃，與下文"呼杠爲桃牀"相合。《廣雅·釋器》"樹、桃，杠也"，字作兆。

②通下戴本有語字。

③樺原作橰,《初學記》卷二十五引作樺,《玉篇》云:"樺,所銀切。《方言》:'杠,東齊海岱之間謂之樺。'"是樺爲樺字之誤。盧氏所見曹本作樺。今據正。

④"音先",《初學記》引作"音詵",盧氏所見曹本同。當據正。

⑤《廣雅·釋器》"牑,版也",牑,曹憲音鞭。此"履屬"二字戴氏以爲當是"如音鞭"等字訛舛而成。錢繹云:"《玉篇》鯿扶善切,云'履底鯿';又緉,'鯿緉也'。注云'履屬',當即此。蓋原本'履屬'下有'音鯿'二字,今本誤脱,原非以牀上板爲履屬也。"案:"履屬"二字疑爲"履鯿"之訛。

6b.37　俎几也①,西南蜀漢之郊曰杫。音賜。榻前几②,江沔之間曰桯,今江東呼爲承。桯音刑。趙魏之間謂之椸。音易。几③,其高者謂之虡。即筍虡也。音巨。

【校箋】

①"俎几也",也字疑爲衍文。《後漢書·鍾離意傳》注云:"杫,音思漬反。謂俎几也。《方言》云:'蜀漢之郊曰杫。'"據是可知俎几曰杫。

②"榻前几"以下原提行別爲一條,今從戴本與"俎几也"連寫爲一條。

③几原作凡,戴本作几,是也。今據正。

7a.38　篗,榬也。所以絡絲也。音爰。兖豫河濟之間謂之榬。絡謂之格。所以轉篗絡車也。

7a.39　維車,蘇對反。趙魏之間謂之轣轆車,東齊海岱之間謂之道軌。

7a.40　　户鑰,自關之^①東陳楚之間謂之鍵,ᴮ巨寒反。自關之^②西謂之鑰。

【校箋】

①之字,《經典釋文·爾雅》序鍵字下引作而,《慧琳音義》卷十三、三十一、四十引同。戴本作而,與《釋文》合。

②之字,《慧琳音義》引作而。戴本作而,與《慧琳音義》合。

7b.41　　簙謂之蔽,或謂之箘,ᴮ音困。秦晉之間謂之簙。吳楚之間或謂之蔽,或謂之箭裏,ᴮ簙著名箭^①,《廣雅》云。或謂之簙毒,或謂之夗專^②。ᴮ夗,於辯反;專音轉。或謂之匴璇,ᴮ或曰竹器,所以整頓簙者^③。銓旋兩音。或謂之棊。所以投簙謂之枰,ᴮ評論。或謂之廣平。所以行棊謂之局,或謂之曲道。圍棊謂之弈^④。自關而東齊魯之間皆謂之弈。

【校箋】

①《廣雅·釋器》云:"簙箸謂之箭。"此注文戴本改作"簙箸,一名箭",與《廣雅》合。

②"夗專",原本《玉篇》轉下引作"婉轉"。

③簙原作簿,戴本作簙,是也。今據正。

④"圍棊謂之弈"以下原提行別爲一條,此從戴盧兩家連上爲一條。

輶軒使者絶代語釋別國方言第六

1a.1　聳、獎①，欲也。皆强欲也。山項反②。荆吴之間曰聳，晉趙曰獎。自關而西秦晉之間相勸曰聳，或曰獎。中心不欲，而由旁人之勸語，亦曰聳。凡相被飾亦曰獎。

【校箋】

①獎，戴本據《説文》改作㧦。下同。《文選·謝朓〈齊敬皇后哀策文〉》注引《方言》"秦晉之間相勸曰奬"，字作奬。案:㧦奬一字。

②項原作頂，戴云:"應是項字之訛。"案:作項是也。今據戴説改正。《玄應音義》卷十五聳音所項反。所項與山項音同。

1a.2　聳①、䑛，聾也。半聾，梁益之間謂之䑛。言胎䑛煩憒也。音宰。秦晉之間聽而不聰、聞而不達謂之䑛。生而聾，陳楚江淮之間謂之聳。言無所聞，常聳耳也[一]。荆揚之間及山之東西雙聾者謂之聳。聾之甚者，秦晉之間謂之䁻②。五刮反。言耴無所聞知也③。《外傳》"聾䁻伺火"④。音蒯䁻。吴楚之外郊凡無有耳者亦謂之䁻⑤。其言䑛者⑥，若秦晉中土謂墮耳者明也。五刮反。

〔一〕編者按:耳，底本作䏻，原書校改作耳，未做説明。今依原書。

【校箋】

①《廣雅·釋詁三》"聳,聾也",曹憲音竦,云《方言》音雙講",今《方言》注無"雙講反"讀音。

②矒,《集韻》齊韻傾畦切聯下引作聧。

③劉台拱云："案:郭君解釋字義每用雙聲疊韻之字形容之,此'言聏無所聞知也',辭意不足。《廣韻·十四賄》聏字注云:'吐猥切。聏頟,癡痓兒。《説文》五滑切,無知意也。'又頟字注云:'五罪切。聏頟。《説文》音聵,癡顛,不聰明也。'據此,則聏下當脱一頟字。頟,《説文》音聵,郭以矒爲聵之異文,故以'聏頟'釋其義,以'蒯聵'釋其音。'五刮反'三字乃後人所加,非郭讀也。矒音五怪反,明音五刮反,一聲之轉,故下文以明譬矒。後人因此即以明字之音爲矒字之音,而郭注引《外傳》之語爲駢旁枝矣。"案:劉氏之言甚辯。《廣雅·釋詁三》"聳、聤、矒、耺、聵、聾也",王氏疏證引郭注亦校改作"言聏頟無所聞知也",並云:"聵猶矒也,語之轉耳。聵頟並音五怪反,其義同也。"與劉氏所見相合。考敦煌本王仁昫《切韻》黠韻"聏"丁滑反,注云:"聏矒無所聞知。又牛□反。"同韻"矒"五滑反,注云:"聏矒。"當即本於郭璞。據是,則今本注文聏下脱一矒字。矒字《萬象名義》音牛八反、曹憲音五八反,與王仁昫音合。郭璞"音蒯聵"之聵者,蓋指聾聵而言,聵曹憲音五怪反,是其證。

④伺,戴本作司,與《國語》合。

⑤"無有耳",故宫博物院舊藏《刊謬補缺切韻》黠韻矒字注作"無耳"。

⑥聧,盧本同,戴本作矒。

1b.3　陂、偏頗。傜,逍遥。衺也[一]。陳楚荆揚曰陂。自山而西凡物

[一]編者按:衺,底本及原書皆作此,當改作衺。校箋引《廣雅》即作衺,不誤。

細大不純者謂之傜。言娥傜也^①。

【校箋】

①娥，戴本改作俄。《廣雅·釋詁二》云：“俄，衺也。”

1b.4　由迪，正也。東齊青徐之間相正謂之由迪。

1b.5　恌、音脉。恧，人力反，又女六反。慙也。荆揚青徐之間曰恌，若梁益秦晉之間言心内慙矣。山之東西自愧曰恧，《小爾雅》曰“心愧爲恧”^①。趙魏之間謂之眳^②。音密，亦祕。

【校箋】

①“心愧爲恧”，盧云：“本作‘心慙曰恧’。”

②《廣雅·釋詁一》：“恌、眳、恧，慙也。”眳字從目，不從耳。此作眳，戴氏據《廣雅》改作眳。

2a.6　蹇^①、音蹇。展，難也。齊晉曰蹇。山之東西凡難貌曰展。荆吳之人相難謂之展，若秦晉之言相憚矣^②。齊魯曰燀。難而雄也^③。昌羡反。

【校箋】

①蹇原作謇，《玄應音義》卷七、卷九引作謇，錢繹據改。案：蹇即蹇字之訛，漢《高頤碑》“清蹇之□”，蹇即謇字別體，今改作蹇。下同。

②之字蓋衍文，下文第10、18兩條“秦晉”下均無之字。

③雄字疑誤。

2a.7　胥、由，輔也。胥，相也；由，正。皆謂輔持也^①。吳越曰胥，燕之北鄙曰由。

【校箋】

①《廣雅·釋詁二》"由、胥、輔，助也"，王氏疏證引《方言》注文作："胥，
　相也；由，正也。皆謂輔持也。"案：原本《玉篇》由下引本注作"由，正，
　所以爲輔持也"。

2a.8　蚩忧，戰慄也。^{翆恭兩音。}荆吴曰蚩忧，蚩忧又恐也。

2b.9　銇^①、^{吐本反②}。錘，^{直睡反}。重也。東齊之間曰銇，宋魯曰錘。

【校箋】

①銇，《玄應音義》卷十三引作腄，他典反。

②《廣雅·釋詁三》"銇，重也"，銇，曹憲音腄，本書卷五 1a.1 "鋄，北燕
　朝鮮洌水之間或謂之銇"，銇亦音腄，此作吐本反，蓋誤。

2b.10　鉿、^{音含。}龕，受也。^{今云龕囊，依此名也。}齊楚曰鉿，揚越曰龕。
受，盛也，猶秦晉言容盛也。

2b.11　矔、^{慣習。}眄，^{徒侗①}。轉目也。梁益之間瞋目曰矔，轉目顧
視亦曰矔。吴楚曰眄。

【校箋】

①盧文弨云："《説文》眄徒弄切，此當依卷十二内音挺侗。《漢書·百官
　公卿表》'更名家馬爲侗馬'，晉灼曰'侗音挺侗'；《顏氏家訓·勉學
　篇》引《漢·禮樂志》云'給太官侗馬酒'，李奇注'以馬乳爲酒也，撞
　侗乃成'。二字並從手，撞都孔反，侗達孔反，此謂撞擣挺侗之。據
　此則作挺侗爲是。"案：《玉篇》眄音大孔切，《廣韻》音徒惚切，與侗
　同音。侗《廣韻》音他孔切，與眄音不同，盧説是也。

2b.12　遌、勒略反。騷、先牢反。尵，蹇也。跛者行跣踔也^①。吳楚偏蹇曰騷，齊楚晉曰遌。行略遌也。

【校箋】

①《玄應音義》卷十三引《方言》云"踔，蹇也"，郭璞曰："跛者行跳踔不前也。"踔與本文遌同，而郭注與今本有異。

2b.13　瘶、音斯。嗌^①，惡介反。噎也。皆謂咽痛也。音翳。楚曰瘶。秦晉或曰嗌，又曰噎。

【校箋】

①《玄應音義》卷三"嘶喝"條云："喝又作嗌，同，乙芥反。《方言》'嘶、嗌，噎也'，郭璞曰：'謂咽痛也。''楚曰嘶，秦晉或曰嗌'。"嗌字作嗌，與今本《方言》不同（玄應書高麗藏本如此，莊刻本作嗌）。案：作嗌是也。《玉篇》喝下云："乙芥切。嘶聲也。"又作嗌，注云："嗌，噎也。"嗌即嗌字，足證今本《方言》作嗌有誤。當據《玉篇》及《玄應音義》引訂正。

3a.14　怠、陁^①，壞也^②。謂壞落也。音虫豸^③，未曉^④。

【校箋】

①陁，戴本改作阤。原本《玉篇》阤下引本文亦作阤，音除蛾反。案：漢《東海廟碑》"旋則陁崩"，陁即阤字，不必改也。

②也字原無，今據戴本增。

③"音虫豸"，戴本改作"音蟲豸"。虫與蟲《説文》有別，此則虫爲蟲之省文。

④戴氏刪"未曉"二字，謂："此爲閲是書者所記。"

3a.15　埕、音涅。墊,丁念反。下也。凡柱而下曰埕,屋而下曰墊。

3a.16　伆、邈,離也。謂乖離也。音列。楚謂之越,或謂之遠。吳越曰伆。

3a.17　顛、頂,上也。

3a.18　誣、誰,與也①。乙劍反。吳越曰誣。荆齊曰誰與,猶秦晉言阿與②。相阿與者所以致誣誰也。

【校箋】

①與原作与,據戴本改。下同。案:原本《玉篇》"誣誰"二字下引本文並作與。

②原本《玉篇》引"阿與"下有也字。

3b.19　掩、索,取也。自關而東曰掩①。自關而西曰索,或曰狙②。狙,伺也③。

【校箋】

①東上原無而字,今據戴本補。

②狙原作狙,盧本據曹本作狙,是也。今據正。

③狙原作但,盧本作狙,是也。今據正。

3b.20　暚、烏拔反①。略,音略。視也。東齊曰暚,吳揚曰略。今中國亦云目略也。凡以目相戲曰暚。

【校箋】

①《廣雅·釋詁一》"暚,視也",暚曹憲音烏見反。又《玉篇》暚音烏澗、

烏殄二切。《廣韻》黝韻烏黝切有睴字,注云:“目相戲貌。”是暖亦作睴。郭音暖烏拔反,與擝音烏拔反同。見卷三 15。

3b.21　遙、廣,遠也。梁楚曰遙。

3b.22　汩①、遙,疾行也。<small>汩汩,急貌也。于筆反。</small>南楚之外曰汩,或曰遙。

【校箋】

①汩,戴盧兩本均作汨,從曰,與《説文》合,當據正。

3b.23　搴、妯,擾也。<small>謂躁擾也。妯音迪。</small>人不靜曰妯。秦晉曰搴,齊宋曰妯。

4a.24　絓、<small>音乖。</small>挈、<small>口八反。</small>儋、<small>古磐字。</small>介,特也①。楚曰儋②,晉曰絓,秦曰挈。物無耦曰特,獸無耦曰介③。《傳》曰“逢澤有介麋”。

【校箋】

①“特也”,各本同。案:絓挈二字訓特,未詳其義。原本《玉篇》絓下云:“胡卦反。《左氏傳》‘驂絓於木而止’,野王案:絓猶礙也,離遇也,《淮南》‘飛鳥不動,不絓網羅’是也。《楚辭》‘心結絓而不解’,王逸曰:‘絓,縣也。’《方言》‘絓,持也。晉曰絓’,《説文》‘繭滓絓頭以作繡絮’。一曰繫繿也。《廣雅》‘絓,止也’‘絓,獨也’,《聲類》‘有所礙也’。”此引《方言》作“絓,持也”。絓,《慧琳音義》卷八十一、卷九十六兩引《方言》亦作持,不作特。獨特之訓,惟見《廣雅·釋詁三》。蓋《方言》傳本有異,故《廣雅》訓獨,而《玉篇》訓持也。持者縣持之義,絲結謂之絓,惡絲亦謂之絓。今人猶謂布絲之有結者曰絓絲,音畫。

至於挈字，《説文》云“縣持也”，《周禮》有挈壺氏。《釋名·釋姿容》云：
“挈，結也；結，束也，束持之也。”《莊子·在宥篇》釋文引《廣雅》云：
“挈，持也。”據是挈亦訓持，不訓特。疑此條本分爲二：“絓、挈，持也”
爲一條，“憿、介，特也”爲一條。

②憿原作儌，戴本作憿，是也。今據正。

③獸，《紺珠集》引同。《玉篇》𪗶字注及《左傳·哀公十四年》正義並引
作畜。獸蓋𤞞字之訛。

4a.25　飛鳥曰雙①，鴈曰乘②。

【校箋】

①飛鳥曰雙，戴本與上一條連寫，非是。又《慧琳音義》卷六引《方言》
“雙，二飛鳥也”；卷七引《方言》“二飛鳥曰雙”，是今本飛上當有二字。

②《文選·楊雄〈解嘲〉》云“乘鴈集不爲之多，雙鳧飛不爲之少”，李善
注引《方言》：“四鴈曰乘。”今本《方言》鴈上脱四字。

4a.26　台既，失也。宋魯之間曰台。

4a.27　既隱①、據，定也。

【校箋】

①《廣雅·釋詁四》云：“隱、據，定也。”無既字。王國維謂：“張稚讓蓋
讀上文‘宋魯之間曰台既’爲句。”案：《史記》自序云：“不既信，不倍
言。”是既者失也，當屬上條。

4a.28　稟①、浚，敬也。秦晉之間曰稟，齊曰浚，吴楚之間自敬曰稟。

【校箋】

①《玄應音義》卷十引作懍。

4a.29　悛、音銓。懌,音弈。改也。自山而東或曰悛,或曰懌。《論語》曰"悅而不懌"。

4b.30　坻^①、水㳄^②。坥^③,廱疽。塲也。音傷。梁宋^④之間蚍蜉犂^⑤鼠之塲謂之坻,犂鼠,蚡鼠也。螾塲謂之坥^⑥。螾,蚰蟮也。其糞名坥。螾音引。

【校箋】

①坻原作坁,戴本作坻,是也。本書卷十一云:"蚍蜉,其塲謂之坻。"注坻音直尸反,字作坻可證。今據正。下同。

②㳄原作沑,戴本作㳄,是也。今據正。

③坥原作坦,戴本作坥。今據正。

④《説文》坥下云:"益州部謂螾場曰坥。"錢繹云:"此云'梁宋'疑'梁益'之訛。"案:《玉篇》坻下引本書亦作"梁宋"。

⑤犂,《玉篇》坻下引作犂。盧本作犂,注同。案:作犂是也。《説文》"犂,耕也"。

⑥坦,戴本作坥,注同。當據正。

4b.31　偍、用,行也。偍偕^①,行貌。度揩反^②。朝鮮洌水之間或曰偍。

【校箋】

①"偍偕",原作"偍皆",盧本據卷二6注改作"偍偕",是也。今據正。

②"度揩反",當作"度楷反",見卷二6校箋2。

4b.32　鋪頒,索也。東齊曰鋪頒,猶秦晉言抖藪也。謂斗藪舉索物也。鋪音數。

4b.33　參、蠡，分也。謂分割也。音麗。齊曰參，楚曰蠡，秦晉曰離。

4b.34　癖[1]、披，散也。東齊聲散曰癖，器破曰披。秦晉聲變曰癖，器破而不殊其音亦謂之癖，器破而未離謂之璺。音問。南楚之間謂之敗[2]。妨美反。一音圮塞[3]。

【校箋】
①癖原作廝，今據下文改正。戴本不誤。
②敗，《御覽》卷七五六引作㪻。案:㪻爲敗之或體。
③圮原作把，戴本據曹毅之本改作圮，是也。今據正。

5a.35　繎[1]、縣，施也。秦曰繎，趙曰縣。吳越之間脫衣相被謂之繎縣。相覆及之名也。音旻。

【校箋】
①繎，原本《玉篇》紙下引《方言》作紙，下同。

5a.36　恿、音踊。偪[1]，妨逼反。滿也。凡以器盛而滿謂之恿，言涌出也。腹滿曰偪。言勅偪也[2]。

【校箋】
①偪，戴本同，盧氏據曹本改作愊。下正文“腹滿曰偪”同。案:《廣雅·釋詁一》恿、愊均訓爲滿，盧校與《廣雅》合。《玄應音義》卷十二引本書則作畐。《説文》云:“畐，滿也。”《玉篇》云:“腹滿謂之涌，腸滿謂之畐。”是畐愊通用。

②傴,盧本同。案:“腹滿曰偪”之偪既改作愊,則注文之偪亦當作愊。

5a.37 傒醯、醯酢。冉鐮,冉音髯。危也。東齊椅物而危謂之傒醯[1],椅,居枝反。偽物謂之冉鐮。

【校箋】

①《玉篇》手部“掎,戴也”,此從木作椅,誤。戴本據《玉篇》改正,下注同。

5b.38 紕、音毗。繹、音亦。督、雉,理也。秦晉之間曰紕[1]。凡物曰督之,言正理也。絲曰繹之。言解繹也。

【校箋】

①原本《玉篇》紕下云:“《方言》:‘紕,理也。秦晉之間曰雉。宋鄭曰紕。’”今本“秦晉之間”下脱“曰雉宋鄭”四字。當據補。

5b.39 矤、吕,長也。古矧字。東齊曰矤。宋魯曰吕。

5b.40 踞、膂[1],力也。東齊曰踞,律踞,多力貌。宋魯曰膂。膂,田力也。謂耕墾也。

【校箋】

①《玄應音義》卷十三引膂作旅。

5b.41 癋、瘞埋[1]。又翳。諦[2],瓜蔕。審也。齊楚曰癋。秦晉曰諦。

【校箋】

①“瘞埋”,原作“埋也”,戴本改作“瘞埋”,是也。此謂癋讀瘞埋之瘞。今據戴本改正。

②諞與諦同，《慧琳音義》卷二十二引字作諦。

5b.42　譆音翳。諞，亦音蒂。諟也。亦審諟①，互見其義耳。音帝。吴越
曰譆諞。

【校箋】

①注“亦審諟”，原本《玉篇》諞下引作“亦審諦也”。丁杰改作“諟亦審”。
　　案：卷二“抱娹，耦也”，注云“耦亦匹，互見其義耳”，與此文例相同，
　　故丁氏據以改正。王氏校《方言疏證》亦同。

5b.43　揞、烏感反。撳、錯、音酢。摩，藏也①。荆楚曰揞，吴揚曰撳，
周秦曰錯，陳之東鄙曰摩。

【校箋】

①藏原作滅，戴本據《廣雅·釋詁四》改作藏，是也。今據正。《慧琳音
　　義》卷八十二“靡揩”條引本書：“揩，藏也。”揩與錯同。

6a.44　抾摸，去也。齊趙之總語也。抾摸猶言持去也。

6a.45　舒勃，展也。東齊之間凡展物謂之舒勃。

6a.46　摳揄，旋也。秦晉凡物樹稼早成熟謂之旋。燕齊之間謂之
摳揄①。

【校箋】

①原本《玉篇》輸下云：“始珠反。《方言》：‘摳輸，旋也。燕齊之間凡作
　　物樹藝而早成熟謂之摳輸。秦晉謂之旋。’”本文揄字均作輸。物上

有作字,當據以訂補。

6a.47　緄[①]、岡鄧反[一]。筳,湯丁反。竟也。秦晉或曰緄,或曰竟。楚曰筳。

【校箋】

①緄,戴本據《説文》字作綑。案:原本《玉篇》竟下引《方言》:"竟,亙也。秦晉或曰亙,或曰竟也。"緄作亙。《文選·西都賦》《南都賦》李善注及《慧琳音義》卷四、卷十七、卷十八引《方言》均作"亙,竟也",與今本異。

6a.48　摑[①]、音剿。剡,音妾。續也。秦晉續折謂之摑[②],繩索謂之剡。

【校箋】

①摑,戴本改作綱。案:原本《玉篇》綱下引《方言》"綱,續也",是戴校不誤。下文"謂之摑",亦當作綱。
②原本《玉篇》綱下及《集韻》琰韻摑下引折下均有木字,當據補。

6b.49　擘,音檗。楚謂之紉[①]。今亦以綫貫針爲紉。音刃。

【校箋】

①原本《玉篇》紉下云:"《方言》:'剡,續也。楚謂之紉。'"《楚辭·離騷》"紉秋蘭以爲佩",洪興祖補注引《方言》:"續謂之紉。"王國維以爲此與上文當是一節,擘字衍。

6b.50　閻笘[①],開也。東齊開户謂之閻苫。楚謂之闛。亦開字也。

【校箋】

①笘，盧本改作苦。

6b.51　杼、柚①，作也。東齊土作謂之杼，木作謂之柚。

【校箋】

①柚，原本《玉篇》軸下引作軸，下 "木作謂之柚" 同。《慧琳音義》卷
　　八十、卷八十二引亦作軸。

6b.52　厲、印，爲也。《爾雅》曰："俆、厲，作。"爲亦作也①。甌越曰印，
吳曰厲。

【校箋】

①"爲亦作也"，原作 "作亦爲也"。原本《玉篇》厲下引作 "爲亦作也"。
　　《爾雅·釋詁》"厲，作也"，邢疏引《方言》云："厲、印，爲也。甌越曰
　　印，吳曰厲。爲亦作也。" 與《玉篇》同。今據正。

6b.53　戲、憚，怒也。齊曰戲，楚曰憚。

6b.54　爰、嗳，恚也。謂悲恚也。楚曰爰，秦晉曰嗳，皆不欲膽而强
畣之意也。

7a.55　俊①、艾②，長老也。東齊魯衛之間凡尊老謂之俊，或謂之
艾。《禮記》曰 "五十爲艾"。周晉秦隴謂之公，或謂之翁。南楚謂之父，
或謂之父老。南楚瀿洭之間暴匡兩音。洭水在桂陽。母謂之媓，謂婦妣
曰母姼，音多。稱婦考曰父姼。古者通以考妣爲生存之稱。

【校箋】

①佼,《玄應音義》卷四、卷十六引作䐴。

②艾,《玄應音義》卷四、卷十六引作父。

7a.56　巍、嶢、崝、嶮①,高也。 嶕嶢、崝嶸②,□③高峻之貌也。

【校箋】

①嶮,原本《玉篇》險下、崝下引作險。《慧琳音義》卷六引同。

②原本《玉篇》崝下云:"《方言》'崝、險,高也',郭璞曰:'崝嶸,高峻之貌也。'"案:嶸與嶸同,見《玉篇》。

③戴本據曹毅之本補皆字。

7a.57　猒、塞,安也。 物足則安①。

【校箋】

①安原作定,原本《玉篇》甘部猒下引注曰:"足則安也。"今據《玉篇》改。

7a.58　悙、音凌。 惵,亡主反。 憐也。

7b.59　掩、翳,薆也。 謂蔽薆也。《詩》曰"薆而不見"。音愛。

7b.60　佚惕,緩也①。 跌唐兩音。

【校箋】

①惕原作惕,此據盧本改。戴本據《廣雅·釋詁一》"㑲媔,婬也"改本文作"佚媔,婬也"。

輶軒使者絶代語釋別國方言第七

1a.1　諄憎,所疾也。之潤反。宋魯凡相惡謂之諄憎^①,若秦晉言可惡矣。

【校箋】

①《荀子・哀公篇》楊倞注引本文作 "齊魯凡相疾惡謂之諄憎"。"宋魯" 作 "齊魯",惡上有疾字,與今本不同。《慧琳音義》卷七十九引 "宋魯" 亦作 "齊魯"。

1a.2　杜、蹻,澀也。趙曰杜,今俗語通言澀如杜,杜梨子澀,因名之^①。山之東西或曰蹻。卻蹻,燥澀貌。音笑謔^②。

【校箋】

①之,疑爲云字之誤。

②"音笑謔",盧氏據曹毅之本作 "音笑噱"。案:《廣韻》蹻噱同音其虐切,謔音虛約切,自以作噱爲是。

1a.3　佻^①、抗,縣也。趙魏之間曰佻。自山之東西曰抗。燕趙之郊縣物於臺之上謂之佻。了佻,縣物貌。丁小反。

【校箋】

①佻,《玄應音義》卷十三引作ㄥ。《集韻》篠韻ㄥ下同。

1a.4　發、稅，舍車也。舍，宜音寫。東齊海岱之間謂之發。今通言發寫也。宋趙陳魏之間謂之稅。稅猶脫也。

1b.5　肖、類，法也。齊曰類，西楚梁益之間曰肖。秦晉之西鄙自冀隴而西冀縣，今在天水。使犬曰哨①。音騷。西南梁益之間凡言相類者亦謂之肖。肖者，似也。

【校箋】

①《玉篇》嗾下引哨作嗾。

1b.6　憎、懷，憚也。相畏憚也。陳曰懷。

1b.7　譙、字或作誚。讙，火衰反。讓也。齊楚宋衛荆陳之間曰譙，自關而西秦晉之間凡言相責讓曰譙讓。北燕曰讙。

2a.8　僉、胥，皆也。自山而東五國之郊曰僉①，六國唯秦在山西。東齊曰胥。

【校箋】

①山，《玄應音義》卷一、卷三、卷十二引並作關。

2a.9　侔莫，強也。北燕之外郊凡勞而相勉若言努力者謂之侔莫。

2a.10　傑伀，罵也。嬴小可憎之名也①。傑音邛竹。燕之北郊曰傑伀。

【校箋】

①《玉篇》傑下引注作"形小可憎之貌"。《廣韻》鍾韻傑下云："傑伀，

可憎之貌。”今本注文名字疑爲皃字之誤。《集韻》鍾韻倯下引則與今本相同。

2a.11 展、惇,信也[①]。東齊海岱之間曰展,燕曰惇。惇亦誠信貌。

【校箋】

①《文選·長楊賦》注引信作申。

2a.12 斯、掬[①],離也。齊陳曰斯,燕之外郊朝鮮洌水之間曰掬。

【校箋】

①盧文弨云:“案:掬無離義,疑當作播。播古文作䍚,形近致誤。”

2b.13 蝎、音曷。噬,卜筮。逮也。東齊曰蝎,北燕曰噬。逮,通語也。

2b.14 皮傅[①]、彈憸[②],强也。謂强語也。音僉。秦晉言非其事謂之皮傅。東齊陳宋江淮之間曰彈憸。

【校箋】

①傅原作傅,傅爲傅之俗體。

②《廣雅·釋詁一》“憚憸,强也”,彈作憚。

2b.15 膊、普博反[①]。曬、霜智反。晞,暴也。東齊及秦之西鄙言相暴僇爲膊。暴僇,謂相暴磔惡事。音膊脯。燕之外郊朝鮮洌水之間凡暴肉、發人之私、披牛羊之五藏,謂之膊。暴五穀之類,秦晉之間謂之曬,東齊北燕海岱之郊謂之晞。

【校箋】

①普博反，戴盧兩本删。移下注文“音膊脯”三字置此。

3a.16　熬、聚、即飇字也。創眇反。煎、備、皮力反。鞏，火乾也。凡以火而乾五穀之類，自山而東、齊楚以往謂之熬；關西隴冀以往謂之備；秦晉之間或謂之聚。凡有汁而乾謂之煎，東齊謂之鞏。拱手。

3a.17　腬①、而，飪，荏，亨、爛、糪、燺，酋、囚，酷，熟也。自關而西秦晉之郊曰腬，徐揚之間曰飪，嵩嶽以南陳潁之間曰亨。自河以北趙魏之間火熟曰爛，氣熟曰糪，久熟曰酋，穀熟曰酷。熟，其通語也。

【校箋】

①腬，《文選·七發》李善注引作臑，音而。案：腬臑二字通用。

3b.18　魏盈①，怒也。魏，上已音。燕之外郊朝鮮洌水之間，凡言呵叱者謂之魏盈。

【校箋】

①魏，戴本改作娞，下同，云：“娞，各本訛作魏，注云‘魏，上已音’，書內趙魏之魏甚多，本無庸音，卷二娞訛作魏，下云‘羌篕反’，可證魏即娞之訛。”

3b.19　跂躄、音務。隑企，欺跂反。立也。東齊海岱北燕之郊跪謂之跂躄，今東郡人亦呼長跽爲跂躄。委痿謂之隑企。脚躄不能行也①。

【校箋】

①原本《玉篇》隑下引注文行下有者字。

3b.20　瀧涿謂之霝瀆^①。瀧涿猶瀨滯也^②。音籠。

【校箋】

①原本《玉篇》瀧下引霝作沾，今本《玉篇》同。

②《説文》："瀧，雨瀧瀧也。"段注云："瀧瀧，雨滴皃也。《方言》曰'瀧
　　涿謂之霝瀆'，郭云'瀧涿猶瀨滯也'。'瀨滯'，當作'瀙渧'，《埤蒼》
　　云'渧瀙，瀧也'，《通俗文》云'霝滴謂之瀙渧'。"案：瀨滯即瀙渧，語
　　義相同，瀨瀙雙聲。滯當讀渧，猶花帶即花蒂、審諟即審諦也。《釋
　　名·釋疾病》云："泄利，言其出漏泄而利也。下重而赤白曰滕，言屬
　　滕而難差也。"

3b.21　希、鑠，摩也。燕齊摩鋁謂之希。音慮。

4a.22　平均，賦也。燕之北鄙東齊北郊凡相賦斂謂之平均。

4a.23　羅謂之離，離謂之羅。皆行列物也。

4a.24　剶、超，遠也。剶，上已音。燕之北郊曰剶，東齊曰超。

4a.25　漢漫、眡眩，懣也。眡音瞋憙。朝鮮洌水之間煩懣謂之漢漫，
顛眴謂之眡眩。眩音懸。

4a.26　憐職，愛也。言相愛憐者，吴越之間謂之憐職。

4a.27　茹，食也。吴越之間凡貪飲食者謂之茹。今俗呼能粗食者爲茹。
音勝如^①。

【校箋】

①注“音勝如”，戴氏云：“訛舛不可通。”盧錢兩家亦疑其有誤。待考。

4b.28　姰、貌，治也。謂治作也。姰，恪垢反。吳越飾貌爲姰，或謂之巧。語楚聲轉耳。

4b.29　煦、州吁①。煆，呼夏反。熱也，乾也。熱則乾煻②。吳越曰煦煆。

【校箋】

①“州吁”，原作“州呼”，戴本作“州吁”，是也。今據正。《廣韻》虞韻煦吁同音。州吁，衛公子，見《左傳·隱公四年》。

②煻，戴改作燥。盧云：“煻，俗燥字。”

4b.30　攍①、音盈。䐡②、賀③、𦡀④，儋也。今江東呼擔兩頭有物爲𦡀。音鄧。齊楚陳宋之間曰攍。《莊子》曰“攍糧而赴之”。燕之外郊越之垂甌吳之外鄙謂之䐡。擔者用䐡力，因名云⑤。南楚或謂之攍。自關而西隴冀以往謂之賀，今江東語亦然。凡以驢馬馲駝載物者謂之負他，音大。亦謂之賀。

【校箋】

①攍，戴改作㠣。案：《廣雅·釋詁三》“㠣，擔也”，字亦作㠣。《御覽》卷八二九引本書字作贏，下同。

②䐡，《御覽》引作旅，下同。

③賀，《御覽》引作荷，下同。案：《廣雅·釋詁三》“何，擔也”，字作何。

④𦡀，《御覽》引作騰，下同。案：《廣雅·釋詁三》“掤，擔也”，字作掤。

⑤“因名云”，《御覽》引作“因以名之”。

5a.31　樹植，立也。燕之外郊朝鮮洌水之間凡言置立者謂之樹植。

5a.32　過度謂之涉濟①。猶今云濟度。

【校箋】

①《爾雅·釋言》"濟，渡也" 疏引本文度作渡，注同。

5a.33　福禄謂之祓戩。廢箭兩音。

5a.34　傺、音際①。眙，勅吏反。逗也。逗即今住字也。南楚謂之傺，西秦謂之眙。眙謂住視也。西秦，酒泉、燉煌、張掖是也。逗，其通語也。

【校箋】

①際，盧本作祭。

輶軒使者絶代語釋別國方言第八

1a.1　虎，陳魏宋楚之間或謂之李父，江淮南楚之間謂之李耳，虎食物值耳即止，以觸其諱故。或謂之於菟。於音烏。今江南山夷呼虎爲䖘，音狗竇。自關東西或謂之伯都。俗曰伯都事抑虎説①。

【校箋】

①抑，戴本作神，云：“神字，諸刻訛作抑，《永樂大典》本及曹毅之本作神。其上仍當脱一見字。”

1a.2　貔，狸別名也。音毗。陳楚江淮之間謂之猍，音來。北燕朝鮮之間謂之貊，今江南呼爲貊狸。音丕。關西謂之狸。此通名耳。貔，未聞語所出。

1b.3　貛，豚也。音歡。關西謂之貓。波湍。

1b.4　雞，陳楚宋魏之間謂之鸊鴟①，避祗兩音②。桂林之中謂之割雞，或曰㕙。音從。北燕朝鮮洌水之間謂伏雞曰抱③。房奧反。江東呼蓲，央富反。爵子及雞雛皆謂之鷇。恪遘反。關西曰鷇，音顧④。其卵伏而未孚始化謂之涅。

【校箋】

①鴟原作鴟，錢繹改作鴟，是也。《萬象名義》《廣韻》字均作鴟。今據

正。《廣雅·釋嘼》作雌。

②祇原作衹,錢繹改作祇,是也。《廣韻》祇巨支切,疧與祇同音。《萬
　象名義》疧音渠支反,與《廣韻》同。今改衹作祇。

③抱,《玉燭寶典》卷一及《玄應音義》卷五引並作菢。

④ “音顧”,戴本從曹毅之本作 “音狗寶”。案:故宮舊藏王仁昫《切韻》
　暮韻㲉音古暮反,注云:“郭璞云:‘《方言》關西謂雞雀雛曰㲉。’” 㲉
　即鷇字,古暮反即音顧。

1b.5　豬,北燕朝鮮之間謂之豭,猶云豭斗也①。關東西或謂之彘②,
或謂之豕。南楚謂之狶。其子或謂之豚,或謂之貕③,音奚。吳揚之間
謂之豬子。其檻及蓐曰橧。《爾雅》曰 “所寢,橧”。音繒。

【校箋】

①“豭斗”,疑爲 “豭牛” 之誤。《爾雅·釋畜》云:“牛絕有力,欣犌。” 豭
　爲牡豕,語義相同。

②“關東西”,《爾雅·釋獸》釋文及《玉燭寶典》卷四引同。《慧琳音義》
　卷二十八引作 “關之東西”。

③貕,戴本從《説文》改作豯。

2a.6　布穀,自關東西梁楚之間謂之結誥①,周魏之間謂之擊穀;
自關而西或謂之布穀。今江東呼爲穫穀。

【校箋】

①“自關東西”,《玄應音義》卷十二引作 “自關而東”,與下文 “自關而
　西” 爲對文,錢繹據玄應書改正。“結誥”,玄應引作 “鵠鵴”。

2a.7　鶡鴠,鳥似雞,五色,冬無毛,亦保①,晝夜鳴。侃旦兩音。周魏齊宋

楚之間謂之定甲②，或謂之獨舂。_{好自低仰}③。自關而東謂之城旦，_{言其}
_{辛苦有似於罪禍者}④。或謂之倒懸，_{好自懸於樹也}⑤。或謂之鳴鳴⑥。自關
而西秦隴之内謂之鶹鵖。

【校箋】

①亦，戴本作赤，與《御覽》卷九二一及《紺珠集》引合。

②《御覽》及《紺珠集》引均無齊字。

③《御覽》及《紺珠集》引仰下有也字，與下注"好自懸於樹也"文例同，
　當據補。

④禍，戴本作謫。

⑤《御覽》引注作"好似倒懸於樹也"。

⑥"鳴鳴"，戴本作"鴨鳴"。

2a.8　鳩，自關而東周鄭之郊韓魏之都謂之鵖_{音郎}。_{鵖，音皋}。其
鶵鳩謂之鸋鵖。自關而西秦漢之間謂之鵴鳩①，_{菊花}。其大者謂之鴅鳩，
_{音班}。其小者謂之鸼鳩②，_{今荆鳩也}。或謂之雞鳩③，_{音癸}。或謂之鵖鳩，_{音浮}。
或謂之鶻鳩。梁宋之間謂之鷦鳳④。

【校箋】

①鵴，戴本作鵴，與《廣雅·釋鳥》及《御覽》卷九二一引合。

②鸼原作鵗，戴本作鸼，與《御覽》引合。今據正。

③《御覽》引"謂"下有"之"字，當據補。

④戴本鷦作雛，無下鳳字。戴氏云：《詩·小雅》'翩翩者雛'，毛傳：'雛，
　夫不也。'陸璣疏云：'今小鳩也，一名浮鳩。幽州人或謂之鷦鵖，梁
　宋之間謂之雛，揚州人亦然。'《爾雅》'佳其，鳺鴀'，李巡注云'今楚
　鳩也'，郭璞注云'今鵖鳩'。《左傳》'祝鳩氏，司徒也'，杜預注云'祝
　鳩，鷦鳩也'，釋文'鷦音焦。本又作焦，本或作鶬'。今考佳雛古通用，

其作焦作鵻者,即佳雛之訛耳。《方言》各本亦訛作鵻,又誤連下條鵀字,今訂正。"案:《御覽》引鵻作佳,可證戴校不誤。

2b.9 尸鳩①,按:《爾雅》即布穀,非戴勝也②。或云鸋,皆失之也。燕之東北朝鮮洌水之間謂之鶝鵨③。福不兩音④。自關而東謂之戴鵀。東齊海岱之間謂之戴南,南猶鵀也;此亦語楚聲轉也。或謂之鶭鶡;案:《爾雅》說戴鵀,下鶭鶡自別一鳥名,《方言》似依此義,又失也⑤。或謂之戴鳹;或謂之戴勝。勝所以纏紝。東齊吳揚之間謂之鵀。自關而西謂之服鶝,或謂之鵶鶝。燕之東北朝鮮洌水之間謂之鶙⑥。音或⑦。

【校箋】

①上條末鵀字戴本移置本條尸上,以尸爲注文。戴氏云:"鵀字各本誤連上條,遂以尸爲正文。《爾雅》'鳲鳩,鴶鵴',釋文云:'鳲音尸。字又作鵀。'今據以訂正。"

②《御覽》卷九二三引本條郭注作"鳲鳩,布穀,非戴勝也",今本即字上蓋脫"鳲鳩"二字。

③鵨,盧本作鶝,《御覽》引及《廣雅·釋鳥》同。當據正。

④不,戴本作丕,非也。鶝,《萬象名義》方有反,《廣雅》曹憲音不尤反,《廣韻》甫鳩、方久二切,是字當作不。

⑤《御覽》引郭注作"案:《爾雅》自別一鳥名耳,《方言》依此義又失之,《廣雅》同也"。

⑥《廣雅》"鶙鶝,戴勝也",王念孫云:"《廣雅》本《方言》,疑《方言》'謂之鶙'下亦有鶝字,寫者脫落耳。"

⑦或,盧本作域,是也。《萬象名義》鶙音餘國反,《廣韻》音雨逼切,均音域,不音或。

3a.10　蝙蝠，邊福兩音。自關而東謂之服翼，或謂之飛鼠，或謂之老鼠，或謂之僊鼠^①。自關而西秦隴之間謂之蝙蝠。北燕謂之蟙䘃。職墨兩音^②。

【校箋】

①僊，戴本作僊，是也。《爾雅·釋鳥》“蝙蝠，服翼”，郭注云：“齊人呼爲蟙䘃，或謂之仙鼠。”《紺珠集》引本書字亦作仙。

②職，原訛作䏌，今正。

3a.11　鴈，自關而東謂之鴚䳘，音加。南楚之外謂之䳘，或謂之鶬鴚^①。今江東通呼爲鴚^②。

【校箋】

①鶬，戴本作倉，與《慧琳音義》卷四及《御覽》卷九一七引合。

②《玄應音義》卷二引郭注云：“《方言》呼爲鴚鵝也。”《慧琳音義》卷四引《方言》注云：“今江東人呼雁爲鴚鵝。”今本注文鴚下蓋脱鵝字。

3b.12　桑飛，即鷦鷯也。又名鷦鷯^①。自關而東謂之工爵，或謂之過鸁，音螺。或謂之女鷗。今亦名爲巧婦。江東呼布母。自關而東謂之鸋鳩^②。案：《爾雅》云‘鸋鳩，鴟鴞’，鷗屬，非此小雀明矣。寧玦兩音。自關而西謂之桑飛，或謂之懱爵。言懱截也。

【校箋】

①“鷦鷯”，當作“鷦鷯”。《爾雅·釋鳥》“桃蟲，鷦；其雌，鴱”，郭注云：“鷦鷯，桃雀也。俗呼爲巧婦。”釋文鷯亡小、亡消二反。

②“自關而東”與上文重。《詩·鴟鴞》正義引陸璣疏云：“鴟鴞，幽州人謂之鸋鳩，或曰巧婦，或曰女匠。關東謂之工雀，或謂之過鸁。關西

謂之桑飛,或謂之襪雀,或曰巧女。"陸疏蓋本《方言》。此"自關而東"
四字疑誤。

3b.13　鸝黃,自關而東謂之鶬鶊[①]。又名商庚。自關而西謂之鸝黃,
其色黧黑而黃,因名之。或謂之黃鳥,或謂之楚雀。

【校箋】

①鶬原作創,誤。盧氏依曹毅之本作鶬,是也。今據正。又戴本"鶬鶊"
作"倉庚",《玉燭寶典》卷二引同。

3b.14　野鳧其小而好没水中者[①],南楚之外謂之鸊鷉,鸊音指辟[②];
鷉音他奚反。大者謂之鶻蹏[③]。滑蹄兩音。

【校箋】

①《慧琳音義》卷七十三、卷九十九及《倭名類聚鈔》卷七引並無其字。
《文選·南都賦》注、《後漢書·馬融傳》注引其並作甚。

②鸊,《廣雅·釋鳥》曹憲音布獲、步覓二反,此音指辟者,辟當作擘。《集
韻》麥韻鸊與擘同音博厄切,鸊下引《方言》,是其證。

③《慧琳音義》卷七十三、卷九十九引大上有其字。

4a.15　守宮,秦晉西夏謂之守宮,或謂之蠦蟺[①],盧纏兩音。或謂之
蜤易[②]。南陽人又呼蝘蜓。其在澤中者謂之易蜴[③]。音析。南楚謂之蛇醫,
或謂之蝾螈。榮元兩音。東齊海岱謂之蠑螈。似蜥易大而有鱗[④],今所在通
言蛇醫耳。斯侯兩音。北燕謂之祝蜓。音延。桂林之中守宮大者而能鳴
謂之蛤解[⑤]。似蛇醫而短,身有鱗采[⑥]。江東人呼爲蛤蚖[⑦],音頭領[⑧]。汝潁人直
名爲蛤鸊音解誤聲也[⑨]。

【校箋】

① “蠦蠪”，《玉燭寶典》卷二引作 “盧蝀”。

② “蚝易”，《玉燭寶典》引作 “蜥蜴”。《爾雅·釋魚》疏引作 “刺易”。

③ “易蜴”，《玉燭寶典》引作 “蜴易”。

④《玉燭寶典》引此文作 “似蜥蜴而大有鱗”，《集韻》蜓下引作 “似蜥易而大有鱗”，今本 “大而” 二字誤倒，當據《玉燭寶典》及《集韻》校正。

⑤ “蛤解”，《紺珠集》引作 “蛤蚧”，《玉燭寶典》引作 “鴿解”。

⑥《玉燭寶典》引采下有 “屈尾” 二字，今本脱。

⑦ “蛤蚖”，戴本改作 “蛤蚧”。

⑧ “頭頷”，戴本改 “頷頷”，云：“《廣韻》蛤頷同音，其頷字注云 ‘頷頷，頤旁’，今據以訂正。”

⑨注 “汝潁” 以下有訛字。《玉燭寶典》引作 “汝潁人直爲鴿，音郭鶉鷦，音解聲誤”，亦有脱誤，如 “鶉鷦” 爲 “鶉鷁” 之誤，郭爲衍文，是也。戴本此注則據曹毅之本作 “汝潁人直名爲蛤，解音懈，誤聲也”。“誤聲” 二字當據《玉燭寶典》作 “聲誤”。

4a.16　　宛野謂鼠爲䶂。<small>宛，新野，今皆在南陽。音錐。</small>

4b.17　　雞雛，徐魯之間謂之鷇子①。<small>子幽反。徐，今下邳僮縣東南大徐城是也。</small>

【校箋】

①鷇，原作 “秋侯” 二字，戴本改作鷇，云：“鷇字各本訛作 ‘秋侯’ 二字。《廣雅》‘鷇，雛也’，曹憲音釋 ‘鷇，子幽反’，與此注同。《玉篇》《廣韻》並云 ‘鷇，雞雛’，今據以訂正。” 案：鷇下從佳，侯字唐人俗書作𠋫，佳𠋫形近，故訛爲 “秋侯” 二字，戴校是也。今據正。

輶軒使者絕代語釋別國方言第九

1a.1 戟,楚謂之釨①。取名於鈎釨也。凡戟而無刃,秦晉之間謂之釨,或謂之鏔,音寅。吳揚之間謂之戈。東齊秦晉之間謂其大者曰鏝胡,泥鏝。其曲者謂之鈎釨鏝胡。即今雞鳴,勾子戟也②。

【校箋】

①釨,《左傳·莊公四年》正義引作孑,注"鈎釨"作"鈎孑"。《御覽》卷三五二引本文釨均作孑。

②勾孑,戴本改作鈎釨。

1a.2 三刃枝,今戟中有小孑刺者,所謂雄戟也。南楚宛郢謂之匽戟。音偃。郢,今江陵也。余正反①。其柄自關而西謂之柲,音祕。或謂之殳。音殊。

【校箋】

①余正反,盧氏依曹毅之本作余整反,是也。《廣韻》音以整切。

1b.3 矛,吳揚江淮南楚五湖之間謂之鍦,嘗蛇反。五湖,今吳興太湖也。先儒處之多亦不了,所未能詳者。或謂之鋋,音蟬。或謂之鏦,《漢書》曰"鏦殺吳王"。錯江反。其柄謂之矜。今字作殑,巨巾反。

1b.4 箭,自關而東謂之矢,江淮之間謂之鍭,音侯。關西曰箭。箭者竹名,因以爲號。

1b.5　鑽謂之鍴。<small>音端。</small>

1b.6　矜謂之杖。<small>矛戟矜,即杖也。</small>

1b.7　劍削,自河而北燕趙之間謂之室^①。自關而東或謂之廓^②,或謂之削。自關而西謂之韠^③。<small>方婢反。</small>

【校箋】
　①室原作室,戴本作室,今據正。《釋名》云:"刀室曰削。"
　②《廣雅·釋器》字作郭。
　③韠,《慧琳音義》卷五十六引字作鞞,同。

2a.8　盾,自關而東或謂之瞂^①,<small>音伐。</small>或謂之干。<small>干者扞也。</small>關西謂之盾。

【校箋】
　①瞂原作瞂,戴本作瞂,今據正。《文選·西京賦》李善注及《御覽》卷三五六引本文均作瞂。《說文》云:"盾,瞂也。"

2a.9　車下鐵^①,陳宋淮楚之間謂之畢。<small>未詳。</small>大車謂之綦^②。<small>鹿車也。音忌。</small>

【校箋】
　①鐵,戴本作鈇,云:"此言維車之索,故郭璞注云'鹿車也'。前卷五内'維車,東齊海岱之間謂之道軌',《廣雅》云:'道軌謂之鹿車。'各本

鉄訛作鐵,非也。《玉篇》云'紩,索也,古作鉄',據此紩乃本字,鉄即其假借字。"

② "大車謂之綦" 原提行別爲一條,戴本改與 "車下鉄" 爲一條,與原本《玉篇》綨下引正合。又車字戴本改作者。

2a.10　車轄①,車軸頭也。于屬反。齊謂之轙。又名輄。

【校箋】

① 轄,原訛作轜,戴本作轄,與《廣雅·釋器》合。案:原本《玉篇》轄下及《集韻》東韻轀下引並作轄,今據正。

2a.11　車枸簍,即車弓也。音縷①。宋魏陳楚之間謂之筱,今呼車子弓爲筱。音巾幗②。或謂之簍籠。穹隆兩音。其上約謂之筕,即牽帶也。音瓜胍。或謂之篣。音脈③。秦晉之間自關而西謂之枸簍④,西隴謂之榗。即春字⑤。薄晚反。南楚之外謂之篷,今亦通呼篷。或謂之隆屈。尾屈⑥。

【校箋】

① 簍,《萬象名義》力甫反,《廣雅》曹憲音 "音縷",與本書同。盧氏依曹毅之本作 "音鏤",誤。

② 幗,原訛作幗,今依戴本改。曹憲《廣雅》音公悔反,與郭注音同。

③ "音脈",戴氏從曹毅之本作 "音覷"。盧本作 "音覓",云:"俗本音脉,今從宋本。戴本音覷,云'從曹毅之本',亦與覓音同。"

④ "秦晉之間自關而西",依例當作 "自關而西秦晉之間"。

⑤ 春,戴本作舂,是也。

⑥ "尾屈",盧氏據曹毅之本作 "屈尾",誤。王國維云:"'尾屈'二字是音,非義。《淮南·原道訓》注:'屈讀秋雞無尾屈之屈。''尾屈'二字乃漢魏以來成語。"

2b.12　輪,車輅也。韓楚之間謂之軑,音大①。或謂之軝。《詩》曰"約軝錯衡"。音祇。關西謂之輮。音愡。

【校箋】

①《廣雅·釋器》"軑,輪也",軑曹憲音達計、達蓋二反。

2b.13　輞謂之軸。牛忿反。

2b.14　轅,楚衛之間謂之輈。張由反。

2b.15　箱謂之軿。音俳。

3a.16　軫謂之枕。車後橫木。

3a.17　車紂,自關而東周洛韓鄭汝潁而東①謂之緧②,音秋。或謂之曲綯,綯亦繩名。《詩》曰"宵爾索綯"。或謂之曲綸。今江東通呼索綸③。音倫。自關而西謂之紂。

【校箋】

①　"而東"二字,《周禮·考工記·輈人》正義引同,疑當作"之間"。此作"而東"者,蓋因上文而訛。
②　緧,原本《玉篇》綯下引作緧。
③　《字鏡》綸下、原本《玉篇》引本文郭注作"今江東通呼索爲綸",今本綸上脫爲字,當據補。

3a.18　輨、音管。軑,音大。鍊鏅也①。鍊音東②;鏅音度果反。關之東西曰輨,南楚曰軑,趙魏之間曰鍊鏅。

【校箋】

①也字原無,盧氏據曹毅之本增也字,是也。《玄應音義》卷一引《方言》
云:"輨、軑,鍊鐗也。"亦有也字。今據補。

②盧氏云:"鍊當即《説文》之鐧,車軸鐵也,音諫。此音柬,誤。"案:鍊
曹憲《廣雅音》音諫。《玄應音義》卷十九"軸鐧"條云:"《方言》作鍊,
同,歌鴈反。"可爲盧説之佐證。

3a.19　車釭,齊燕海岱之間謂之鍋①,音戈。或謂之錕。袞衣。自
關而西謂之釭,盛膏者乃謂之鍋。

【校箋】

①"齊燕",《玄應音義》卷十二、卷十九及《御覽》卷七七六引本文並
作"燕齊",當據正。鍋,《御覽》卷七七六引本文字作鐹,與《廣雅·釋
器》合。

3b.20　凡箭鏃胡合嬴者,胡鏑在於喉下。嬴,邊也。四鐮廉①,稜也。或
曰拘腸②,三鐮者謂之羊頭,其廣長而薄鐮謂之鏷③,普蹄反。或謂之鈀。
音葩。箭其小而長中穿二孔者謂之鉀鑪④,今箭鏷鑿空兩邊者也。嗑嚧兩音。
其三鐮長尺六者謂之飛虻⑤,此謂今射箭也⑥。內者謂之平題⑦,今戲射箭頭,
題猶羊頭也⑧。所以藏箭弩謂之箙⑨。盛弩箭器也。《外傳》曰"檿弧箕箙"。弓
謂之鞬⑩,犍牛⑪。或謂之韇⑫。牛犢。

【校箋】

①廉,戴本作鐮。

②"拘腸",《廣雅·釋器》作"鉤腸"。

③《爾雅·釋器》"金鏃翦羽謂之鍭",郭注云:"今之鏷箭是也。"釋文引
《方言》:"箭廣長而薄廉者謂之鏷。"《玄應音義》卷十五"鏷箭"條引

《方言》與釋文同。今本鐮下脱者字,當據補。

④箭字以下原提行別爲一條,戴本與上合爲一條,而以"或謂之鈀箭"
爲句。戴氏又云:"《廣韻》鈀字下引《方言》云'江東呼鎗箭',今《方
言》無此語,所引似'鈀箭'下注文,今脱去。"盧氏因於鈀下補注文
"江東呼鎗箭"五字,而謂正文箭字即注文之誤遺者,因而删去。案:
《爾雅·釋器》邢疏引本文"或謂之鈀"下即爲"其小而長"云云,中
無箭字,足證今本"其小而長"以下當與上文爲一條,鈀下亦不當有
箭字。

⑤"尺六",戴本據《文選·閒居賦》李善注引改爲"六尺",蓋誤。説詳
錢繹箋疏。

⑥《慧琳音義》卷四十五"箭躲"條引《方言》郭注云:"三鐮,今箭躲箭
也。"《御覽》卷三四九及吳淑《事類賦》卷十三引《開元文字音義》
亦云:"箭三鐮謂今箭射箭也。"當本《方言》郭注。今本射上脱箭字,
當據補。

⑦内原作凡,今從戴本作内。案:内即厹字。

⑧《倭名類聚鈔》卷二《射藝類》"戲射"條引本書郭注云:"平題者,今
之戲射箭也。"同書卷五《調度部·征戰具》"平題箭"條引本書云:"簇
不鋭者謂之平題,郭璞曰'題猶頭也',今之戲射箭也。"又《御覽》卷
三四九及《事類賦》卷十三引《開元文字音義》云:"平題,今戲射箭
也。題,頭也。"據是則今本注文有誤,當作"今戲射箭也。題,頭也,
猶羊頭也"。

⑨"所以藏箭弩"下戴本別起爲一條,今不從。

⑩《左傳·昭公二十五年》正義引本書云:"弓藏謂之鞬。"《藝文類聚》
卷六十及《御覽》卷三四七引弓下亦並有藏字。《後漢書·董卓傳》
注及《南匈奴傳》注引《方言》則作"藏弓爲鞬"。今本蓋脱藏字。

⑪"犍牛",原作"鞬牛",今據戴本改。案:《廣韻》元韻鞬犍同音居言切。

⑫韇下戴本有丸字,云:"各本丸訛作凡,因誤在下條矛字上。案:《儀
　禮·士冠禮》鄭注云'今時藏弓矢者謂之韇丸',《後漢書·南匈奴傳》
　注引《方言》'藏箭爲韇丸',《廣雅·釋器》云'韇敠,矢藏也',韇敠即
　韇丸。"今案:戴校是也,當據正。

3b.21　凡矛骹細如鴈脛者謂之鶴厀①。今江東呼爲鈴釘②。有小枝
刃者謂之鉤釨③。矛或謂之釨④。

【校箋】

①凡字爲丸字之誤,且當屬上條,戴本删。"鴈脛",《編珠》二及《御覽》
　卷三五三引均作"鶴脛"。《文選·吳都賦》"家有鶴膝",劉逵注云:"鶴
　膝,矛也。矛骹如鶴脛,上大下小謂之鶴膝。"蓋本《方言》。又《編珠》
　云:"骹音敲,脛也。"《御覽》引本書骹下有"音敲"注文,今本脱。
②鈴,盧改作鈴。
③"有小枝刃者謂之鉤釨",原別起爲一條,此從戴本與上文連寫爲一節。
④"矛或謂之釨",原別起爲一條,此從戴本與上文連寫爲一節。

4a.22　錟謂之鈹①。今江東呼大矛爲鈹。音彼②。錟音聃。

【校箋】

①"錟謂之鈹"下三條,戴本與上文併爲一條,今不從。
②《集韻》支韻"鈹,攀糜切",注云:"《方言》'錟謂之鈹'。"據是則此"音
　彼"之彼當作披。

4a.23　骹謂之鍫。即矛刃下口。音凶。

4a.24　鐏謂之釬。音扞。或名爲鐓,音頓。

4a.25　舟,自關而西謂之船,自關而東或謂之舟,或謂之航。行伍。南楚江湘凡船大者謂之舸①,姑可反。小舸謂之艖,今江東呼艖,小底者也。音叉②。艖謂之䑠艌③,目宿二音。小䑠艌謂之艇,舠也④。艇長而薄者謂之艜⑤,衣帶。短而深者謂之舿,今江東呼艖舿者。音步。小而深者謂之樑⑥。即長舼也。音邛竹。東南丹陽會稽之間謂艖為䑭。音禮。汘謂之檷⑦,音數⑧。檷謂之筏。音伐。筏,秦晉之通語也。江淮家居檷中謂之薦。音符⑨。方舟謂之横⑩,揚州人呼渡津航為杭;荊州人呼樹音横⑪。舩舟謂之浮梁。即今浮橋⑫。楫謂之橈⑬,如寮反。或謂之櫂。今云櫂歌,依此名也。所以隱⑭櫂謂之䈽⑮。搖櫓小橛也⑯。江東又名為胡人。音槳。所以縣櫂謂之緝,繫櫂頭索也。所以刺船謂之檔。音高。維之謂之鼎。係船為維⑰。首謂之閤閭⑱,今江東呼船頭屋為之飛閭是也⑲。或謂之艗艏⑳,鷁,鳥名也。今江東貴人船前作青崔,是其像也㉑。音六㉒。後曰舳,今江東呼柁為舳〔一〕。音軸。舳,制水也㉓。偏謂之仡㉔。吾勃反。偏音訛,船動搖之貌也㉕。仡,不安也。

【校箋】

①“江湘”,原本《玉篇》舸下、艜下及《紺珠集》引均作“江湖”。《玄應音義》卷九、卷十引同。

②“音叉”,原作“音乂”,戴本作“音叉”,《紺珠集》引同,今據正。

③艖上《紺珠集》引有小字。

④《玄應音義》卷十九引本注作“即舠也”。卷九引則作“舠也”,云“舠音刀”。

⑤“艇長而薄”,原本《玉篇》艜下引作“艇薄而長”。

⑥樑,《紺珠集》引作躲,《玉篇》躲與舼為一字。

⑦此句至“謂之薦”,戴本不與上為一節。又檷《玄應音義》卷十四、卷十五、卷十九引字作簿,同。

〔一〕編者按:柁,底本作拖,原書校改作柁,未做説明。今依原書。

⑧ "音敷",戴本作"汻音敷",是也。此爲汻字作音,與㪤無涉,今列於
㪤下,則當注明。《爾雅·釋言》"舫,汻也",釋文云"汻郭音孚",與
此注"音敷"同音。

⑨ "音符",戴本改作"音荐",盧氏從曹毅之本作"音箭"。案:《集韻》
薦作篿,見霰韻,音作甸反。

⑩ "方舟謂之𣜬"下二句,戴本別起爲一條。

⑪ 《漢書·楊雄傳》殘卷倭點引顧胤集義曰:"《方言》云'方舟謂之𣜬',
郭璞云:'揚州呼度津舩爲杭;荆州爲𣜬,音橫。'"又故宫博物院舊藏
《刊謬補缺切韻》及敦煌本《王韻》庚韻"𣜬"注云:"方舟,一曰荆州
人呼渡津舫爲𣜬。"《廣韻》同。據此則今本注文航字、樹字均誤。盧
本改航爲舫、改樹爲𣜬,是也。

⑫ 《紺珠集》引正文"浮梁"下有注文"艁音造"三字。

⑬ "楫謂之橈"以下,戴本別起爲一條。

⑭ 隱,《紺珠集》引作穩。

⑮ 《御覽》卷七七一及《紺珠集》引作樂。

⑯ 櫓,《御覽》及《紺珠集》引作櫓。

⑰ 係,戴本作繫。

⑱ 《編珠》卷四、《御覽》卷七六九及《紺珠集》引𦉸上均無閤字。

⑲ 爲,戴本作謂,是也。

⑳ "艗艏",《編珠》卷四、《御覽》卷七六九及《紺珠集》引均作"鷁首"。
下郭注云"鷁,鳥名也",是以作"鷁首"爲是。

㉑ 《編珠》四引注文云"今江東貴人船前作青雀,是其象也",今注雀作
崔,誤。戴本作雀,是也。

㉒ "音六",戴本作"音亦",是也。

㉓ "舳,制水也",原本《玉篇》舳下引同。《慧琳音義》卷九十九引水下
有者字。

㉔ "偽謂之仡",《紺珠集》引同。戴本據《玉篇》改偽作僞,據曹毅之本改仡作抏。下仡字同。

㉕《紺珠集》引注作 "船摇動傾側之貌也"。

輶軒使者絕代語釋別國方言第十

1a.1　媱、愓，遊也。江沅之間謂戲爲媱，或謂之愓，音羊。或謂之嬉。香其反。

1a.2　曾、訾，何也。湘潭之原潭，水名，出武陵。音潭①，一曰淫②。荆之南鄙謂何爲曾，或謂之訾，今江東人語亦云訾，爲聲如斯。若中夏言何爲也。

【校箋】

① "音潭"，戴本作 "音譚"，盧本據曹毅之本作 "音覃"。

② "一曰淫"，戴本作 "亦音淫"，盧氏據曹本作 "一音淫"。案:《漢書·地理志》"武陵郡鐔成縣"，集注云:"應劭潭音淫，孟康音譚。"

1a.3　央亡、嚜杘、嚜音目，杘丑夷反。姡，胡刮反。獪也。江湘①之間或②謂之無賴，或謂之㸝。恌怴，多智也③。怡交反。凡小兒多詐而獪謂之央亡，或謂之嚜杘，嚜杘，潛潛狡也④。或謂之姡。言黠姡也。姡，娗也。言恫娗也。或謂之獪⑤。音滑。皆通語也。

【校箋】

① "江湘"，《列子·力命篇》張湛注引作 "江淮"，《漢書·高祖紀》集注亦云 "江淮之間謂小兒多詐狡獪爲無賴"。《史記·高祖本紀》集解作 "江湖之間"，湖即湘字之誤。

②盧氏據曹本無或字。

③“恐悀，多智也”，戴本據《玉篇》偭下注“偭悀，鬼黠也”改此文作“偭悀，多智也”。案：《廣雅·釋詁四》“謬，獪也”，王氏疏證引《方言》郭注作“恐怐，多智也”，云：“《列子·力命篇》‘謬怐、情露’，釋文引阮孝緒《文字集略》云：‘恐怐，伏態皃。’恐與謬同。”王氏所校甚礦。“恐悀”爲“恐怐”之訛。錢繹箋疏已改正。

④“潛潛狡也”，盧氏云：“似衍一潛字。”錢繹云：“上潛字疑言字之訛。”

⑤《玄應音義》卷一、卷三，《慧琳音義》卷九、卷十七引《方言》本文猾上並有狡字。惟玄應書卷十一、卷二十二引與今本同。

1b.4　崽者，子也。崽音枲，聲之轉也。湘沅之會兩水合處也。音獪。凡言是子者謂之崽，若東齊言子矣。聲如宰。

1b.5　諫[①]，不知也。音癡眩[②]。江東曰咨，此亦如聲之轉也[③]。沅澧之間澧水今在長沙。音禮。凡相問而不知，答曰諫；使之而不肯，答曰盲。音茫，今中國語亦然。粃，不知也。今淮楚間語呼聲如非也。

【校箋】

①諫，原本《玉篇》引同。宋本《玉篇》作諫，云“不知也”，或作諫。戴本據宋本《玉篇》改作諫。

②“癡眩”，戴本據曹毅之本作“癡眩”。案：原本《玉篇》諫猪飢、丑利二反，宋本《玉篇》丑脂、丑利二切。戴校是也。

③如，戴改作知，非。盧改作癡，謂：“癡字俗作痴，筆畫脫誤故訛爲如。”案：原本《玉篇》引亦誤作如。

1b.6　煤，火也。呼隗反。楚轉語也，猶齊言燬火也。音毀。

2a.7　㥠、無寫,憐也。皆□□之代語也^①。音蔚。沅澧之原凡言相憐哀謂之㥠^②,或謂之無寫。江濱謂之思。濱,水邊也。皆相見驩喜有得亡之意也^③。九嶷^④湘潭之間謂之人兮。九嶷,山名,今在零陵營道縣。

【校箋】

①原闕二字,戴本據《永樂大典》本作“南鄙”。盧稱曹毅之本同。

②原本《玉篇》兮下引本文無言字。

③原本《玉篇》兮下引“驩喜”作“懽憙”,音義同。

④原本《玉篇》兮下引作疑。

2a.8　婬、魚踐反。媣、音策。鮮,好也。南楚之外通語也。

2a.9　囒哰、闌牢二音。謰謱,上音連,下力口反。拏也。言諸拏也。奴加反。東齊周晉之鄙曰囒哰,囒哰亦通語也。平原人好囒哰也^①。南楚曰謰謱,或謂之支註,支之豉反,註音注。或謂之詀謕,上託兼反,下音啼。轉語也。拏,揚州會稽之語也。或謂之惹,言情惹也。汝邪反,一音若。或謂之諈。言諈諉也。

【校箋】

①好字蓋呼字之誤。

2b.10　戫、嗇,貪也。謂慳貪也。音懿。荆汝江湘之郊凡貪而不施謂之戫^①,亦中國之通語。或謂之嗇,或謂之悋。悋,恨也。慳者多惜恨也^②。

【校箋】

①“荆汝江湘”,《玄應音義》卷二十三引同。《慧琳音義》卷十六引作“荆湘汝鄙”。

②“惜恨”，原作“情恨”，戴盧兩家據曹毅之本作“惜恨”，是也。《慧琳
　音義》卷十六引此注作“慳吝多惜也”。《玄應音義》卷二十三“慳吝”
　條云：“堅著多惜曰吝。”據此可證情爲惜字之訛。今改正。

2b.11　遥、宛，淫也。九嶷荆郊之鄙謂淫曰遥①，言心遥蕩也。沅湘
之間謂之宛。窈宛，冶容②。

【校箋】

①盧氏云：“郊字疑是郢字之誤。”
②冶原作治，今從戴本改作冶。

2b.12　潛、涵，沉也。楚郢以南曰涵，音含，或古南反。或曰潛。潛
又遊也。潛行水中，亦爲游也。

3a.13　冢、安，靜也。江湘九嶷之郊謂之冢①。

【校箋】

①盧氏所見曹毅之本冢下有注文“音寂”二字。

3a.14　拌，棄也。音伴，又普槃反。楚凡揮棄物謂之拌，或謂之敲。
恪校反。今汝潁間語亦然。或云撖也。淮汝之間謂之伇①。江東又呼撖音鷹，
又音狗音豹②。

【校箋】

①《廣雅·釋詁一》：“拌、墩、投，棄也。”此伇字戴氏據《廣雅》改作投。
②此注有訛誤，戴氏改作“江東又呼撖，音鷹，又音掊”。案：《廣韻》陷韻
　於陷切掊下云：“吴人云抛也。”《集韻》陷韻掊下云：“弃也，吴俗云。”

3a.15　諑，愬也^①。諑、譖亦通語也。楚以南謂之諑。

【校箋】

①愬，原本《玉篇》諑下引作訴。

3a.16　戲、泄，歇也。楚謂之戲音義^①。泄。奄，息也。楚揚謂之泄。

【校箋】

①“音義”，戴本作“音羲”。案：《廣雅·釋詁二》“戲、歇，泄也”，曹憲戲音愁一反。

3a.17　攓，取也。音蹇，一曰騫^①。楚謂之攓。

【校箋】

①注文盧本作“音蹇，一音騫”，並云：“宋本作‘音蹇，一曰騫’。案：‘音蹇’與卷一內音合。下當作‘一音騫’。”

3b.18　晞、曬，乾物也。揚楚通語也。晞音霏^①，亦皆北方常語耳。或云睎。

【校箋】

①“音霏”，戴氏從曹毅之本作“音費”。案：《集韻》微韻霏紐晞下云：“《方言》：‘晞、曬，乾物也。’”是《集韻》所據《方言》亦作“音霏”。《廣雅·釋詁二》“晞，曝也”，曹憲音拂。

3b.19　萃，猝也^①。謂倉卒也。音斐。江湘之間凡卒相見謂之萃相見，或曰突。他骨反。

【校箋】

①猝，戴本作卒。

3b.20　迹迹、屑屑，不安也。_{皆往來之貌也。}江沅之間謂之迹迹。秦晉謂之屑屑，或謂之塞塞，或謂之省省，不安之語也。

3b.21　瀾沭^①、_{音閱。}征伀，遑遽也^②。江湘之間凡窘猝怖遽謂之瀾沭，_{喘嗒貌也。}或謂之征伀^③。

【校箋】

①沭原作沭，下同。今據戴本改正。

②《玄應音義》卷十三、卷十九、卷二十引遑作惶，音義同。

③《玄應音義》卷十三、卷十九、卷二十引“征伀”作“怔忪”，音義同。

4a.22　翥，舉也。_{謂軒翥也^①。}楚謂之翥。

【校箋】

①《廣雅·釋詁一》“翥，舉也”，曹憲音曰：“《方言》爲署音。”又同書《釋詁三》“翥，飛也”，曹憲音曰：“諸忿。《方言》音曙。”據是則此注文內當有“音署”或“音曙”二字。

4a.23　忸怩，慙澀也。_{澀猶苦者^①。}楚郢江湘之間謂之忸怩，或謂之脅咨。_{子六、莊伊二反。}

【校箋】

①盧云：“者，疑本作也。”

4a.24　垤、封，場也。楚郢以南蟻土謂之垤^①。垤^②，中齊語也。

【校箋】

①垤，戴本作封，云：“‘謂之封’，各本訛作‘謂之垤’，《太平御覽》及吳

淑《事類賦》注引《方言》'楚郢以南蟻土謂之封',據以訂正。"案:《玄應音義》卷十九引本文作"楚鄭以南蟻土謂之垤。垤亦中齊語也",則玄應所據亦作垤。

②《玄應音義》卷十九引垤下有亦字。

4a.25 謫^①,過也。_{謂罪過也。音賾,亦音適。罪罰也。}南楚以南凡相非議人謂之謫,或謂之眻。_{血脈。眻,又慧也。}今名點鬼眻^②。

【校箋】

①原本《玉篇》謫下云:"《方言》曰:'南楚之南凡相非議謂之謫。'"謫字作讁。

②戴本注作"今名點爲鬼眻",此脱爲字。《文選·潘岳〈射雉賦〉》徐爰注引《方言》注曰:"俗謂點爲鬼脈。"戴氏據以補爲字,是也。

4a.26 膊,兄也。_{此音義所未詳^①。}荆揚之鄙謂之膊,桂林之中謂之貓。

【校箋】

①注文盧本移置正文"謂之貓"下,"此"又作"皆"。

4b.27 謇^①、極,吃也。_{楚語也。亦北方通語也。}或謂之軋,_{鞅軋,氣不利也^②。烏八反。}或謂之澀。_{語澀難也。今江南又名吃爲嗫^③,若葉反^④。}

【校箋】

①原本《玉篇》引字作謇,云"《聲類》作謇"。《玄應音義》卷七、卷十九、卷二十一引並作謇。

②原本《玉篇》"軋,烏黠反",注云:"《方言》'楚或謂吃爲块軋',郭璞曰:

‘块軋,不利也。’”靰作块。

③嘆,《御覽》卷七四〇引字作喋。

④ “若葉反”,戴本同,盧本從曹毅之本作“苦葉反”。案:《集韻》葉韻
　　“喋,去劫切”,注云:“江南謂吃爲喋。”苦葉、去劫音同。

4b.28　啙①、昨啓反。窳,蒲揩反②。短也。江湘之會謂之啙。凡物
生而不長大亦謂之鮆,又曰瘠。今俗呼小爲瘠。音薺菜。桂林之中謂短窳③。
言窳偕也④。窳,通語也。東陽之間謂之府⑤。言俯視之,因名云。

【校箋】

①啙,《初學記》及《御覽》卷三七八引並作鮆。戴云:“啙字兩見,以下
　　云‘亦謂之鮆’證之,皆應作鮆。”

②揩,戴本作楷,是也。《萬象名義》窳音菩楷反,與郭注音同。

③短下疑脱曰字。

④ “窳偕”,戴氏據《廣韻》改作“窳㨭”,是也。案:《御覽》卷三七八引
　　不誤。窳㨭疊韻,錢繹改作窳雄,非。

⑤ “東陽”,《御覽》引作“東揚”,當據正。下文 33 節云“東揚之郊”,名
　　稱與此相同。

4b.29　鉗、鉗害,又惡也①。疲、疲怰,惡腹也。妨反反。憋,憋怤,急性也。
妨減反。惡也。南楚凡人殘罵謂之鉗,殘猶惡也。又謂之疲。

【校箋】

①《廣雅・釋詁三》“鉗,惡也”,王氏疏證引本文注作“口惡也”。案:《荀
　　子・解蔽篇》云:“彊鉗而利口。”《家語・五儀解》云:“無取捷捷,無取
　　鉗鉗,無取哼哼。捷捷,貪也;鉗鉗,亂也;哼哼,誕也。”據是鉗爲口
　　惡甚明。

4b.30　癡，騃也①。吾駭反。揚越之郊凡人相侮以爲無知謂之眲②。諾革反。眲，耳目不相信也。因字名也。或謂之䏊。䏊卻。䏊，頑直之貌③，今關西語亦然。

【校箋】

① 此條原與上文連寫爲一節，此從戴本。

② 《列子·力命篇》注引本文“揚越之郊”作“揚越之間”、“凡人相侮”作“凡人相輕侮”。

③ 注“䏊卻”，盧氏定爲郭氏爲䏊字注音。又注“䏊，頑直之貌”，䏊上疑脱媕字。《列子·力命篇》云：“巧佞、愚直、媕䏊、便辟四人相與游於世，胥如志也。”注云：“媕䏊，不解悟之貌。”

5a.31　悃、充衣。愁、音教。頓愍，惽也。謂迷昏也。楚揚謂之悃，或謂之愁。江湘之間謂之頓愍，頓愍猶頓悶也。或謂之氐惆。丁弟、丁牢二反。南楚飲毒藥懑謂之氐惆①，亦謂之頓愍，猶中齊言眠眩也。愁恚憒憒、毒而不發謂之氐惆。氐惆猶懊憹也。

【校箋】

① “飲毒藥懑”，當爲“飲藥毒懑”之誤。本書卷三云：“凡飲藥傅藥而毒，南楚之外謂之瘌。”毒者苦也。

5b.32　悦、舒，蘇也。謂蘇息也。楚通語也。

5b.33　眠娗、莫典、塗殄二反。脈蜴、音析。賜施、輕易。茭媞、恪校、得懈二反。譠謾、託蘭、莫蘭二反。憛忚①，麗醯二音。皆欺謾之語也。楚郢以南東揚之郊通語也。六者亦中國相輕易蚩弄之言也。

【校箋】

①原本《玉篇》謫下云:"《方言》:'謫惏,欺慢之語也……'《埤蒼》爲懢字。"是顧野王所據《方言》懢作謫。

5b.34　顤、顙、顔,頯也。湘江之間謂之顤①,今建平人呼顙爲顤。音旗裒。中夏之謂顙,東齊謂之顙,汝穎淮泗之間謂之顔②。

【校箋】

①"湘江",當作"江湘"。《御覽》卷三六四引不誤。盧本作"江湘",是也。《玉篇》顤下引作"江淮"。

②"汝穎淮泗",《御覽》引作"河濟淮泗"。

5b.35　頜、頤,領也①。謂領車也。南楚謂之頜,亦今通語爾。秦晉謂之領。頤,其通語也。

【校箋】

①《廣雅·釋親》"頜、頤,領也",與此相同。《玉篇》頜下引本書作"頜、頤,領也",《玄應音義》卷一引同。

6a.36　紛怡,喜也。湘潭之間曰紛怡,或曰巸巳①。嬉怡二音。

【校箋】

①"巸巳",《玄應音義》卷七、卷二十五及《慧琳音義》卷九引並作"熙怡",音義同。

6a.37　澌,或也。沇醩。沅澧之間凡言或如此者曰澌如是。亦此憖聲之轉耳①。

【校箋】

①“亦此憨”，戴云：“當是‘亦言憨’。”

6a.38　愮、療，治也。江湘郊會謂醫治之曰愮。俗云厭愮病。音曜。愮又憂也。博異義也。或曰療。

6a.39　耑、凶位反。莽，嫫母①。草也。東越揚州之間曰耑②，南楚曰莽。

【校箋】

①母下原有反字。此讀莽音如“嫫母”之嫫，盧本刪反字，是也。今據正。

②“東越揚州之間”，《慧琳音義》卷十八引作“吳揚海岱之間”，卷二十七引作“東越吳揚之間”，文字與今本小異。

6b.40　佹鰥、佹音良悴，鰥音魚鰥。乾都、音干。耇、音姤。華，老也。皆老者皮色枯瘁之形也。皆南楚江湘之間代語也。凡以異語相易謂之代也。

6b.41　扺、捶祕①。扰，都感反，亦音甚。推也②。南楚凡相推搏曰扺，或曰扱。苦骨反。沄涌潫幽之語。澬水今在桂陽，音扶；涌水今在南郡華容縣也。或曰攩。今江東人亦名推爲攩，音晃。

【校箋】

①注“捶祕”，戴本作“神祕”，盧氏則據《列子·黃帝篇》“攩扺挨扰”之文改作“攩扺”。王國維云：“《文選·西京賦》‘徒搏之所撞扺’，是‘捶祕’乃‘撞扺’之訛，捶撞一字也。”

②推，錢繹改作椎，誤。

6b.42　食閻①，音鹽。慫慂，上子竦反，下音涌。勸也。南楚凡己不欲喜而旁人説之、不欲怒而旁人怒之謂之食閻，或謂之慫慂。

【校箋】

①“食閻”當與“慫慂”同爲疊韻字，故朱駿聲《説文通訓定聲》謂食字爲僉字之訛，足備一説。

7a.43　欸、音醫，或音塵埃。譺，兒騃。然也。南楚凡言然者曰欸①，或曰譺。

【校箋】

①原本《玉篇》“譺”於題反，注引本書“南楚凡言然曰譺”，然下無者字。

7a.44　緤①、末、紀，緒也。南楚皆曰緤，音薛。或曰端、或曰紀、或曰末，皆楚轉語也。

【校箋】

①原本《玉篇》“緤”思列反，注云：“《方言》：‘緤，緒也。南楚曰緤。’”緤均作緤。

7a.45　睽、音揆。矘、音麗。矙、眮、勑纖反。占、伺①，視也。凡相竊視南楚謂之矙，或謂之睽、或謂之眮、或謂之占、或謂之矘。矘，中夏語也。亦言眯也②。矙，其通語也。自江而北謂之眮，或謂之覗③。凡相候謂之占，占猶瞻也。

【校箋】

①伺，盧本據下文改作覗。

②眯，戴本改作瞇，云：“各本訛作眯，今訂正。瞇矘一聲之轉。《玉篇》

'瞑,視也'。"

③《慧琳音義》卷二十、卷二十三引並作伺。

7b.46　魋、惡孔反。穠、奴動反。瘷,多也。南楚凡大而多謂之魋,
或謂之穠。凡人語言過度及妄施行,亦謂之穠。

7b.47　抯、粗黎。攎,仄加反①。取也。南楚之間凡取物溝泥中謂之
抯②,或謂之攎③。

【校箋】

①　"仄加反",原作"以加反",戴本據《玉篇》改作"仄加反",是也。《集
　　韻》攎音莊加反,與《玉篇》音同。

②抯,原訛作粗,據上文改。

③攎,原訛作樐,據上文改。

7b.48　伇、音況。僄,飄零。輕也。楚凡相輕薄謂之相伇,或謂之
僄也。

輶軒使者絶代語釋別國方言第十一

1a.1　蚗蛂,蚗音折;蛂于列反,一音玦。齊謂之蟋蟀,奚鹿二音。楚謂之蟪蛄,《莊子》曰"蟪蛄不知春秋也"。或謂之蛉蛄,音零。秦謂之蚗蛂。自關而東謂之虭蟧,貂料二音①。或謂之蝭蟧、音帝②。或謂之蜓蚞,廷木二音。西楚與秦通名也。江東人呼螗蟧。

【校箋】

①料,盧本作聊,料聊音同。

②"音帝",戴本作"音啼",案:《廣韻》蝭有啼帝二音。

1a.2　蟬,楚謂之蜩,音調。宋衛之間謂之螗蜩。今胡蟬也,似蟬而小,鳴聲清亮,江南呼螗蛦①。陳鄭之間謂之蜋蜩,音良。秦晉之間謂之蟬,海岱之間謂之蛚。齊人呼爲巨蛚,音技。其大者謂之蟧,或謂之蝒馬;按:《爾雅》云"蝒馬者蜩"②,非別名蝒馬也,此《方言》誤耳。其小者謂之麥蚻。如蟬而小,青色③。今關西呼麥蠽④,音癭癗之癗。有文者謂之蜻蜻,即蚻也,《爾雅》云耳。其雌蜻謂之心⑤,祖一反。大而黑者謂之蟧,音棧。黑而赤者謂之蜺。雲霓。蜩蟧謂之蠚蜩⑥。江東呼爲蠚蠽也。蟧謂之寒蜩⑦,寒蜩,瘖蜩也⑧。按:《爾雅》以蜺爲寒蜩,《月令》亦曰"寒蜩鳴⑨",知寒蜩非瘖者也。此諸蟬名通出《爾雅》而多駮雜,未可詳據也。寒蜩,蜺也,似小蟬而色青⑩。蟧音應。

【校箋】

①《御覽》卷九四四引呼下有爲字。

②戴本作“按:《爾雅》‘蝒者馬蜩’”,與《御覽》卷九四四引合。

③“青色”二字,戴本作“音札”。案:《爾雅·釋蟲》“蟦,茅蜩”,郭注云: “江東呼爲茅截,似蟬而小,青色。”則“青色”二字似不可少。

④《御覽》引呼下有爲字。

⑤《御覽》引蟧下無蜻字。尐原作疋,戴本改作尐,是也。《玉篇》“蚭” 子栗切,注云:“蜻蚭也。”與尐同。

⑥此句戴本別爲一條。由下文郭注“此諸蟬名通出《爾雅》”一語可知 原與上文爲一節。

⑦此句以下戴本亦別爲一條。

⑧瘖,《玉燭寶典》卷七及《御覽》卷九四四引均作閣,下注文同。案:《廣 雅·釋蟲》字亦作閣。

⑨“寒蜩鳴”,《玉燭寶典》引作“寒蟬鳴”。

⑩“似小蟬而色青”,盧本據曹本作“似蟬而小,色青”。案:《爾雅·釋蟲》 “蜺,寒蜩”,郭注云:“寒螿也。似蟬而小,色青赤。”又《玉篇》蟬下云: “寒蜩也,似蟬而小。”據此可證盧本是也。

1b.3　蚧詣謂之杜蛒①。音格。螻蛭謂之螻蛄,音室塞②。或謂之蟓蛉。 象鈴二音。南楚謂之杜狗,或謂之蛞螻。

【校箋】

①“蚧詣”,盧氏從曹本作“蚧諸”。案:《集韻》模韻蚧下引作“蚧諸”。

②室原作室,戴本作室,是也。今據改。

2a.4　蜻蜓,即趨織也①。精列二音。楚謂之蟋蟀,或謂之蚕。梁國呼蛬②,音鞏。南楚之間謂之蚝孫③。孫一作絲。

【校箋】

①趨當作趣。《詩・蟋蟀》陸璣疏云："蟋蟀,幽州人謂之趣織。"《文選・古詩》云："趣織鳴東壁。"是其證也。

②"梁國",原作"梁園",今據戴本改。《禮記・月令》正義引孫炎注云："蟋蟀、蜻蛚,梁國謂之蛬。"

③蚝,《周禮・考工記》正義及《玉燭寶典》卷六引均作王,陸璣《毛詩草木魚蟲疏》亦云："楚人謂之王孫。"

2a.5　螳蜋謂之髦,有斧蟲也。江東呼爲石蜋,又名齕肬①。或謂之虰,按:《爾雅》云"螳蜋,蛑",虰義自應下屬②,《方言》依此説,失其指也。或謂之蚸蚱③。

【校箋】

①"齕肬",《廣雅・釋蟲》同,戴本改作"齕朧",非也,詳王氏《廣雅疏證》。《呂氏春秋・仲夏紀》高誘注云："螳蜋一曰天馬、一曰齕疣。"肬作疣。

②虰原作虰,戴本作虰,是也。《御覽》卷九四六引不誤。

③蚸當作蚱,《集韻》母婢切。

2a.6　姑螿謂之强蚸①。米中小黑甲蟲也。江東名之蛃②,音加。建平人呼芈③子,音羋,芈即姓也④。

【校箋】

①《爾雅・釋蟲》"蛄螿,强蚸",姑字作蛄,《説文》螿下同。

②戴本作"江東謂之蛃"。《御覽》卷九四九引作"江東謂之蛃螿也"。

③《爾雅・釋蟲》疏引作蚸,戴本不誤。

④ “音芊”下《爾雅》疏引作“音楚姓芊之芊”。

2a.7　蟒，即蝗也。莫鯁反。宋魏之間謂之蚨，音貸。南楚之外謂之蟅蟒，蟅音近詐，亦呼蚨蛨。或謂之蟒，或謂之艫。音滕。

2b.8　蜻蛉謂之蝍蛉。六足四翼蟲也。音靈。江東名爲狐黎，淮南人呼蟑蚲。蟑音康，蚲音伊。

2b.9　舂黍謂之䗥蝑。䗥音藂①，蝑音壤沮反②。又名蚣䗥，江東呼蚨蛨③。

【校箋】

① “音藂”，盧氏據曹毅之本作“音蔆”，誤。案:《萬象名義》蚣音才公反，《爾雅》釋文音才東反，並與藂字同音。

② “壤沮反”，戴氏改作“牆沮反”，盧氏據曹毅之本作“思沮反”。案:注文不當有反字，蝑，郭音壤沮之沮也。《詩·螽斯》釋文及《爾雅·釋蟲》釋文並云“蝑，郭璞音才與反”，才與反即音沮。《集韻》語韻在呂切沮下云“壤也”，又同紐䗥下云“蟲名，《方言》‘舂黍謂之䗥蝑’”，䗥即蝑字之誤。據此可證郭讀蝑與沮同音。

③《詩·螽斯》釋文引此注蛨作蜢。

2b.10　蟅蜥謂之蚚①蠖。即蹠二音。蠖烏郭反，又呼步屈②。

【校箋】

①《文選·潘尼〈贈王元貺詩〉》李善注、《玄應音義》卷二及《御覽》卷九四八引並作尺。

②《御覽》引注“步屈”下有“其色青而細小，或在草木葉上，今蜾蠃所負爲子者”二十字。

2b.11　蠭^①,燕趙之間謂之蠓螉。蒙翁二音。其小者謂之蠮螉^②,小細腰蠭也。音鯁喝。或謂之蚴蜕。幽悦二音^③。其大而蜜謂之壺蠭^④。今黑蠭穿竹木作孔亦有蜜者,或呼笛師。

【校箋】

①蠭,戴本作蠭。《紺珠集》引同。

②蠮,盧本改作蠮,是也。《爾雅·釋蟲》"果蠃,蒲盧",郭注云:"即細腰蠭也,俗呼爲蠮螉。"蠮從虫從緊。又《慧琳音義》卷七十六及《爾雅》疏引本文亦作蠮,當據以訂正。

③悦,盧氏據曹毅之本作税。

④盧氏據曹毅之本蜜下增者字。《御覽》卷九五引本文作"其大有蜜"。

3a.12　蠅,東齊謂之羊。此亦語轉耳。今江東人呼羊聲如蠅。凡此之類皆不宜別立名也。陳楚之間謂之蠅。自關而西秦晉之間謂之蠅^①。

【校箋】

①蠅,戴本改作羊,非。《慧琳音義》卷四十一引《方言》云:"陳楚秦晉之間謂之蠅,東齊謂之羊。"又卷五十一引《方言》云:"陳楚之間自關而西秦晉之間謂之蠅,東齊謂之羊。郭璞曰:'此語轉不正耳。今江東人呼羊聲如蠅。凡如此比,不宜別立名也。'"據此,則作蠅不誤。

3a.13　蚍蜉,毗浮二音,亦呼螘蜉。齊魯之間謂之蚼蟓,駒養二音。西南梁益之間謂之玄蚼^①,《法言》曰"玄駒之步"是。燕謂之蛾蜋。蟻養二音。建平人呼蚳,音侈。其場謂之坻,直尸反。或謂之蛭。亦言冢也。

【校箋】

①蚼,《玉燭寶典》卷十二引作駒。

3a.14　蟓蟷謂之蟥。翡翠反①。自關而東謂之蝤蠐②，猶餐兩音③。或謂之蚤蠣，書卷。或謂之蝖螇。亦呼當齊④，或呼蚭蜑⑤，或呼蟥蝖。喧斛兩音。梁益之間謂之蛒，音格。或謂之蝎，或謂之蛭蛒。音質。秦晉之間謂之蠹，或謂之天螻。按：《爾雅》云“蝎，天螻”，謂螻蛄耳，而《方言》以爲蝎，未詳其義也。四方異語而通者也。

【校箋】

①“翡翠”下不當有反字，戴本刪，是也。《御覽》卷九四八引不誤。

②《詩·碩人》正義引孫炎《爾雅注》云：“蟓蟷謂之蟥蠐，關東謂之蝤蠐，梁益之間謂之蝎。”孫炎所云當即本於《方言》，而“蝤蠐”作“蟥蠐”，字有不同。

③猶，《御覽》卷九四八引作酋，是也。戴本不誤。

④錢繹云：“當字疑曹字之訛。即司馬彪之所謂‘蠐蟥’也。”

⑤“蚭蜑”，戴本據《廣雅》作“地蠶”。

3b.15　蚰蜒，由延二音。自關而東謂之蟥蜒，音引。或謂之入耳，或謂之蜄蠋①。音麗。趙魏之間或謂之蚨虶。扶于二音。北燕謂之蚭蚭。蚭奴六反，蚭音尼。江東又呼蜒，音鞏。

【校箋】

①《慧琳音義》卷三十二引《方言》云：“蚰蜒，自關而東謂之蟥蜒，關西謂之蚰蜒。”又卷三十八引云：“自關而東宋魏之間謂之蟥蜒，梁宋已東謂之入耳。”並與今本有異。

3b.16　鼅鼄，知株二音。鼄蟊也。音無。自關而西秦晉之間謂之鼄蟊。今江東呼蝃蟊，音掇。自關而東趙魏之郊謂之鼅鼄，或謂之蠁蝓。燭臾二音。蠁蝓者，侏儒語之轉也。北燕朝鮮洌水之間謂之蟏蛸。齊人又呼社公,亦言罔公[①]。音毒餘。

【校箋】

①“罔公”,原作“周公”。案:《廣雅·釋蟲》云:“罔公,蟷蜋也。”戴氏據
　《廣雅》改作“罔公”,是也。《御覽》卷九四八及《爾雅·釋蟲》邢疏引
　均作罔。今據正。

4a.17　蜉蝣,浮由二音。秦晉之間謂之蝶蟝。似天牛而小,有甲角出糞
土中,朝生夕死。

4a.18　馬蚿,音弦。北燕謂之蛆蝶。蛈蛆。其大者謂之馬蚰。音逐。
今關西云[①]。

【校箋】

①日本釋中算《妙法蓮華經釋文》卷中《譬喻品》“百足”條引麻杲《切
　韻》云:“《博物志》:‘馬蚿一名百足。’郭璞注《方言》云:‘關西謂之
　馬蝬。’”據此,今本郭注“關西云”下疑脱“馬蝬”二字。

輶軒使者絕代語釋別國方言第十二

1a.1　爰、嗳，哀也。嗳，哀而恚也。音段^①。

【校箋】

①段原作叚，案：《廣雅·釋詁二》"爰、嗳，恚也"，曹憲云："嗳音呼館、虎元二反，《方言》音段。"此音段，叚即段字之訛。盧氏云："宋本作'音喚'。"謂曹毅之本如此。

1a.2　儒輸，愚也。儒輸猶儒撰也^①。

【校箋】

①注文"儒撰"，戴氏據《荀子·修身篇》楊倞注引本書改作"懦撰"。

1a.3　恀、諒，知也。

1a.4　拊、撫，疾也。謂急疾也。音府。

1a.5　菲^①、怒，悵也。謂惋惆也。音翡。

【校箋】

①菲，盧氏所據宋本作蕜，與《廣雅·釋詁三》合。

1a.6　鬱、熙[①]，長也。<small>謂壯大也。音怡。</small>

【校箋】

　①熙，戴氏據《廣雅·釋詁二》作㷀。

1a.7　㛳、孟，姉也。<small>《外傳》曰"孟啖我"是也。今江東山越間呼姉聲如市，此因字誤遂俗也。㛳音義未詳。</small>

1b.8　築娌，匹也。<small>今關西兄弟婦相呼爲築里[①]，度六反[②]。《廣雅》作妯。娌，耦也[③]。</small>

【校箋】

　①"築里"，戴本作"築娌"，是也。

　②"度六反"，盧氏從曹毅之本作"直六反"。

　③"娌，耦也"原提行別爲一條，今從盧本與上連寫。

1b.9　礦、裔，習也。<small>謂玩習也[①]。音盈。</small>

【校箋】

　①玩，原本《玉篇》礦下引作翫。

1b.10　躔、<small>度展反。</small>逡，<small>逡巡。</small>循也。

1b.11　躔、歷，行也。<small>躔猶踐也。</small>日運爲躔，月運爲逡。<small>運猶行也。</small>

1b.12　逭、<small>音换，亦管。</small>道，<small>陽六反。</small>轉也。逭、道，步也。<small>轉相訓耳。</small>

1b.13　　爨、虞,望也。今云烽火是也。

2a.14　　榆、楕①,脱也。

【校箋】

①“榆、楕”二字,戴氏依《廣雅·釋詁四》改作“揄、擆”。《文選·枚乘〈七發〉》云“揄弃恬怠”,李善注引《方言》“揄,脱也”,字亦作揄。此從木作榆,誤。又此楕字亦當從扌作擆,《萬象名義》手部“擆,弋捶反”,注云“棄也”。

2a.15　　解、輸,挩也①。挩猶脱耳。

【校箋】

①挩,戴本作捝,注同,云:“挩乃侏儒柱,不與脱通。《説文》云‘捝,解捝也’,《廣韻》捝字注云‘或作脱’,今據以訂正。”

2a.16　　賦、與,操也。謂操持也。

2a.17　　滆①、音鹿。歇,泄氣。涸也。謂渴也。音鶴。

【校箋】

①滆,《慧琳音義》卷三十六引作漉。

2a.18　　澈、妨計反①。澂,音澄。清也。

【校箋】

①“妨計反”,盧氏據曹毅之本作“匹計反”。

2a.19　逯、_{音鹿，亦録。}遡，_{音素。}行也。

2a.20　墾、牧，司也。墾，力也。_{耕墾用力[1]}。

【校箋】

①注文《慧琳音義》卷四十四引作“謂耕墾用力者也”。

2a.21　牧，飲也。_{謂放飲牛馬也[1]}。

【校箋】

①《玄應音義》卷三及《慧琳音義》卷九引注並作“謂牧養牛馬也”。今本放字疑爲牧字之訛。

2b.22　監、牧，察也[1]。

【校箋】

①《玄應音義》卷五、卷七兩引《方言》“督，察也”。今本此條無督字，蓋脱。

2b.23　奞，始也。奞，化也。_{別異訓也。音歡。}

2b.24　鋪、脾，止也。_{義有不同，故異訓之[1]。鋪，妨孤反。}

【校箋】

① “義有不同，故異訓之”，此句義無所承，疑本在上條“別異訓也”之下，誤竄於此。

2b.25　攘、掩，止也。

2b.26　幕,覆也。

2b.27　侗、他動反。胴,挺桐。狀也。謂形狀也。

2b.28　尐^①、杪,小也。樹細枝爲杪也。

【校箋】

①尐原作疋。案:《廣雅·釋詁二》"杪、尐,小也",尐,曹憲音子列反。此疋字即尐字之訛,參卷十一 1a.2 校箋 5,戴氏據《廣雅》改作尐,是也。

2b.29　屑、往,勞也。屑屑往來,皆劬勞也。

3a.30　屑、怚,王相。獪也。市儈。

3a.31　效^①、音皎。烓,口類反^②。明也。

【校箋】

①效,盧本從曹毅之本作皢,是也。《慧琳音義》卷八引作皎,皢皎音義並同。
②劉台拱云:"烓,《玉篇》《廣韻》止有口迥、烏圭二切,曹憲注《廣雅》有烏攜、烏缺、圭惠、口井凡四音,此口類反當是口頴反之誤。"

3a.32　湊、將,威也。

3a.33　嫣、居僞反^①。姃,音挺。傿也^②。爛傿健狡也。博丹反。

【校箋】

① "居僞反",戴本同;盧本作 "居爲反"。

② 㑺,戴改作傷,與郭注 "博丹反" 相應。案:《萬象名義》姃下云 "慢也",
蓋本《方言》。

3a.34　儇、婐,譞也。謂惠黠也^①。莫錢反。

【校箋】

①惠,戴改作慧。劉台拱云:"惠即慧之假借。"

3a.35　佻^①,疾也。謂輕疾也。音糶。

【校箋】

①佻上錢繹補儇字,云:"《荀子·非相篇》云 '鄉曲之儇子',楊倞注引
《方言》:'儇,疾也,慧也。' 左思《吳都賦》'儇佻坌並',劉逵注引《方
言》:'儇、佻,疾也。' 張衡《南都賦》'儇才齊敏',李善注引《方言》:
'儇,急疾也。' 是今本脫儇字。今據以補正。"

3a.36　鞅、侼,強也。謂強戾也。音敎。

3a.37　鞅、侼,懟也。亦爲怨懟。鞅猶怏也。

3b.38　追、末^①,隨也。

【校箋】

①末,戴本作末,云:"《廣雅》'追、末、隨,逐也',義本此,今據以訂正。"

3b.39　斂、怚，劇也。謂勤劇。音驕怚也。

3b.40　斂，夥也。斂者同，故爲多①。音禍。

【校箋】

①多，戴改作夥。

3b.41　夸、烝，婬也①。上婬爲烝②。

【校箋】

①婬，《玉篇》誇下引作淫。
②烝，戴本改作烝。

3b.42　毗、顡，瀕也。謂憒滿也①。音頻。

【校箋】

①“憒滿”，戴盧兩家均作“憒瀕”，與《玉篇》合。

3b.43　瀅、激，清也。

3b.44　紓、退，緩也。謂寬緩也。音舒。

3b.45　清、躡，急也。

4a.46　抒①、抒井②，廐③，胡計反。解也。

【校箋】

①抒原作杼，今依戴本改。案：《廣雅·釋詁一》云：“紓、蔵、逞，解也。”

原本《玉篇》“紓,始居反”,注云:“《方言》:‘紓,解也。’”字並作紓。

《慧琳音義》卷八十一引同。

②“抒井”,原作“杼井”,今依戴本改。盧氏所見曹毅之本作“抒澳”,

盧氏謂澳爲渫字之誤。

③廝,戴本作瘜。又錢繹據《左傳·宣公十七年》正義於瘜下補正文

豸字。

4a.47　箴、逞,解也。箴訓勑,復言解,錯用其義。音展。

4a.48　柢①、柲②,刺也。皆矛戟之穜,所以刺物者也。音觸抵。

【校箋】

①柢,戴氏據《廣雅·釋詁一》改作抵。案:《慧琳音義》卷三十四引亦

從手。依郭注“矛戟之穜”一語,似郭本從木,不從手。

②柲,《廣雅·釋詁一》云“柲,刺也”,字作柲。

4a.49　倩、茶,借也。茶猶徒也。

4a.50　懯朴,猝也。謂急速也。劈歷、打撲二音。

4a.51　麋、棃,老也。麋猶眉也。

4a.52　萃①、離,時也②。

【校箋】

①萃,《廣雅·釋詁二》云“崒,待也”,字作崒。

②時,《廣雅·釋詁二》云“崒、離,待也”,戴氏據《廣雅》改作待。

4a.53   漢、赫①,怒也。赫,發也②。

【校箋】

①赫原作苶,苶即赫字。

②"赫,發也",原別爲一條,此從戴本與上文連寫。

4b.54   誇、呼瓜反。吁,然也。音于。皆應聲也①。

【校箋】

①皆,原本《玉篇》誇下引作亦。

4b.55   猜、价,恨也。

4b.56   艮、磑,堅也。艮、磑皆石名物也①。五碓反。

【校箋】

①注文戴本作"艮、磑皆名石物也"。戴氏云:"《易·説卦》'艮爲小石',
　《説文》'磑,䃺也',故注云'艮、磑皆名石物也'。石字各本訛在名上,
　今訂正。"案:原本《玉篇》"磑"午衣、公衣二反,注云:"《方言》'磑,
　堅也',郭璞曰:'石物堅也。'"與今本文字有異。

4b.57   炎①、眼,明也。炎光也。音淫。

【校箋】

①炎,《廣雅·釋詁四》"炗,明也",字作炗,曹憲音淫。戴氏據《廣雅》
　改作炗,是也。《玉篇》炗音從甘反,是此字有兩讀,猶潭音覃,一音
　淫也,見卷十第2條。

4b.58　忕愉,悦也。忕愉猶呴愉也。音數。

4b.59　即、圍,就^①。即,半也。即一作助。

【校箋】

①戴氏於就下補也字,云:"《廣雅》'即,就也',《玉篇》云'圍,就也',《廣韻》'即,就也,半也',義皆本此。"

4b.60　惄、怵,中也。中宣爲忡^①。忡,惱怖意也。

【校箋】

①宣,戴本作宜,是也。

5a.61　幬、蒙,覆也。幬,戴也^①。此義之反覆兩通者,字或作幬^②,音俱波濤也。

【校箋】

①此原提行別爲一條,今從戴本與上文連寫。

②幬,戴本作燾,是也。《慧琳音義》卷八十二引《方言》云:"燾,戴也。"

5a.62　堪、輂,載也。輂舉亦載物者也^①。音釘鍋。

【校箋】

①舉,戴本作輿,是也。《漢書·五行志》"陳畚輂",注引應劭云:"輂,所以輿土也。"是輂即輿也。又原本《玉篇》輂下云:"《方言》'輂,載也',郭璞:'輂輿亦載物也。'"(見日人岡井慎吾氏《玉篇の研究》頁57)戴氏所改與之正合。

5a.63　摇、祖,上也。祖,摇也①。祖,轉也。互相釋也。動摇即轉矣。

【校箋】

①"祖,摇也"以及"祖,轉也"原爲二條,均提行别寫,與"摇、祖,上也"
　不連,今從戴本。

5a.64　括、關,閉也。《易》曰"括囊無咎"。音活①。

【校箋】

①活,戴本改作适,是也。《廣韻》末韻括音古活切,括适同音。

5a.65　衝、俶,動也。

5b.66　羞、厲,熟也。熟食爲羞。

5b.67　厲,今也①。

【校箋】

①戴云:"今當爲矜。《月令》'天子乃厲飾',鄭注云:'厲飾謂戎服,尚
　威武也。'《春秋·僖公九年》公羊傳'葵丘之會,桓公震而矜之',何
　休注云:'色自美大之貌。'厲與矜又皆爲危,《廣雅》'矜、厲,危也'。"
　錢繹則謂今疑當爲合,《廣雅》"繢、彌、厲,合也",並本《方言》。今與
　合形似之訛。

5b.68　備、該,咸也。咸猶皆也。

5b.69　噬,食也。

5b.70　噬,憂也。

5b.71　愋,悷也。謂悚悷也。

5b.72　虜、鈔,强也。皆强取物也。

5b.73　鹵,奪也。

6a.74　鑈,正也①。謂堅正也。奴俠反。

【校箋】

①洪頤煊《讀書叢録》卷九云:"正當作止。《易·姤》'繫于金柅',釋文:
　　'止也。子夏作鑈。'"

6a.75　蒔,殖①,立也。蒔,更也②。爲更種也③。音侍④。

【校箋】

①殖,戴氏據曹毅之本作植,誤。案:"植,立也"已見本書卷七第31。《慧
　　琳音義》卷一引《方言》"殖,種也",卷八十四引云"殖,立也",似不
　　當改殖爲植。《廣雅·釋詁四》"蒔、蒔、立也",字作蒔。

②"蒔,更也"原別爲一條,今從戴本與上文連寫。

③爲,戴氏據《文選·魏都賦》李善注引改作謂,是也。

④"音侍",盧本作"音恃",云:"俗本作'音侍',誤,今從宋本。"案:作
　　"音恃"者,字誤,《廣雅·釋詁四》"蒔,立也",曹憲音時志反,《廣韻》
　　《集韻》蒔俱音時吏切,均與侍同音,不得謂誤。侍爲禪母,恃爲澄
　　母,聲類有別,盧氏不察,往往如是,故具論之。

6a.76　髿①、尾、梢，盡也。髿，毛物漸落去之名。除爲反。尾，梢也。

【校箋】

①髿原作髻，戴氏改作髿，注同，云："髿，各本訛作髻，今訂正。《説文》云：'髿，髮隋也。'《廣韻》髿字注云：'髮落。直垂切。'亦作䯰。《廣雅》：'䯰、梢，盡也。'義本此。"今據戴本改正。

6a.77　殰、俔，傃也。今江東呼極爲殰，音劇①。《外傳》曰"余病殰矣"。

【校箋】

①"音劇"，戴氏據曹毅之本作"音喙"。錢繹云："蓋劇本爲俔字之音，非誤也。宋本作'音喙'，則喙下脱'俔音'二字。"

6a.78　鼀①、律，始也。音蛙。

【校箋】

①洪頤煊云："或云鼀當作鼀。"案：此説是也。《廣雅·釋詁一》"造，始也"，鼀造音近義通。

6a.79　蓐、臧，厚也。

6b.80　遵、遻，行也。遻遻，行貌也。魚晚反①。

【校箋】

①盧氏所見曹毅之本"魚晚反"作"魚偃反"，音同。

6b.81　饡、音携。餟，祭酹。餽也①。音愧。

【校箋】

①餽,《玄應音義》卷十一、卷二十引並作饋,音義同。

6b.82　餡﹑香既反。饜,音映。飽也。

6b.83　惵﹑度協反。者,音垢。贏也。音盈。

6b.84　趙﹑肖,小也。

6b.85　蛂﹑愮,悖也。謂悖惑也。音遙。

6b.86　吹﹑扇,助也。吹噓﹑扇拂①,相佐助也。

【校箋】

①拂原作佛,戴本作拂,是也。今據正。

6b.87　焜﹑暈①,晠也。韡暈焜燿②,晠貌也。

【校箋】

①暈,《玄應音義》卷一、《慧琳音義》卷十七引並作爆。
②“韡暈”,《玄應音義》卷十二、卷十三引並作“煒爆”,音義同。

7a.88　苦﹑翕,熾也。

7a.89　蘊,崇也。蘊﹑嗇,積也①。嗇者貪,故爲積。

【校箋】

①“蘊﹑嗇,積也”,原不與上文連寫,今從戴本。

7a.90　嗇、珍^①,合也。

【校箋】

①《廣雅·釋詁二》:"繕、彌,合也"。此珍當爲彌字之訛。彌或作弥,故
　訛作珍。戴盧兩家均據《廣雅》校改作彌。

7a.91　翬、翿,飛也。翬翬,飛貌也。音揮。

7a.92　憤、目,盈也^①。

【校箋】

①《玄應音義》卷一引《方言》云:"憤,盈也,謂憤怒氣盈滿也。""謂"
　下疑爲郭注,今本無,蓋脱。

7a.93　譟、喚譟。諻,從横。音也。

7a.94　攎、音攎^①。遫,音敕。張也。

【校箋】

①"音攎",戴本作"音盧",是也。

7b.95　岑、夆,大也。岑,高也^①。岑崟,峻貌也^②。

【校箋】

①"岑,高也"原別爲一條,今從戴本與上文連寫。
②"岑崟",戴本作"岑崟",與《文選·江淹〈雜體詩〉》李善注及《慧琳
　音義》卷八十一引合。《説文》:"崟,山之岑崟也。"司馬相如《子虛
　賦》云:"岑崟參差,日月蔽虧。"岑崟疊韻。

7b.96　效、旷，文也。旷旷，文采貌也。音户。

7b.97　鈉、董，錮也①。謂堅固也。音柄。

【校箋】

①錮，戴氏改作固，云：“《廣雅》‘鈉、董，固也’，《玉篇》於鈉字、董字並云‘固也’，與此注合，今據以訂正。”

7b.98　扦①、搷，揚也。謂播揚也。音填。

【校箋】

①扦，戴氏據《廣韻》模韻“扜，揚也”之文改作扜。案：《集韻》模韻空胡切扜下注云：“《方言》：‘揚也。’”是《集韻》所據舊本作扜，不作扦。戴校是也。

7b.99　水中可居爲洲①。三輔謂之淤，音血瘀。《上林賦》曰“行乎州②淤之浦”也③。蜀漢謂之壁④。手臂。

【校箋】

①原本《玉篇》淤下、《文選·上林賦》李善注及《御覽》卷六十九引居下並有者字，當據補。

②州，戴本作洲，與《史記·司馬相如傳》合。原本《玉篇》、《御覽》等引亦作洲。

③原本《玉篇》引也上有是字。

④壁，戴氏改作礕，云：“礕，各本訛作壁。《玉篇》云‘礕，水洲也’，《廣韻》於礕字云‘蜀漢人呼水洲曰礕’，皆本此，今據以訂正。”

7b.100　殴,幕也。謂蒙幕也。音醫。

8a.101　刉,音枯。狄也[①]。宜音刖。

【校箋】

①狄,《玄應音義》卷十四、卷二十引並作勢。

8a.102　度高爲揣。裳絹反。

8a.103　半步爲跬。差箠反[①]。

【校箋】

①跬,《玉篇》音羌箠反,此作差箠反,差羌形近而訛,錢繹已據《玉篇》
校正。

8a.104　半盲爲䁾。呼鉤反,一音猴。

8a.105　未陞天龍謂之蟠龍。

8a.106　裔,夷狄之摠名。邊地爲裔,亦四夷通以爲號也。

8a.107　考,引也。

8a.108　弻,高也。

8b.109　上,重也。

8b.110　箇,枚也。爲枚數也①。古餓反。

【校箋】

①爲,戴本作謂,是也。

8b.111　一,蜀也①。南楚謂之獨。蜀猶獨耳。

【校箋】

① "一,蜀也",錢繹改作"蜀,一也",云:"舊本作'一,蜀也',本亦作'蜀,一也'。按:自宜以一釋蜀,不當以蜀釋一。《廣雅》'蜀,弌也',弌,古文一字,今據以訂正。且下云'南楚謂之獨',則作'蜀,一也'與全書之例正合。戴氏改句末獨字作蜀,以就上文之誤倒,非是。"案:王氏《廣雅疏證》引《方言》亦改爲"蜀,一也"。

輶軒使者絶代語釋別國方言第十三

1a.1　裔、歷，相也。

1a.2　裔、旅，末也。

1a.3　毗、緣，廢也。

1a.4　純、覒，好也。覒覒，小好貌也。音沐。

1a.5　藐、素，廣也。藐藐，曠遠貌。音邈。

1a.6　藐，漸也。

1a.7　躡、踊躍。扸，拯拔。拔也。出休爲扸，出火爲躡也。扸一作椒①，躡一作蹓。

【校箋】
　①椒，盧本改作拯，是也。

1b.8　炖、託孫反。煉、音閬。熻，波湍。赫貌也①。皆火盛熾之貌。

【校箋】

①戴氏謂貌字爲衍文。

1b.9　憒、竅,_{孔竅。}阨也。_{謂迫阨。烏革反。}

1b.10　杪、眇,小也。

1b.11　讘^①、呇,謗也。_{謗言噂讘也。音沓。}

【校箋】

①戴氏云:"《廣雅》'謗、呇、讘,惡也',曹憲音釋'讘'音讀,此注云'謗言噂讘也',噂讘即噂沓,《詩·小雅》'噂沓背憎'。讘字郭璞直音沓,與曹憲異。"案:原本《玉篇》�部"譶"徒答反,注云:《方言》'譶、呇,謗也',郭璞曰:'謗言噂譶也。'《聲類》或爲嗒字。"據是則《方言》舊本讘作譶,注同。郭氏音沓,與《玉篇》徒答反正合,戴氏所疑,迎刃而解。

1b.12　葳、敕、戒,備也。_{葳亦訓敕。}

1b.13　摵、_{音踧①。}摼,_{音致。}到也。

【校箋】

①踧,戴本作縮,音同。

1b.14　聲^①、腆,忘也。

【校箋】

①聲,戴氏改作𩏶,云:"𩏶,各本訛作聲,今訂正。《説文》云'𩏶者忘而

息也’,《廣雅》‘黦、腴，忘也’，義本此。”

2a.15　黮、度感反。黱，莫江反。私也。皆冥闇，故爲陰私也。

2a.16　龕、音堪。喊、音減。哃、荒參反，亦音郁。唏，虛几反①。聲也。

【校箋】

①虛原作靈，戴氏依曹毅之本作虛，是也。今據正。

2a.17　笯、音涂。篳，方婢反。析也。析竹謂之笯。今江東呼篾竹裏爲笯，亦名爲笯之也①。

【校箋】

①注“亦名爲笯之也”，戴氏改作“亦名爲笨也”。《説文》笯下段氏注云：“按：此注謂已析之篾爲笯，人析之亦稱笯之，本無誤字，戴氏改‘笯之’二字爲笨字，非也。”案：故宮博物院舊藏《刊謬補缺切韻》霽韻篷下云：“丑戾反，又杖胡反。竹名。《方言》以裏爲笯，亦笨也。”據是則此注本作“今江東呼篾竹裏爲笯，亦名爲笨也”。《説文》云：“笯，析竹笢也。笢，竹膚也；笨，竹裏也。”《廣雅·釋草》云：“竺，竹也。其表曰笢，其裏曰笨。”均足與此注相發。

2a.18　傴、音遠。宵，音蹻①。使也。

【校箋】

①蹻字疑誤。盧氏據曹毅之本作蕭。

2a.19　蠢，作也。謂動作也。

2a.20　忽、達,芒也。謂草杪芒欶出。

2a.21　芒、濟①,滅也。《外傳》曰“二帝用師以相濟也”。

【校箋】

①濟,《莊子·人間世》釋文引作擠,《慧琳音義》卷九十六引同。案:《國語·晉語》“二帝用師以相濟也”,韋昭注云:“濟當爲擠。擠,滅也。”與《方言》訓合。此當據《莊子》釋文、《慧琳音義》訂正。

2b.22　劇、音廓。劙,音儷。解也。

2b.23　魏,能也①。

【校箋】

①此條及下一條原與上文“解也”一條相連,今分寫。

2b.24　㓸①,刻也。

【校箋】

①㓸,戴本作㓭。戴云:“《集韻》於㓭字云:《方言》:‘刻也,謂相難折。’似兼引注文,今《方言》脱此注。”

2b.25　聳,悚也。謂警聳也①。山項反。

【校箋】

①《慧琳音義》卷五十七引本注作“謂敬悚也”。

2b.26　跌,躄也。偃地反①。江東言踦,丁賀反。

【校箋】

① “偃地反”,戴本改作 “偃地也”。案:《慧琳音義》卷十六引《方言》
　 “偃地曰跌”,足證戴校不誤。

2b.27　藦,蕪也。謂草穢蕪也。音務①。

【校箋】

① “音務”,盧氏據曹毅之本作 “音無”。

2b.28　漫、淹,敗也。涇敝爲漫,水敝爲淹。皆謂水潦漫澇壞物也。

2b.29　鰲、音狸。挴,亡改反。貪也。

2b.30　擷、恪穎反。挺,音延。竟也。

2b.31　譴喘,轉也。譴喘猶宛轉也。

3a.32　困、胎、健,逃也。皆謂逃叛也。健音鞭捷。

3a.33　隋、黇,易也。謂解黇也。他臥反。

3a.34　姚娆①,好也。謂姅悦也②。音遙。

【校箋】

① “姚娆”,原作 “朓説”,戴氏據《廣雅》改作 “姚娆”。今據正。
② 注 “謂姅悦也”,戴本改作 “謂姅娆也”,盧氏改作 “謂姅悦也”。

3a.35　憚、怚,惡也。心坦懷^①,亦惡難也。

【校箋】

　①懷,盧氏改作懹,云:"懹,舊本並誤作懷。案:卷七'憎、懹,憚也。陳
　　曰懹',《廣雅》'憎、懹、憚,難也'。今據改正。"

3a.36　吴,大也。

3a.37　灼,驚也。猶云恐爛也^①。

【校箋】

　①"恐爛",戴本改作"恐灼"。

3a.38　賦,動也。賦斂所以擾動民也。

3a.39　瘵,極也。巨畏反。江東呼極爲瘵,倦聲之轉也。

3b.40　煎,盡也。

3b.41　爽,過也。謂過差也^①。

【校箋】

　①注文原本《玉篇》爽下引作"謂差過也"。

3b.42　蟬,毒也。

3b.43　慘,愺也。音澘^①。愺,惡也^②。慘悴,惡事也。

【校箋】

①"音酒",盧氏據曹毅之本作"音逎"。

②"惱,惡也"原別爲一條,今從戴本與上文連寫。

3b.44　還,積也。

3b.45　宛,蓄也。謂宛樂也。言婉①。

【校箋】

①戴氏謂注文"謂宛樂也"與"宛蓄"之義絶不相蒙,疑謂字爲音字之
　訛,又改"言婉"作"音婉"。盧本改注爲"音宛樂也",删"音婉"二字。

3b.46　類,法也。

4a.47　猴,本也。今以鳥羽本爲猴。音侯。

4a.48　懼,病也。驚也①。

【校箋】

①戴於"驚也"上增正文懼字。

4a.49　葯,薄也①。謂薄裹物也。葯猶纏也。音決的②。

【校箋】

①《文選·潘岳〈射雉賦〉》"首葯綠素",徐爰注云:"《方言》曰:'葯,纏
　也,猶纏裹也。'"戴氏據此改"薄也"爲"纏也",注文改作"謂纏裹
　物也"。

②“音決的”,戴氏改作“音約”。

4a.50　朓,短也。便旋,庳小貌也。

4a.51　掊,深也。掊剋深能。

4a.52　湟①,休也。

【校箋】

①惶,戴氏改作涅,云:“各本譌作湟,今訂正。《廣雅》‘溺、涅,没也’,休即古溺字。曹憲音釋‘涅,乃結反’。”

4a.53　撈,取也。謂鉤撈也。音料。

4a.54　膜①,撫也。謂撫順也②。音莫。

【校箋】

①膜,戴氏改作摸,云:“《廣雅》‘摸,撫也’,義本此,今據以訂正。”案:《慧琳音義》卷六十五、卷七十八引並作摸。
②《慧琳音義》引注文作“謂撫循也”。

4b.55　由,式也。

4b.56　猷,詐也。猷者言①,故爲詐。

【校箋】

①猷,戴本作猷。

4b.57　崖,隨也。

4b.58　揣,試也。<small>揣度試之。</small>

4b.59　顙,怒也。<small>顙顙,恚貌也。巨廩反。</small>

4b.60　埝,下也。<small>謂陷下也。音坫肆。</small>

4b.61　讚,解也。<small>讚訟所以解釋理物也^①。</small>

【校箋】

①注文原本《玉篇》讚下及《慧琳音義》卷三、卷八十四引並作"讚頌
所以解釋物理也"。

4b.62　賴,取也。

5a.63　扲,業也。<small>謂基業也。音鉗。</small>

5a.64　帶,行也。<small>隨人行也。</small>

5a.65　㴑,空也。<small>㴑窖,空貌^①。康,或作歉虛字也。</small>

【校箋】

①"㴑窖",《爾雅·釋詁》邢疏引《方言》作"㴑㝩"。案:《説文》:"康,
屋康㝩也。"

5a.66　湛,安也。<small>湛然,安貌。</small>

5a.67　嗿，樂也。嗿嗿，歡貌。音譬。

5a.68　惋，歡也。歡樂也。音婉。

5a.69　衎，定也。衎然，安定貌也。音看。

5a.70　膊，膤也。謂膤肉也^①。魚自反。

【校箋】

①膤，戴本作息。

5b.71　讟，痛也。謗讟怨痛也。亦音讀。

5b.72　鼻，始也。獸之初生謂之鼻，人之初生謂之首。梁益之間謂鼻爲初，或謂之祖。祖，居也。鼻、祖皆始之別名也，轉復訓以爲居，所謂代語者也。

5b.73　充^①，養也。

【校箋】

①充原作㐬。案：《廣雅·釋詁一》“充，養也”，此㐬字爲充字之訛，戴本已據《廣雅》改正。

5b.74　翳，掩也。謂掩覆也。

5b.75　臺，支也。

5b.76　純,文也。

6a.77　祐,亂也。亂宜訓治。

6a.78　恌,理也。謂情理也。音遙。

6a.79　蘊,眓也。蘊藹,茂貌。

6a.80　搪,張也。謂穀張也①。音堂。

【校箋】

①穀,戴氏據《荀子·正論篇》楊倞注引改作㲉。

6a.81　惲,謀也。謂議也①。嘔憤反。

【校箋】

①謂,《慧琳音義》卷八十引作謀。

6a.82　陶,養也。

6a.83　㩴,挌也①。今之竹木挌是也。音禁忌。

【校箋】

①"㩴挌"二字,戴氏據曹毅之本作"㮂格",字並從木旁。

6a.84　毗、曉,明也。

6b.85　扱,撮也。扱猶級也^①。

【校箋】

①注 "扱猶級也",級,戴本、盧本從曹毅之本作汲。

6b.86　扶^①,護也。扶挾將護^②。

【校箋】

①扶,原本《玉篇》護下及《玄應音義》卷一、卷十引均作挾,當據正。
②原本《玉篇》護下引郭注作 "挾持護之也"。

6b.87　淬,寒也。淬猶淨也。作憒反。

6b.88　渼,淨也。皆冷貌也。初兩、禁耕二反。

6b.89　瀝,極也。滲瀝,極盡也^①。

【校箋】

①原本《玉篇》瀝下引本注作 "瀝滲,極盡也"。

6b.90　枚^①,凡也。

【校箋】

①枚原作牧,戴改作枚,云:"《廣雅》'枚、箇,凡也'。今據以訂正。"

6b.91　易,始也。易代更始也。

6b.92　逭,周也。謂周轉也。

7a.93　矖,色也。矖然,赤色貌也①。音奭。

【校箋】

①《玉篇》云:"矖,赤黑色也。"《廣韻》云:"矖,赤黑貌。"戴氏據《篇》
《韻》改色作黑。

7a.94　恬,靜也。恬淡安靜。

7a.95　禔,福也。謂福祚也。音祇。禔,喜也①。有福即喜。

【校箋】

①"禔,喜也"原別爲一條,此從戴本與上文連寫。

7a.96　攦、洛旱反。隳,許規反。壞也。

7a.97　息,歸也。

7a.98　抑,安也。

7a.99　潛,亡也。

7b.100　曉,過也。曉,贏也①。

【校箋】

①"曉,贏也"原別爲一條,此從戴本與上文連寫。

7b.101　䠆,短也。蹴䠆,短小貌。音劉①,音胐贅。

【校箋】

①戴本無“音剡”二字。

7b.102　隑，剴切①。陭也②。江南人呼梯爲隑，所以隑物而登者也③。音剴切也。

【校箋】

①此注“剴切”與下注文“音剴切也”重複。

②原本《玉篇》“隑”渠鎧、牛哀二反，注云：“《方言》：‘隑，倚也。’”陭字作倚，與今本異。

③此句原本《玉篇》引作“所以倚物而攻者”。

7b.103　远，長也。謂長短也。胡郎反。

7b.104　远，迹也。《爾雅》以爲兔迹。

7b.105　賦，臧也。

7b.106　蘊，饒也。音温。

8a.107　芬，和也。芬香和調①。

【校箋】

①《續群書類從》卷八九四《香字抄》引《玉篇》芬下注云：“郭璞曰：‘芬香和調也。’”調下有也字。《玄應音義》卷一及《慧琳音義》卷七十引芬上又有謂字。

8a.108　擣，依也。謂可依倚之也。

8a.109　依，禄也。禄位可依憑也。

8a.110　腻，膗也。膗膗，肥充也。音㬥，亦突。

8a.111　鹽、雜，猝也。皆倉卒也。音古。

8a.112　躍，行也。言跳躍也。音藥。

8a.113　鹽，且也。鹽猶麤也。

8a.114　抽，讀也。

8b.115　媵，託也。

8b.116　適，牾也。相觸迕也。

8b.117　捭[1]，予也。予猶與。音卑。

【校箋】

　①《廣雅·釋詁》“埤，予也”，字作埤，戴氏據改。

8b.118　彌，縫也。

8b.119　譯，傳也。譯，見也。傳宣語，即相見[1]。

【校箋】

①原本《玉篇》譯下引此注作"傳語即相見也",無宣字。

8b.120　梗,略也。梗概,大略也。

8b.121　臆,滿也。愊臆,氣滿之也①。

【校箋】

①錢繹謂"之"爲衍文,删。

9a.122　厲,益也。謂增益也。音罵。

9a.123　空,待也。來則實也。

9a.124　怚,好也。怚,美也①。美好等互見義耳。音祖。

【校箋】

①"怚,美也"原別爲一條,今從戴本連寫。

9a.125　嫗,色也。嫗煦,好色貌。

9a.126　閤,開也。謂開門也①。

【校箋】

①開原作關,誤。今據戴盧兩家改。

9a.127　靡,滅也。或作摩滅字。音糜①。

【校箋】

①麋原作麑。案:《集韻》支韻靡麋同音忙皮切;麑在脂韻,音旻悲切。靡麋不同音。今改。

9a.128　菲,薄也。謂微薄也。音翡。

9b.129　腜,厚也。

9b.130　媟,狎也。相親狎也。

9b.131　芋,大也。芋猶訏耳。香于反。

9b.132　煬、翕,炙也。今江東呼火熾猛爲煬,音恙。煬、烈,暴也①。

【校箋】

①"煬、烈,暴也"原別爲一條,今從戴本與前連寫。

9b.133　駜,馬馳也。駜駜,疾貌也。索答反。

9b.134　選、延,徧也①。

【校箋】

①徧原作偏,戴本改作徧,云:"《廣雅》:'周、帀、選、延,徧也。'"今據以訂正。

9b.135　澌,索也。盡也。

10a.136　晞,燥也。

10a.137　梗,覺也。_{謂直也。}

10a.138　萃,集也。

10a.139　眕、俾倪。睪,_{音亦。}明也。

10a.140　暟、臨,昭也^①。暟,美也^②。_{暟暟,美德也。呼凱反。}

【校箋】

①昭,戴本作照。

②“暟,美也”原別爲一條,此從戴本與前連寫。

10a.141　箄、_{方氏反。}籅、_{音縷。}筥、_{音餘。}䈰,_{弓彂。}籧也^①。_{古筥字。}江沔之間謂之籅,趙代之間謂之䈰,淇衞之間謂之牛筐^{〔一〕}。_{淇,水名也。}籧,其通語也。籧小者^②,南楚謂之籅,自關而西秦晉之間謂之箄。_{今江南亦名籠爲箄^③。}

【校箋】

①籧,戴本作篆,下同,與《御覽》卷七六〇引合。案:《説文》云:“篆,
　　飮牛筐也。方曰筐,圜曰篆。”

②“篆小者”下原提行另爲一條,此從戴本連寫。

③注文《御覽》卷七六〇引作“今江東亦名小籠爲箄”。

〔一〕　編者按:牛,底本作井,原書校改作牛。今依原書。

10b.142　籠,南楚江沔之間謂之筹,今零陵人呼籠爲筹,音彭。或謂之筊。音都墓^①,亦呼籃。

【校箋】

①"音都墓",戴氏改爲"音那墓反",是也。《廣雅·釋器》"筊,籠也",曹憲音女加、奴慕二反。奴慕與那墓音同。

10b.143　籏,盛餅筥也^①。南楚謂之筲,今建平人呼筲^②,爲鞭鞘^③。趙魏之郊謂之去籏^④。今通語也。

【校箋】

①餅,盧氏據曹毅之本作飯,云"即飯字",是也。案:《玄應音義》卷十五及《御覽》卷七六〇引並作飯。《説文》云:"筥,籏也。籏,飯筥也,受五升,秦謂筥曰籏^{〔一〕}。"籏即本文筲字。

②《御覽》卷七六〇引此注作"今建平人呼曰筲",筲上有曰字,今本脱,當據補。

③"爲鞭鞘",錢繹改作"音鞭鞘",云:"音字舊本誤作爲。前卷五之'筹筲,陳楚宋鄭之間謂之筲',注音'鞭鞘',今並據以訂正。"

④去,戴本據曹毅之本作笭。案:《御覽》卷七六〇引本文並作笭。

10b.144　錐謂之錔^①。《廣雅》作鉊字^②。

【校箋】

①錔原作鍩,戴氏據《廣雅·釋器》改作錔。今據正。

②鉊原作銘,戴氏改作鉊。今《廣雅》字作錔,曹憲音昭。今據戴本改。

〔一〕　編者按:《説文》:"籏,飯筥也。受五升。从竹稍聲。秦謂筥曰籏。""籏,陳留謂飯帚曰籏。从竹捎聲。一曰飯器,容五升。一曰宋魏謂箸筩爲籏。"

11a.145　　無升謂之刁斗^①。謂小鈴也。音貂。見《漢書》。

【校箋】

①戴云:"'無升' 二字應有訛舛。"案:《史記·李將軍列傳》集解引孟康
曰:"以銅作鐎器,受一斗……名曰刁斗。"索隱引《埤蒼》云:"鐎,温
器,有柄斗,似銚,無緣。"王國維謂此文當云 "鐎斗謂之刁斗",其説
是也。

11a.146　　匕謂之匙。音祇。

11a.147　　盂謂之㯲^①。子殄反。河濟之間謂之㼻盞。椷謂之盚^②。
盂謂之銚銳^③。謡音。木謂之涓抉^④。椷亦盂屬,江東名盂爲凱,亦曰甌也。
蠋块兩音。

【校箋】

①"盂謂之㯲" 下《御覽》卷七六〇引有 "宋楚趙魏之間或謂之㯲" 一語。

②"椷謂之盚" 原別爲一條,今從戴本連寫。

③"盂謂之銚銳" 下原別爲一條,今從戴本併。

④《廣雅·釋器》"桮、抉,盂也",字皆從木,此作 "涓抉",誤。戴本據《廣
雅》改正。

11a.148　　餌謂之餻^①。或謂之粢^②,或謂之餰,音鈴。或謂之餛,央
悋反。或謂之飦。音元。

【校箋】

①原本《玉篇》"餻" 餘障反,引《方言》"餌謂之餻",《御覽》卷八六〇引
同。《集韻》漾韻餻下亦云:"《方言》'餌也'。"是《方言》舊本餻有

作餥者。

②粲，戴本作餐，與原本《玉篇》餐下引合。

11b.149　餅謂之飥①，音乇。或謂之餦餛。長渾兩音②。

【校箋】

①原本《玉篇》“飩”徒昆反，注云：“《方言》‘餌謂之飩也’，《廣雅》‘飩，餅也’。”又《御覽》卷八六〇引飥亦作飩。據是，則今本作飥者爲飩字之誤。飩從屯，屯俗作乇，故訛而爲飥。注“音乇”，亦即“音屯”之訛。

②長，《御覽》作張，是也。當據正。

11b.150　餳謂之餦餭①。即乾飴也。飴謂之餃。音該。餰謂之餚。以豆屑雜餳也。音體。餳謂之餹。江東皆言餹，音唐。凡飴謂之餳，自關而東陳楚宋衛之通語也②。

【校箋】

①餳，原本《玉篇》餳下引《方言》字作餳。餳音徒當反。

②原本《玉篇》“飴、餳”二字注引本文“之”下均有間字，《後漢書·皇后紀》注引同，當據補。

11b.151　䴮、音哭。麴、音才。䴓、于八反。䴩、音年。大麥麴。䴺、音脾。細餅麴。䴸、音蒙。有衣麴。麰，䮓音①。小麥麴爲麰，即䴵也②。麴也。自關而西秦幽之間曰䴮。幽即邠，音斌。晉之舊都曰麴。今江東人呼麴爲麴③。齊右河濟曰䴓，或曰䴩。北鄙曰䴺④。麴，其通語也。

【校箋】

①鯤，戴本作鰥，是也。《廣韻》鰥鰥同音胡瓦切。

②䫴，戴本作䫴，是也。《玉篇》云："䫴，胡昆切，麥䴾也。又户版切。"

③"江東"，《御覽》卷八五三引作"河東"。

④"北鄙"，《御覽》卷八五三及《集韻》支韻頻彌切䫴下引均作"北燕"，當據正。

12a.152　屋梠謂之櫺①。雀梠，即屋檐也。亦呼爲連綿。音鈴。

【校箋】

①櫺，李誡《營造法式》卷一引作欄。

12a.153　甂謂之甗。即屋檐也。今字作薨，音萌。甗音雷。

12a.154　冢，秦晉之間謂之墳，取名於大防也。或謂之培，音部。或謂之堬，音臾。或謂之采，古者卿大夫有采地，死葬之，因名也。或謂之埌，波浪。或謂之壟。有界埒似耕壟，因名之。自關而東謂之丘，小者謂之塿，培塿，亦堆高之貌。洛口反。大者謂之丘，又呼冢爲墳也。凡葬而無墳謂之墓，言不封也。墓猶墓也①。所以墓謂之撫。撫謂規度墓地也。《漢書》曰"初陵之撫"是也。

【校箋】

①"墓猶墓也"，戴本作"墓猶慕也"，《御覽》卷五五七引同。當據正。

郭璞方言注序

　　蓋聞《方言》之作，出乎輶軒之使，所以巡遊萬國，采覽異言，車軌之所交，人迹之所蹈，靡不畢載，以爲奏籍。周秦之季，其業墮廢，莫有存者。暨乎楊生，沈淡其志，歷載構綴，乃就斯文。是以三五之篇著，而獨鑒之功顯。故可不出戶庭而坐照四表；不勞疇咨而物來能名。考九服之逸言，標六代之絕語，類離詞之指韻，明乖途而同致。辨章風謠而區分，曲通萬殊而不雜，真洽見之奇書、不刊之碩記也。余少玩《雅》訓，旁味《方言》，復爲之解，觸事廣之，演其未及，摘其謬漏。庶以燕石之瑜補琬琰之瑕，俾後之瞻涉者可以廣寤多聞爾。

劉歆與楊雄書①

　　歆叩頭。昨受詔宓五官郎中田儀與官婢陳徵、駱驛等私通盜刷越巾事②，即其夕竟歸府。詔問三代周秦軒車使者、遒人使者③，以歲八月巡路，求代語④、僮謠、歌戲，欲得其最目。因從事郝隆求之有日，篇中但有其目，無見文者。歆先君數爲孝成皇帝言：當使諸儒共集訓詁，《爾雅》所及，五經所詁，不合《爾雅》者，詁籀爲病⑤；及諸經氏之屬，皆無證驗，博士至以窮世之博學者。偶有所見，非徒無主而生是也。會成帝未以爲意，先君又不能獨集。至於歆身，修軌不暇⑥，何偟更創？屬聞子雲獨采集先代絶言、異國殊語，以爲十五卷，其所解略多矣，而不知其目。非子雲澹雅之才、沈鬱之思⑦，不能經年鋭精以成此書。良爲勤矣！歆雖不遘過庭，亦克識先君雅訓，三代之書蘊藏於家，直不計耳。今聞此，甚爲子雲嘉之已。今聖朝留心典誥，發精於殊語，欲以驗考四方之事，不勞戎馬高車之使，坐知傜俗，適子雲攘意之秋也。不

---

① 劉歆《與楊雄書》及雄《答書》宋本原闕，今據吳琯《古今逸史》本補録。《逸史》本字有訛誤者，則據别本參校改正。又劉歆《與楊雄書》本文以前，各本有“雄爲郎一歲，作《繡補》《靈節》《龍骨》之銘詩三章，及天下上計孝廉，雄問異語，紀十五卷。積二十七年，漢成帝時，劉子駿與雄書從取方言曰”五十二字。

② 通，戴本作遹。

③ 盧云：“《玉海》引《古文苑》‘遒人’二字在‘軒車使者’上，無下‘使者’二字。”

④ 求下原注“音求，又於加切”。盧文弨云：“案：當與‘求’音義同。”

⑤ 錢繹云：“‘詁籀’，疑‘詁籀’之誤。”

⑥ “修軌”，盧云：“當本是‘循軌’。”案：修循義通。

⑦ 思，《文選》卷四十六任昉《王文憲集序》李善注引作志。

以是時發倉廩以振贍,殊無爲明,語將何獨挈之寶①? 上以忠信明於上,下以置恩於罷朽,所謂知蓄積、善布施也。蓋蕭何造律、張倉推曆,皆成之於帷幕,貢之於王門,功列於漢室,名流乎無窮。誠以隆秋之時,收藏不殆;饑春之歲,散之不疑,故至於此也。今謹使密人奉手書,願頗與其最目,得使入錄,令聖朝留明明之典。歆叩頭叩頭。

---

① 挈下原注“一作絜”。

楊雄答劉歆書

雄叩頭。賜命謹至，又告以田儀事，事窮竟白，案顯出，甚厚甚厚。田儀與雄同鄉里，幼稚爲鄰，長艾相愛①，視覸動精采，似不爲非者。故舉至日②，雄之任也。不意淫迹汙暴於官朝③，令舉者懷赧而低眉④，任者含聲而宛舌⑤。知人之德，堯猶病諸，雄何慚焉！叩頭叩頭。又敕以殊言十五卷，君何由知之？謹歸誠底裏，不敢違信。雄少不師章句，亦於五經之訓所不解。常聞先代輶軒之使奏籍之書⑥，皆藏於周秦之室，及其破也，遺棄無見之者。獨蜀人有嚴君平、臨邛林閭翁孺者，深好訓詁，猶見輶軒之使所奏言。翁孺與雄外家牽連之親。又君平過誤，有以私遇，少而與雄也，君平財有千言耳。翁孺梗概之法略有。翁孺往數歲死，婦蜀郡掌氏子，無子而去。而雄始能草文，先作《縣邸銘》《王佴頌》《階闥銘》及《成都城四隅銘》。蜀人有楊莊者爲郎，誦之於成帝，成帝好之，以爲似相如，雄遂以此得外見。此數者皆都水君嘗見也，故不復奏。雄爲郎之歲，自奏少不得學，而心好沈博絕麗之文，願不受三歲之奉，且休脫直事之繇⑦，得肆心廣意，以自克就。有詔可不

---

① 愛原作更，今依《古文苑》卷十改。

② 日，《古文苑》作之。《漢魏百三名家集》本《楊雄集》同。

③《古文苑》無汙字。

④ 令原作今，戴氏據文義改，今據正。

⑤ 宛原作夗，盧氏據《漢書·楊雄傳》"欲談者宛舌而固聲" 改作宛，今據正。

⑥ 常，戴本作嘗。

⑦ 繇，戴本作徭，音義同。

奪奉,令尚書賜筆墨錢六萬,得觀書於石室[①]。如是後一歲作《繡補》《靈節》
《龍骨》之銘詩三章,成帝好之,遂得盡意。故天下上計孝廉及内郡衛卒會者,
雄常把三寸弱翰,齎油素四尺,以問其異語,歸即以鉛摘次之於槧[②],二十七
歲於今矣。而語言或交錯相反,方覆論思[③],詳悉集之,燕其疑。張伯松不
好雄賦頌之文,然亦有以奇之。常爲雄道,言其父及其先君喜典訓,屬雄以
此篇目頗示其成者[④],伯松曰:"是懸諸日月不刊之書也。"又言恐雄爲《太
玄經》,由鼠坻之與牛場也。如其用,則實五稼,飽邦民;否則爲牴糞,棄之於
道矣。而雄般之。伯松與雄獨何德慧,而君與雄獨何譖隙,而當匿乎哉! 其
不勞戎馬高車,令人君坐幃幕之中,知絶遐異俗之語,典流於昆嗣,言列於漢
籍,誠雄心所絶極,至精之所想遭也。扶聖朝遠照之明[⑤],使君寀此,如君之
意,誠雄散之之會也。死之日,則今之榮也。不敢有貳,不敢有愛。少而不
以行立於鄉里,長而不以功顯於縣官,著訓於帝籍,但言詞博覽,翰墨爲事,
誠欲崇而就之,不可以遺,不可以怠[⑥]。即君必欲脅之以威,陵之以武,欲令
人之於此,此又未定,未可以見;今君又終之[⑦],則緼死以從命也。而可且寬
假延期[⑧],必不敢有愛。雄之所爲,得使君輔貢於明朝,則雄無恨,何敢有匿?
唯執事圖之[⑨]。長監於規繡之[⑩],就死以爲小,雄敢行之。謹因還使,雄叩頭
叩頭。

---

① "石室",原作"石渠",戴本據《文選·魏都賦》李善注改,今據正。

② 摘,《古文苑》同,錢繹箋疏作鏑,誤。

③ 覆,戴本作復。

④ "頗示其成者",原作"頻示之",此依《古文苑》改。

⑤ 扶,戴本作夫。

⑥ 怠,《古文苑》作忘。

⑦ 今,戴氏改作令。

⑧ 《古文苑》無"而可"二字。

⑨ "執事"下原有者字,戴盧本並無,《古文苑》同,今據正。

⑩ 於,《古文苑》作所。章樵注云:"言當長以所規爲監。"是字本作所。

李孟傳刻方言後序①

西漢氏古書之全者,如《鹽鐵論》、楊子雲《方言》,其存蓋無幾。《鹽鐵論》,前輩每恨其文章不稱漢氏。唯《方言》之書最奇古。孟傳頃聞之,曾文清公嘗以三詩答吕治先,有云:"傷心昨夜杯中物,不對王郎對影斟。"紫微吕居仁次韻云:"書來肯附銅魚使②,記我今年病不斟。"自注云:"出子雲《方言》。"今所在鏤板,輒誤作"病不禁"。此書世所有,而無與是正,知好之者少也。山谷詩云:"追隨富貴勞牽尾。"乃用《太元經》語。紹興初胡少汲、洪玉父、李文若諸人校黄詩刊本,乃誤作"榮牽尾",自此他本遂承誤。"鬱蒼蒼"三字,文人多愛之,亦或鮮記其出於《太元》。大抵子雲精於小學,且多見先秦古書,故《方言》多識奇字,《太元》多有奇語。然其用之,亦各有宜。子雲諸賦多古字,至《法言》《劇秦》,所用則無幾。古人文章,蓋莫不然:西漢一書,唯相如、子雲等諸賦;韓退之文,唯《曹成王碑》;柳子厚自騷詞、《晉問》等,他皆不用古字。本朝歐文忠、王荆公、蘇長公、曾南豐諸宗工,文章照映今古,亦不多用古字。得非以謂古文奇字聲形之學,雖在所當講,而文律之妙,則不專在是;若有意用之,或返累正氣也耶③?學者要知所以用之。當其可,則盡善耳。今《方言》自閩本外不多見,每惜其未廣。予來官尋陽,有以大字本見示者,因刊置郡齋,而附以所聞一二,蓋惜前輩之言久或不傳也。慶元庚申仲春甲子會稽李孟傳書。

---

① 李孟傳後序,宋本次於郭璞序後,今據原文移録。吴琯本文句有删改,前後文義不相連屬,今不具論。

② 附,戴盧兩本作際。

③ 返,盧本同,戴本改作反。

朱質跋①

漢儒訓詁之學惟謹，而楊子雲尤爲洽聞。蓋一物不知，君子所耻；博學詳説，將以反約。凡其辨名物、析度數，研精覃思，毫釐必計。下而五方之音，殊俗之語，莫不推尋其故，而旁通其義；非徒猥瑣拘泥，而爲是弗憚煩也。世之學者忽近而慕遠，捨實而徇名，高談性命，過自賢聖，視訓詁諸書，往往束之高閣。盍亦思夫《周官》太平之典，其道甚大，百物不廢，雖醫卜方技，纖悉畢載。聖門學《詩》，不獨取其可興、可觀、可群、可怨，而鳥獸草木之名，亦貴多識。本末精粗，並行而不相悖。故漢儒尊經重古，純慤有守之風，類非後人所能企及。子雲博極群書，於小學奇字無不通。且遠采諸國，以爲《方言》，誠足備《爾雅》之遺闕。平時所以用力於此深矣，世知好之者蓋鮮。前太守尚書郎李公一日語餘②，苦無善本，質偶得諸相識，字畫落落可觀，因以告而鋟之木，輒併附管見云。慶元庚申重午日東陽朱質書。

---

① 宋本朱質跋文附李孟傳序文後。
② 餘，盧本同，戴本作余。

音序索引

本索引詞條涵蓋《方言》正文中的被釋詞及訓釋詞。各條之後列出其在《方言》中出現的卷次及條目序碼，以 "." 號隔開。音序索引主要爲便於查檢而設，以詞條常見讀音作爲定音標準，也參考了郭注及後世韻書中記載的讀音。

A				B			
ai		**an**		**ba**		半步	12.103
哀	1.7	安	6.57	拔	3.15	半聾	6.2
	12.1		10.13		13.7	半盲	12.104
哀而不泣	1.8		13.66	芨	3.19	拌	10.14
哀泣而不止	1.8		13.98	襬	10.28	**bang**	
欸	10.43	窑盔	13.147	**bai**		棓	5.29
隑企	7.19	揹	6.43	捭	13.117	謗	13.11
艾	1.5	案	5.7	襬	4.4	**bao**	
	6.55	婩	10.8	敗	3.30	襃明	4.28
		ang			3.48	筊	9.11
嗌	6.13	靬角	4.44		13.28	保庸	3.5
愛	1.6	益	5.15	**ban**		飽	12.82
	1.17	**ao**		班	3.20	抱	8.4
	7.26	熬	7.16	般	1.12	抱嫄	2.11
愛偉之	1.21			半	12.59	襃	4.1
薆	6.59					暴	13.132

bei		婢	3.5	病	3.21	不純	6.3
桮	5.5	弼	12.108		13.48	不聰	6.2
桮大者	5.5	蔽	5.41	病而不甚	2.9	不達	6.2
桮落	5.8	蔽刕	4.5	病少愈而加劇	3.51	不得	1.10
悖	12.85		4.31	病愈者	3.52	不獲	1.10
備	12.68	弊	3.48	**bo**		不借	4.44
	13.12	僰	7.16	伯都	8.1	不具	2.12
憊	10.31	躄	12.99	帛之細者	2.8	不甚	2.9
ben		鞞	9.7	侼	12.36	不施	10.10
本	13.47	襏	4.17		12.37	不殊其音	6.34
畚	5.27	鵧鷑	8.8	桲	5.29	不欲	6.1
梤	9.11	鵧鴀	8.4	膼	3.46	不欲鷹而强貪	6.54
bi		**bian**		膊	7.15	不斟	3.51
偪	6.36	牑	5.36		10.26	不知	10.5
柲	9.2	甂	5.16	薄	1.32	布帛之細者	2.8
	12.48	甂大者	5.16		5.31	布穀	8.6
鼻	13.72	蝙蝠	8.10		13.128	步	12.12
匕	13.146	徧	13.134		13.49	瓿甊	5.10
比	3.26	**bie**		薄鎌	9.20	瓿瓰	5.14
秕	10.5	憋	10.29	薄努	1.32	艀	9.25
箄	13.17	別	3.31	簿	5.41		
	13.141	**bin**		簿毒	5.41	**C**	
庇	2.16	顮	12.42	擘	6.49	**cai**	
柉	10.41	**bing**		**bu**		猜	12.55
畢	9.9	鈵	12.97	不安	9.25	裁	2.26
耻	6.5	稟	6.28		10.20	裁木爲器	2.26
閉	12.64	餠	5.1	不安之語	10.20	財	13.151
敝	4.2	餅	13.149	不長大	10.28	采	13.154

髮帶 4.42

can

參 6.33
殘 1.16
　 2.19
慙 6.5
慙澀 10.23
慘 1.16
　 13.43

cang

鸧䳔 8.11
鸧鶊 8.13
藏 6.43
藏箭弩 9.20

cao

操 12.16
草 3.8
　 10.39
草木刺人 3.11
草生而初達 2.8

ce

策 2.8
懩 2.21

cen

岑 12.95

ceng

曾 10.2

cha

舓 5.27
艖 9.25
察 12.22
差 3.52

chan

摻 2.6
襜 4.21
襜褕 4.3
襜褕 4.2
襜褕敝者 4.2
襜褕短者 4.2
鋋 9.3
廛 3.16
嬋 1.26
禪 4.26
禪襦 4.3
　 4.25
禪衣 4.1
　 4.24
禪衣無裹者 4.1
禪衣有裹者 4.1
蟬 1.26
　 11.2
　 13.42
蟬鵤蜻 11.2
蟬大而黑者 11.2
蟬大者 11.2
蟬黑而赤者 11.2
蟬小者 11.2
蟬有文者 11.2
蠼 12.10
　 12.11
藏 12.47
　 13.12
燀 6.6
貼 10.45

chang

長 1.19
　 6.39
　 12.6
　 13.103
長首 2.2
瓺 5.11
常思 1.11
蜋蠰 11.15
跟蹬 7.19
場 6.30
　 10.24
悵 12.5

chao

超 7.24
鈔 12.72
㲲 7.16
巢 6.12

che

車釭 9.19
車枸簍 9.11
車枸簍上約 9.11
車轄 9.10
車下鐵 9.9
車紂 9.17
徹 3.20

chen

郴 1.21
眮眩 7.25
瞋目 6.11
沉 10.12
訦 1.20
瘎 3.21

cheng

承露 4.43
城旦 8.7
盛 6.10
盛膏者 9.19
根 3.32
　 3.45
棦 6.25
裎 4.22
裎衣 4.1
澂 12.18
逞 2.17
　 2.34

	3.13	仇	3.28	船首	9.25	茦	3.11
	12.47	愁悫	10.31	船偏	9.25	賜	3.49
chi		裯	4.14	傳	13.119	賜施	10.33
吃	10.27	菙	12.61	**chuang**		**cong**	
蚩	12.85	讎	2.35	牀	5.36	鏓	9.3
癡	10.30	醜	3.22	牀杠	5.36	匆	5.19
坻	6.30	醜弊	3.48	牀上板	5.36	甍	5.10
	11.13	醜稱	3.5	**chui**		蟖蠰	11.9
持去	6.44		3.46	吹	12.86	樅	8.4
蚳蝝	11.10	**chu**		炊箕	5.19	**cou**	
眙	7.34	出	1.26	炊薪不盡	2.30	湊	12.32
俶	13.24	出火	13.7	槌	5.33	**cu**	
敕	13.12	出休	13.7	槌横	5.33	麤	4.44
傺	7.34	初	13.72	錘	6.9	徂	1.14
遰	12.94	初達	2.8	箠	12.76	猝	10.19
熾	12.88	初生	13.72	**chun**			12.50
chong		除	3.52	純	13.4		13.111
充	1.19	楚雀	8.13		13.76	麿咨	10.23
	13.73	褚	3.4	蠢	13.19	**cui**	
舂黍	11.9	怵	12.60	**chuo**		摧	1.13
祝裮	4.2	俶	12.65	逴	2.13	萃	3.17
	4.38	**chuai**			6.12		12.52
衝	12.65	揣	12.102	惙	12.60		13.138
襜裕	4.2		13.58	**ci**		淬	13.87
崇	12.89	**chuan**		蟞蟧	11.14	悴	1.9
chou		船	9.25	刺	2.21	毳	2.29
抽	13.114	船大者	9.25		12.48	磭	5.22
瘳	3.52	船後	9.25	刺船	9.25		

cuo		怠	6.14	倒頓	4.40	簞	5.6
錯	6.43	軑	9.12	倒懸	8.7		5.34
			9.18	悼	1.7	簞粗者	5.34
D		帶	4.35		1.9	**diao**	
da			13.64	道	3.23	刁斗	13.145
怛	1.8	蚮	11.7	道軌	5.39	蚗蟜	11.1
	13.35	逮	7.13	翿	2.31	**die**	
達	13.20	柟	5.33	**de**		跌	13.26
大	1.12	戴	12.61	得而中亡	1.10	垤	10.24
	1.21	戴鴝	8.9	**deng**		臷	1.18
	2.36	戴南	8.9	登	1.28	慄	12.83
	12.95	戴鳻	8.9	縢	7.30	殜	2.9
	13.36	戴勝	8.9	**di**		牒	5.36
	13.131	艕	9.25	祇裯	4.3	褋	4.1
大廳	4.44	**dan**		鞮	4.44	**ding**	
大而多	10.46	瓵	5.10	狄	12.101	虰	11.5
大芥	3.9	儋	5.11	氐惆	10.31	頂	6.17
大巾	4.41		7.30	柢	12.48	鼎	9.25
	4.5	憚	6.53	牴	1.22	定	6.27
大袴	4.40		7.6	地大	1.24		13.69
大貌	2.2		13.35	睇	2.24	定甲	8.7
大人	2.2	彈懢	7.14	題	5.16	**dong**	
大人少兒泣而不		鴠鴠	8.7	諦	6.41	董	12.97
止	1.8	**dang**			6.42	侗胴	12.27
dai		黨	1.1	**dian**		動	12.65
代	3.26	**dao**		顛	6.17		13.38
迨	3.18	擣	13.108	顛眴	7.25	**dou**	
待	13.123	到	13.13	墊	6.15	抖藪	6.32

豆筥	5.8		13.101	譌	3.6	仉	10.48
逗	7.34	短矲	10.28	陁	13.9	氾	3.25
du		椴	5.32	惡	10.29	溫	5.5
督	6.38	**dui**			13.35	媻	2.11
毒	3.12	碓機	5.22		13.43	**fang**	
	13.42	憞	12.37	**en**		方舟	9.25
毒而不發	10.31	**dun**		饂饐	1.31	鴌鶲	8.9
蝳蜍	11.16	惇	7.11	**er**		**fei**	
獨	12.111	敦	1.12	胹	7.17	非	3.34
獨舂	8.7		1.21	耳目不相信	10.30	非其事	7.14
牘	9.20	炖	13.8	餌	13.148	飛	12.91
襡襜	4.34	盾	9.8			飛蛋	9.20
讀	13.114	頓愍	10.31	**F**		飛鳥	6.25
讟	13.71	**duo**		**fa**		飛鼠	8.10
杜	3.19	多	10.46	發	7.4	菲	12.5
	7.2	多詐	10.3		12.53		13.128
杜蛒	11.3	奪	12.73	發人之私	7.15	餥	1.31
杜狗	11.3	褚	4.16	筏	9.25	肥腸	2.7
度	3.16	墮耳者	6.2	廐	9.8	蟦	11.14
	5.29			法	3.32	扉	4.44
度高	12.102	**E**			7.5	萉	10.19
度廣爲尋	1.19	**e**			13.46	萉相見	10.19
蠹	11.14	阿與	6.18	**fan**		昲	10.18
duan		娥	1.3	凡	13.90	被戬	7.33
端	10.44		2.3	凡思	1.11	廢	13.3
鍴	9.5	蛾蛘	11.13	煩懣	7.25	**fen**	
短	10.28	頟	10.34	襎裷	4.36	分	6.33
	13.50	騀	8.11	疲	10.29	芬	13.107

帉 4.41
紛毋 2.36
紛怡 10.36
鳻鳩 8.8
墳 1.24
13.154
憤 12.92
13.9

feng

妦 1.3
封 10.24
夆 12.13
豐 1.12
2.2
豐人 2.2
豐人杼首 2.2
蠭 11.11
蠭大而蜜 11.11
蘴 3.9
逢 1.29
縫 13.118

fou

缶 5.14
缶小者 5.14

fu

荂 1.23
怤愉 12.58
伏雞 8.4
伏卵 3.6
扶 13.86
拂 3.15
帗縷 2.29
服鶝 8.9
服翼 8.10
泭 9.25
柫 5.29
蚨虷 11.15
浮梁 9.25
袚 4.5
踾 1.27
幅廣 1.19
幅廣爲充 1.19
蜉蝣 11.17
福 13.95
福禄 7.33
箙 9.20
瘦 3.21
鴉鳩 8.8
鶝鴔 8.9
鵖鶝 8.9
拊 12.4
釜 5.2
輔 6.7
撫 12.4
13.54
父 6.55
父老 6.55
父妐 6.55
負他 7.30
痡 10.28
婦 3.5
婦妣 6.55
婦考 6.55
傅藥而毒 3.12
腹滿 6.36
複履 4.44
複襦 4.39
複舃 4.44
賦 7.22
12.16
13.38
13.105
鍑 5.1
5.2
覆 12.26
12.61
覆鬃 4.43
覆結 4.43
覆䘚 4.24

G

gai

荄 3.19
隑 13.102
該 12.68
餧 13.150
改 6.29

gan

干 9.8
扞 12.98
乾 7.16
7.29
乾物 10.18
乾都 10.40

gang

杠 5.36
瓬 5.10
釭 9.19

gao

高 6.56
12.95
12.108
高而有墬 1.10
餻 13.148
檔 9.25

ge

戈 9.1
割雞 8.4
駉駥 8.11
挌 13.83
革 10.40
佫 1.13

	1.28	鉤格	5.26		13.5		13.100
	2.14	鉤釾	9.21	廣長而薄鎌	9.20	過度	7.32
格	3.35	鉤釾鏝胡	9.1	廣長而薄鐮	9.20		10.46
	5.38	溝泥	10.47	廣大者	2.36	過贏	8.12
鬲	5.1	簨	5.20	廣平	5.41		
輅	11.14	耇	10.40	**gui**		**H**	
閣閈	9.25		12.83	袿	4.11	**han**	
舸	9.25	耇鮐	1.18	摫	2.26	浛	10.37
箇	12.110	枸簍	9.11	嫣	12.33	浛如是	10.37
gen		**gu**		傀	2.7	涵	10.12
根	3.19	姑蟹	11.6	歸	13.97	寒	13.87
艮	12.56	蛄詣	11.3	蠋	3.52	寒蜩	11.2
geng		蝦	1.12	鬼	1.2	鉿	6.10
更	12.75		1.21	跪	7.19	喊	13.16
	3.26	穀熟	7.17	瘃	13.39	汗襦	4.3
梗	2.23	鹽	13.111	劇	3.11	釬	9.24
	3.11		13.113	筷	9.11	漢	12.53
	13.120	鋼	12.97	㿽	13.18	漢漫	7.25
	13.137	顧視	6.11	**gun**		頷	10.35
緪	5.23	**gua**		悃	10.31	**hang**	
gong		絓	6.24	捆	3.22	迒	13.103
工爵	8.12	**guan**		錕	9.19		13.104
公	6.55	關	12.64	**guo**		航	9.25
公蕡	3.8	輨	9.18	鍋	9.19	苻簩	5.35
鞏	7.16	館娃之宮	2.3	鐹	5.30	**hao**	
gou		曜	6.11	粿	13.151	好	1.3
鉤	5.26	**guang**		過	1.21		2.1
	5.30	廣	6.21		10.25		2.3
					13.41		

	10.8	恒慨	2.36	鏵	5.27	遑遽	10.21
	13.4	瀇	9.25	化	12.23	湟	13.52
	13.34	**hou**			3.6	媓	6.55
	13.124	睺	12.104	㒼	4.44	諻	12.93
好目	1.3	猴	13.47	絓	6.24	攫	10.41
	2.5	鍭	9.4	**huai**		**hui**	
he		厚	12.79	懷	1.11	揮棄物	10.14
呵叱者	7.18		13.129		1.13	陸	13.96
合	12.90	**hu**			2.14	翬	12.91
何	10.2	忽	13.20	壞	6.14	焜火	10.6
何爲	10.2	揔	10.41		13.96	煤	10.6
何斟	3.51	憮	1.12	**huan**		歂	10.39
和	13.107	壺盧	11.11	奞	12.23	恚	6.54
洞	12.17	觚	2.16	歡	13.68	喙	2.25
蛤解	8.15	鶻鳩	8.8	貛	8.3	殠	12.77
領	10.35	鶻鵃	8.14	讙	7.7	會	1.22
篋梜	5.34	虎	8.1	驩喜	10.7	慧	1.2
烆	13.8	户鑰	5.40	桓	1.10		3.52
賀	7.30	帍裱	4.33	絙	6.47		10.25
赫	12.53	旷	12.96	還	13.44	蟪蛄	11.1
	13.8	攫	13.85	環	5.33	**hun**	
鷞鳴	8.7	護	13.86	繯	5.33	惛	10.31
鶴剬	9.21	**hua**		緩	6.60	渾	2.7
hen		菩	12.54		12.44	圂	3.42
恨	10.10	姡	10.3	逭	12.12	**huo**	
	12.55	華	1.23		13.92	火	10.6
heng		猾	10.3	**huang**		火乾	7.16
亨	7.17	歀	13.151	黃鳥	8.13	火熟	7.17

夥	1.21	尐	11.2	既廣又大	2.36		7.16
	12.40	扱	13.85	既隱	6.27	監	12.22
或	10.37	即	12.59	紀	10.44	寋	6.12
或如此	10.37	亟	1.17	悸	12.71		6.23
喊	13.16	急	12.45	寄	2.16	寋者	2.13
遍	1.21	疾	2.34		3.29	譧極	10.27
獲	3.5		12.4	寄食	2.16	見	13.119
			12.35	寄物	2.16	間	3.34
J		疾行	6.22	僁	7.34	寋	6.6
ji		極	13.39	崎	11.2	漸	13.6
几高者	5.37		13.89	鮆	10.28	踐	3.16
箕	5.18	棘	3.11	濟	1.10	箭	9.4
橋物而危	6.37	集	3.17	瘠	10.28	箭簇胡合贏者	9.20
緝	9.25		13.138	*jia*		箭裏	5.41
積	12.89	蒯蛉	11.8	加劇	3.51	箭三鐮長尺六者	
	13.44	蟘蜥	11.10	家居篳中	9.25		9.20
激	12.43	己不欲怒而旁人		猳	8.5	箭小而長中穿二	
擊穀	8.6	怒之	10.42	甲襦	4.3	孔者	9.20
雞	3.6	己不欲喜而旁人		假	1.13	箭鏃内者	9.20
	8.4	說之	10.42	鉀鑪	9.20	劍	1.21
雞雛	8.17	戟	9.1	嫁	1.14	劍削	9.7
	8.4	戟大者	9.1	嫁子	3.1	薦	9.25
雞卵	8.4	戟曲者	9.1	*jian*		鍵	5.40
雞頭	3.10	濟	13.21	堅	12.56	鞬	9.20
蠐	1.28	家	10.13		2.28	瞷	1.10
鐕	2.28	迹	13.104	間	3.52	鍊鏑	9.18
及	3.18	迹迹	10.20	械	5.5	*jiang*	
及其所愛	2.7	既	6.26	煎	13.40	將	1.12

漿	6.1		12.47	竟	6.47	籧	13.141
籔	9.25		13.22		13.30	籧小者	13.141
將	12.32		13.61	敬	6.28	鞠鳩	8.8
jiao		介	6.24	靖	1.11	巨	1.21
交	4.19	戒	13.12	靜	10.13	怛	12.39
茭媞	10.33	芥	3.8		13.94	虡	5.37
姣	1.3	喬	1.12	**jiong**		聚	3.50
膠	3.14	价	12.55	窘猝怖遽	10.21	劇	12.39
鷦鷯	8.8	借	12.49	**jiu**		據	6.27
挍扴	3.13	慽鰓	10.40	摮	2.6	遽	2.33
	4.40	**jin**		鳩	8.8	屨	4.44
絞	4.45	巾	4.41	鳩小者	8.8	懼	1.15
撟捎	2.22	今	12.67	久熟	7.17		13.48
剿	2.37	衿	4.19	咎	13.11	**juan**	
噍咷	1.8	矜	1.7	就	12.59	涓抉	13.147
jie			2.33		3.41	鐫	2.27
皆	7.8	檵	13.147	就室	2.32	蠲	3.52
孑	2.30	盡	3.49	**ju**		倦	12.77
尐	12.28		12.76	尻	3.16	益	5.4
袚	4.10		13.40	拘腸	9.20	蠆蠣	11.14
健	1.2	藎	2.30	狙	6.19	**jue**	
釨	9.1	齽	13.59	居	13.72	餀	12.77
	9.21	**jing**		挶	7.12	蹫	6.40
絜襦	4.31	京	1.12	裾	4.11	橛	5.32
結詁	8.6	驚	2.13	鞠	1.5	爵子	8.4
潔	3.38		13.37	局	5.41	屩	13.26
解	12.15		13.48	華	12.62	蹶	2.37
	12.46	淨	13.88	舉	10.22	蹻	7.2

譎	3.14	可惡	7.1		10.3	**L**	
覺	13.137	刻	13.24		12.30	la	
jun		**ken**		**kuang**		菈蔛	3.9
俊	2.30	墾	12.20	莖	13.57	瘌	3.12
浚	6.28	**kong**		洭	6.55	**lai**	
駿	1.19	空	3.49	**kui**		來	2.14
			13.65	睽	6.2	猍	8.2
K			13.123	愯	12.71	誺	10.5
kai		恐	6.8	鷄鳩	8.8	賴	2.35
開	6.50	**kou**		跬	12.103	賴	13.62
	13.126	摳揄	6.46	愧	2.18	**lan**	
暟	13.140	姁	7.28	嘳	10.7	梛	1.21
鍇	2.28	寇	1.21	憒憒	10.31	惏	2.19
闦	6.50	縠	8.4	餽	12.81	幱褲	2.29
kan		**ku**		闚	10.45	襤	4.14
堪	12.62	刳	12.101	鬠帶	4.42		4.15
龕	13.16	哭極音絶	1.8	**kun**			4.38
	6.10	礐	13.151	焜	12.87	襤褸	3.48
衎	13.69	苦	2.17	褌	4.7		4.2
鶤鷄	8.7		3.13	梱	3.41	嘲哢	10.9
kang			12.88	困	13.32	攔	13.96
漮	13.65	袴	4.8	**kuo**		爛	7.17
抗	7.3	酷	7.17	括	12.64	**lang**	
kao		**kua**		蛞螻	11.3	鵾鵾	8.8
考	12.107	夸	12.41	廓	1.25	埌	13.154
ke		快	2.17		9.7	**lao**	
苛	2.20		3.13	劀	13.22	撈	13.53
柯	5.4	獪	2.37			勞	12.29

勞而相勉若言努		李父	8.1	**lian**		**lie**	
力者	7.9	俚	3.40	連此撲漸	3.49	列	3.20
癆	3.12	娌	12.8	憐	1.6	烈	1.4
蟧	11.2	理	13.78		1.7		13.132
老	1.18		6.38		1.17	裂帛爲衣	2.26
	10.40	歠	3.36		6.58	**lin**	
	12.51	檋	9.25		10.7	臨	13.140
老鼠	8.10	力	6.40	憐哀	10.7	琳	1.16
le			12.20	憐職	7.26	恀	10.10
樂	13.67	立	7.19	謰謱	10.9	**ling**	
lei			7.31	鎌	5.30	蛉蛄	11.1
類	7.5		12.75	鐮	9.20	悷	1.7
	13.46	苙	3.42	斂物而細	2.6		6.58
li		戾	1.13	縺	5.33	飴	13.148
狸	8.2		3.37	健子	3.1	綾	2.8
黎	1.18	屬	4.35	**liang**		欞	13.152
	12.51		6.52	蜋蜩	11.2	**liu**	
慴忚	10.33		12.66	緉	4.45	劉	1.16
斄鼠	6.30		12.67	眼	12.57	甀	13.153
蠡	13.29	縞	10.45	諒	1.20	**long**	
蠡孳	3.1	歷	12.11		12.3	隆屈	9.11
離	6.16		13.1	**liao**		瀧涿	7.20
	6.33	貓	10.26	聊	3.40	襱	4.8
	7.12	櫪	5.24	了	2.17	籠	13.142
	7.23	蠹	6.33	憭	3.52	聾	6.2
	12.52	轣轆車	5.39	嬢	2.1	聾之甚者	6.2
驪黃	8.13	劙	13.22	儦	2.7	轆	9.10
李耳	8.1	欚	5.6	療	10.38	壠	13.154

lou		籗	5.18	**lüe**			12.34
樓籧	5.25	略	2.24	略	2.32	謾台	1.15
螻蛄	11.3		6.20		13.120	鏝胡	9.1
螻螻	11.3	絡	5.23			**mang**	
壞	13.154		5.38	**M**		芒	13.20
簍	13.141	絡頭	4.42	**ma**			13.21
鏤	5.1	**lü**		馬馳	13.133	盲	10.5
lu		驢	7.30	馬蚿	11.18	氓	3.27
擄	12.94	吕	6.39	馬蚰	11.18	茫	2.33
蘆菔	3.9	旅	13.2	傌	13.122	庬	1.12
鱸蠪	8.15	脊	7.30	罵	7.10		2.2
纑	4.46	履	4.44	罵婢	3.5	黻	13.15
鸕鶿之子	2.5	履麤者	4.44	罵奴	3.5	莽	10.39
鹵	12.73	履襌者	4.44	罵奴婢	3.5		3.8
虜	12.72	履粗者	4.44	罵庸賤	3.46	蟒	11.7
鹿觡	5.26	履麻作之者	4.44	**mai**		**mao**	
逯	12.19	履絲作之者	4.44	懇	1.2	矛	9.3
禄	13.109	履中有木者	4.44	脈蝪	10.33		9.21
漉	13.89	篅	13.143	麥蚕	11.2	矛柄	9.3
淕	12.17	簏	6.40	麥鱧	1.31	矛骸細如鴈脛者	
露	3.30	褸	4.12	眿	10.25		9.21
luan			4.13	**man**		矛骸有小枝刃者	
孿生	3.1		4.23	滿	6.36		9.21
亂	13.77		4.38		13.121	髦	11.5
lun		褸裂	3.48	浼	3.25	蝥蜩	11.2
輪	9.12	律	12.78	傷	12.33	袤	6.3
luo		慮	1.11	漫	13.28	**mei**	
羅	7.23			謾	1.2	枚	12.110

		13.90	**mi**			13.6	帕頭	4.42
眉	1.18	麋	12.51	邎	6.16	瘼	3.21
攗	2.32	彌	13.118	**mie**		**mou**	
蘪	13.27	靡	2.8	滅	13.21	牟	1.6
美	2.3		13.127		13.127	侔莫	7.9
	13.124	蛝蛝	11.5	懱	4.36	謀	13.81
	13.140	汨	6.22	篾	2.8	謀思	1.11
美貌	2.3	眱	6.5	懱爵	8.12	麰	13.151
美容	2.4	簚	9.11	**min**		**mu**	
美色	2.3	**mian**		民	3.27	母	6.55
美心	2.3	眠	3.12	民男而壻婢	3.5	母妭	6.55
美狀	2.3	眠姃	10.33	民女而婦奴	3.5	木	13.147
挴	2.18	眠眩	10.31	緡	6.35	木細枝	2.8
	13.29	蝒馬	11.2	緡絲	6.35	木作	6.51
嚜屎	10.3	緜	6.35	**ming**		目	12.92
men		瞞	2.5	明	12.31	牧	12.20
懣	7.25	顢	2.5		12.57		12.21
	12.42	眄	2.24		13.84		12.22
meng		勉	1.32		13.139	翠	13.4
瓱	13.153	勉努	1.32	**mo**		墓	13.154
蒙	12.61	勔釗	1.32	摸	1.25	幕	12.26
幪	4.41	**miao**		膜	13.54		12.100
朦	2.2	媌	1.3	摩	6.43	䏰䐢	9.25
矇	13.151	杪	2.8		7.21	穆	1.20
猛	2.23		12.28	摩鋁	7.21	**N**	
蠓蝓	11.11		13.10	麿	5.5	**na**	
孟	12.7	眇	13.10	末	10.44	拏	10.9
		藐	13.5		13.2		

nan		埝	13.60		2.20	pan	
男	3.5	niang			3.33	蟠龍	12.105
南	8.9	釀菜	3.8		6.53	pang	
難	6.6	nie			7.18	旁人怒之	10.42
難貌	6.6	栃	1.4		12.53	旁人説之	10.42
赧	2.18	埿	6.15		13.59	pao	
ne			3.6	怒而噎噫	1.15	袍	4.28
眲	10.30	涅	8.4	nü		泡	2.7
neng		鑈	12.74	女	3.1	pei	
能	13.23	躡	1.28	女鷗	8.12	培	13.154
ni			12.45	女廝	3.3	貊	8.2
蜺	11.2	ning		恋	6.5	帔	4.4
伮	13.52	鵱鶵	8.12	蚭蚭	11.15	佩紟	4.22
逆	1.29	niu				pen	
怒	1.8	牛筐	13.141	O		盆	5.15
	1.9	忸怩	10.23	ou		peng	
	1.10	nong		甌	5.16	蓬薄	5.31
	1.11	農夫之醜稱	3.46	福	4.37	篷	9.11
	12.5	癑	10.46	耦	2.11	篣	13.142
睨	13.139	nu			12.8	pi	
懥	2.18	奴	3.5			披	6.34
翾	2.15	奴婢	3.5	P		披牛羊之五藏	7.15
nian		奴婢賤稱	3.5	pa		被巾	4.33
年小	2.8	笯	13.142	杷	5.28	鈹	9.22
鮎	1.31	努力	7.9	鈀	9.20	鍼	2.26
黏	2.15	弩	1.21	pai		鍼鍼	2.26
撚	1.26	弩父	3.4	韛	9.15	錍	9.20
念	1.11	怒	1.21	簰	9.25	懋朴	12.50

皮傅	7.14	枰	5.41	泣而不止	1.8	帤	4.42
毗	12.42	瓶	5.14	氣熟	7.17	倩	3.2
	13.3	憑	2.20	棄	10.14		12.49
	13.84	**po**		器破	6.34	**qiang**	
蚍蜉	11.13	陂	6.3	器破而不殊其音		强	7.9
蚍蜉塚	11.13	**pou**			6.34		12.36
蚍蜉犲鼠之場	6.30	掊	13.51	器破而未離	6.34		12.72
紕	6.38	**pu**		器物弊	3.48	强畣	6.54
瓴	5.12	鋪	12.24	**qian**		强取	2.32
脾	12.24	鋪頒	6.32	唊	13.67	强蚌	11.6
貔	8.2	撲	3.49	僉	1.21	牆居	5.20
獘	13.151		3.50		5.29	哓	1.8
匹	2.10	撲生	3.49		7.8	哓哴	1.8
	12.8	暴	7.15		12.39	**qiao**	
敊	6.34	瀑	6.55		12.40	繆	10.3
辟	3.46			攓	1.30	敲	10.14
澼	12.18	**Q**			10.17	骹	9.21
膘	2.7	**qi**		褰	4.8		9.23
鷿鷈	8.14	欺	1.16	扲	13.63	幧頭	4.42
pian		欺謾之語	10.33	虔	1.2	幧頭遍者	4.42
偏裨	4.25	榱娥之臺	2.3		1.16	盄	13.147
偏塞	6.12	踦	2.12		3.24	翻	12.91
piao		奇	2.12		12.34	譙	7.7
瓢	5.6	衹	9.12	鉗	10.29		7.28
僄	10.48	跂	1.28	潛	10.12	譙讓	7.7
ping		萁	5.41		13.99	鈔	2.1
平均	7.22	綦	9.9	譴喘	13.31	削	9.7
平題	9.20	錡	5.1	芡	3.10	竅	13.9

qie

且	13.113
挈	6.24
鍥	5.30
竊視	10.45

qin

矜	9.3
	9.6
撢	13.83
䘳	5.3

qing

清	12.18
	12.43
	12.45
輕	1.3
	10.48
蜻蚓	11.4
蜻蛉	11.8
蜻蜻	11.2
擑	13.30

qiong

蛩𧒫	6.8
蛬	11.4
傑伀	7.10
𤲬	12.43
銎	9.23
樏	9.25
儝	6.24

| 籧籠 | 9.11 |

qiu

丘	13.154
緅	9.17
𧕌子	8.17
朹	3.28
求	2.32
酋	7.17
惆	13.43
蜫蝓	11.14

qu

抾摸	6.44
坥	6.30
苖	5.31
蛆蝶	11.18
麴	5.31
	13.151
蚼蠸	11.13
渠挐	5.28
渠疏	5.28
蝶蟹	11.17
籧篨	5.34
籧篨	5.34
曲道	5.41
曲領	4.6
曲綸	9.17
曲綯	9.17
取	1.30

	2.32
	3.44
	6.19
	10.17
	10.47
	13.53
	13.62
取物而逆	1.30
取物溝泥中	10.47
取物之上	2.22
去	6.44
去簇	13.143

quan

悛	6.29
全物而體不具	2.12
匴璇	5.41
勸	10.42

qun

逡	12.10
	12.11
輴	9.13
箘	5.41
帬	4.4
	4.29

R

ran

| 袡 | 4.5 |

然	10.43
	12.54
冉鐮	6.37

rang

攘	12.25
躟	2.7
懹	7.6
讓	7.7

rao

橈	9.25
饒	13.106
擾	6.23
繞衿	4.29
繞緢	4.34

re

| 惹 | 10.9 |
| 熱 | 7.29 |

ren

人不靜	6.23
人殘罵	10.29
人罵乳而雙産	3.1
人貧衣被醜弊	3.48
人兮	10.7
人相侮以爲無知	
	10.30
人言盛及其所愛	
	2.7
人語而過	1.21

人語言過度及妄	**rui**	**sha**	**she**
施行　10.46	蕤　2.8	殺　1.16	蛇醫　8.15
人之初生　13.72		3.24	蛥蚗　11.1
人之大　1.12	**S**	紗績　4.42	舍車　7.4
鵟　8.9	**sa**	箑　5.21	涉濟　7.32
荏　3.8	馺　13.133	**shai**	攝殳　5.29
衽　4.12	塞　6.57	曬　7.15	**shen**
紉　6.49	塞塞　10.20	10.18	娠　3.3
餁　7.17	**san**	**shan**	深　13.51
ri	三鐮長尺六者 9.20	扇　5.21	深衣　4.1
日運　12.11	三刃枝　9.2	12.86	深之大　1.12
rong	三刃枝柄　9.2	挻　1.30	葠綏　2.36
戎　1.12	散　3.24	**shang**	椹　5.36
3.15	6.34	商人醜稱　3.46	抌　10.41
容　2.4	**sang**	傷　1.9	沈　1.21
容盛　6.10	桑飛　8.12	上　6.17	弞　6.39
融　1.19	顙　10.34	12.63	審　6.41
蠑螈　8.15	**sao**	12.109	慎　1.10
ru	騷　6.12	**shao**	1.11
茹　7.27	**se**	娋　12.7	**sheng**
帤　4.41	色　13.93	梢　12.76	升甌　5.15
儒輸　12.2	13.125	捎　4.18	生而聾　6.2
襦　4.6	嗇　10.10	筲　5.9	笙　2.6
4.20	12.89	13.143	5.34
敄　2.15	12.90	少　3.51	聲　13.14
入耳　11.15	歰　7.2	少兒泣而不止　1.8	13.16
蓐　8.5	10.27	哨　7.5	聲變　6.34
12.79			繩索　6.48

眦	1.23		12.78	罟之初生	13.72	練	4.45
	10.46		13.72	罟支體不具者	2.12	**shui**	
	12.87		13.91	獸無耦	6.24	水敝	13.28
賊	13.79	式	13.55	**shu**		水中可居	12.99
	13.110	是子	10.4	杸	9.2	税	7.4
盛	2.7	室	9.7	姝	1.3	**shun**	
聖	3.17	逝	1.14	瓶	5.11	順	2.5
shi		視	6.20	紓	12.44	**shuo**	
尸鳩	8.9		10.45	舒	10.32	碩	1.21
失	6.26	徥	2.6	舒勃	6.45	猇	2.13
施	6.35		6.31	輸	12.15	鑠	2.5
施於年者	1.19	飾貌	7.28	熟	7.17		7.21
施於眾長	1.19	試	13.58		12.66	**si**	
湜	1.10	適	1.14	蜀	12.111	司	12.20
湜瀲	13.28		13.116	鼠	8.16	私	2.8
鎙	9.3	噬	7.13	褈褕	4.2		13.15
食	1.31		12.69	數	3.36	思	1.11
	7.27		12.70	樹	5.36		10.7
	12.69	諰	6.42	樹植	7.31	思之貌	1.11
食閻	10.42	睪	13.139	禮	4.39	斯	7.12
時	12.52	匙	13.146	**shuang**		絲	6.38
蒔	12.75	**shou**		雙	2.5	漸	3.49
矢	9.4	守宮	8.15		6.25		13.135
豕	8.5	守宮大者而能鳴		雙産	3.1	甀	5.13
使	13.18		8.15	雙聾者	6.2	蜦蜍	8.15
使犬	7.5	守宮在澤中者	8.15	爽	2.23	四鐮	9.20
使之而不肯	10.5	首	13.72		13.41	伺	10.45
始	12.23	受	6.10	潹	13.88	柶	5.37

飤	12.21	隨	3.45	**tai**		**tao**
飤馬囊	5.25		12.38	胎	1.5	叨 2.19
椑	5.27		13.57		13.32	舀 13.141
覗	10.45	籥	13.150	台	1.5	逃 13.32
駛	10.30	縫車	5.39	臺	2.10	陶 1.5
song		**sun**			13.75	13.82
枀	3.47	飧	1.31	臺敵	2.10	裪襝 4.32
悚	13.25	**suo**		儓	3.46	**te**
愯㥭	10.42	榱	5.24	鮐	1.18	特 6.24
聳	6.1	縮	5.19	**tan**		**teng**
	6.2	所疾	7.1	貪	1.16	縢 2.5
	13.25	所以藏箭弩	9.20		10.10	艛 11.7
sou		所以行棊	5.41		13.29	**ti**
捜	2.32	所以墓	13.154	貪而不施	10.10	啼極無聲 1.8
廀	3.43	所以投簙	5.41	貪飲食者	7.27	蜓蚈 11.1
俊	6.55	所以注斛	5.17	嘽咺	1.15	體 2.12
籔	5.19	索	6.32	錟	9.22	2.13
su			13.135	譠謾	10.33	體而偏長短 2.13
蘇	3.8	索	6.19	袒飾	4.27	**tian**
	10.32			**tang**		天龍 12.105
蘇小者	3.8	**T**		惕	10.1	天螻 11.14
素	13.5	**ta**		搪	13.80	田力 6.40
速	2.34	遝	3.18	螗蜩	11.2	田儓 3.46
遬	12.19	榻前几	5.37	簜	5.35	恬 13.94
摵	13.13	傝	13.32	鍚	13.150	搷 12.98
愬	10.15	踏	1.27	螳蜋	11.5	殄 12.90
sui		譶	13.11	餹	13.150	悌 6.5
隋	13.33		13.71			腆 13.14

	13.129	tong		tun		鞾下	4.44
銛	3.44	通詞	1.21	豚	8.5	wang	
鍤	5.1	同	3.22	tuo		亡	13.99
	6.9	眮	6.11	託	2.16	亡婢	3.5
tiao		桶㮤	5.9		13.115	亡奴	3.5
佻	7.3	筩襱	4.39	飥	13.149	蚣孫	11.4
	12.35	痛	1.8	脫	12.14	往	1.14
恌	13.78		2.21	脫衣相被	6.35		12.29
斛	5.27		3.12	馲駝	7.30	妄施行	10.46
蜩	11.2		13.71	譢	1.2	忘	13.14
蜩蟉	11.2	tou		陀	6.14	望	12.13
窕	10.11	投簙	5.41	嫷	2.3	怓	12.30
	2.3	透	2.13	楕	12.14	wei	
跳	1.27	tu		毻	13.33	危	6.37
ting		突	10.19	洼	3.25	威	12.32
聽而不聰	6.2	荼	12.49			娃	12.31
亭父	3.4	筡	13.17	W		微	2.9
蜓蚞	11.1	腯	13.110	wa		巍	6.56
筳	6.47	土而高且大者	1.24	黿	12.78	惟	1.11
侹	3.26	土作	6.51	娃	2.3	圍	12.59
娗	10.3	tuan		譁	3.6	圍大	2.2
	12.33	褍	13.8	明	6.2	圍基	5.41
艇	9.25	貒	8.3	矖	6.2	爲	6.52
艇長而薄者	9.25	tui		wan		維船	9.25
艇短而深者	9.25	推	10.41	宛	13.45	鍏	5.27
艇小而深者	9.25	屨	4.44	俒	13.68	鑝	5.26
鋌	3.49	退	12.44	盌	5.4	尾	12.76
				椀	13.147	委痿	7.19

偉其肥臟	2.7	屋而下	6.15	物盡生者	3.49		13.136
偽物	6.37	屋栝	13.152	物空盡者	3.49	睎	2.24
蔿	2.37	烏頭	3.10	物力同者	2.10	翕	3.50
	3.6	誣	6.18	物生而不長大			12.88
未	1.26	吳	13.36	10.28			13.132
	12.38	無賴	10.3	物盛多	1.21	徯醢	6.37
未孚始化	3.6	無裯之袴	4.17	物樹稼早成熟	6.46	膆	13.70
	8.4	無袂衣	4.16	物無耦	6.24	嬉	10.1
未及	1.26	無耦	6.24	物細大不純者	6.3	蜈蝚	11.1
未離	6.34	無升	13.145	物小者	2.8	蟋蟀	11.4
未陞天龍	12.105	無寫	10.7	物之大貌	1.12	貕	8.5
磑	5.22	無有耳者	6.2	物之壯大者而愛		瘝	6.13
	12.56	無緣之衣	4.15	偉之	1.21		6.34
慰	3.16		4.38	物壯大	1.12	餼	2.25
魏	2.6	無知	10.30			糦	7.17
	13.23	撫	13.154	**X**		㰚	5.6
魏盈	7.18	蕪	13.27	**xi**		習	12.9
wen		蕪菁	3.9	希	7.21	喜	10.36
文	12.96	侮	3.5	析	13.17		13.95
	13.76	悟	13.116	析竹	13.17	呬	2.25
聞而不達	6.2	悮	6.58	䣊巳	10.36	細而有容	2.6
璺	6.34	憮	1.6	蜥易	8.15	細貌	2.6
weng			1.7	豨	8.5	廞	12.46
翁	6.55		1.17	晞	1.8	篗	5.17
瓮	5.10	甒	5.10		13.16	戲	6.53
䉛	5.13	仵	6.16	息	2.25	戲泄	10.16
wu		物	6.38		10.16	餏	12.82
洿	3.25	物長	1.19		13.97	灦沐	10.21
				晰	7.15	黷	13.93

xia		相敬愛	1.17	效	12.31		12.19
狎	13.130	相難	6.6		12.96		12.80
菩	3.8	相暴僇	7.15	**xie**			13.64
點	1.2	相竊視	10.45	歇	10.16		13.112
問	5.5	相推搏	10.41		12.17	省省	10.20
下	6.15	相問而不知	10.5	蝎	7.13	**xiong**	
	13.60	相益而又少	3.51		11.14	兄	10.26
夏	1.12	相正	6.4	協	3.7	**xiu**	
	1.21	箱	9.15	挾斯	3.48	修	1.19
xian		蠜蛉	11.3	脅閱	1.15	羞	12.66
鮮	10.8	**xiao**		饞	12.81	羞繹	2.36
鼲鼠	8.10	肖	7.5	榍	5.7	袖	4.9
纖	2.8		12.84	泄	10.16		4.32
咸	12.68	宵	13.18	屑	3.38	**xu**	
撋	1.30	小	2.8		12.29	盱	2.5
睍	2.24		12.28		12.30	胥	6.7
嶮	6.56		12.84	媟	13.130		7.8
擱	2.23		13.10	緤	10.44	訏	1.21
xiang		小兒多詐而獪	10.3	齘	2.20	須捷	3.48
相	13.1	小舸	9.25	**xin**		勖茲	1.32
相被飾	6.1	小袴	4.40	心內慙	6.5	壻	3.2
相憚	6.6	小膭艒	9.25	辛芥	3.9		3.5
相惡	7.1	小怒	2.20	薪	2.30	蓄	13.45
相仉	10.48	小枝刃	9.21	信	1.20	煦煆	7.29
相非議人	10.25	曉	1.1		7.11	緒	10.44
相候	10.45		3.13	**xing**		續	1.26
相見驩喜	10.7		13.84	行	6.31		6.48
相驚	2.13		13.100		12.11		

xuan		搻	3.15	擱	6.48	楧	5.29
咺	1.8	**yan**		甗	5.3	样	5.33
愋	12.3	淹	13.28	纒	1.26	**yao**	
蝖蠤	11.14	俺	1.6	猒	6.57	姚娙	13.34
儇	1.2		1.17	暚	6.20	傜	6.3
	12.34	延	1.19	鴈	6.25	搖	12.63
嬛	1.26		13.134		8.11	搖扇	2.34
玄蚼	11.13	言非其事	7.14	鴈脛	9.21	遙	6.21
旋	6.46	妍	1.3	鴈頭	3.10		6.22
縣	7.3	挻	13.30	讞	6.18		10.11
縣欙	5.33	梃	5.22		10.9	愮	10.38
縣欋	9.25	閻	13.126	讞與	6.18		12.85
懸褕	4.30	閻筶	6.50	豔	2.3	媱	10.1
朘	13.50	顔	10.34	**yang**		銚銳	5.4
選	13.134	奄	2.33	央亡	10.3		13.147
	2.22		10.16	鞅	12.36	蘨	3.9
眩	3.12	匽戟	9.2		12.37	嶢	6.56
繯	5.33	掩	3.22	羊	11.12	蹈	1.27
xun			6.19	羊頭	9.20	窔	2.3
恂	1.20		6.59	揚	2.5	**ye**	
循	12.10		12.25		12.98	噎	6.13
尋	1.19		13.74	煬	13.132	噎噫	1.15
潯	3.25	揜	6.43	欜	5.5	蟂蟻	11.11
		遾	12.80	卬	6.52	俺	4.42
Y		淹	4.20	養	1.5	野鳧大者	8.14
ya		淹笌	5.25		13.73	野鳧小而好没水	
盓	5.5	淹囊	5.25		13.82	中者	8.14
軋	10.27	褗	4.10	養馬者	3.3	傑	2.4

葉	3.50	類	7.16		13.2	蝘蜓	11.15
葉輸	2.29	以驢馬馲駝載物		被	4.21	愁	1.9
殗	2.9	者	7.30	瘱	6.41	**ying**	
殗殜	2.9	以目相戲	6.20	懌	6.29	罃	5.11
業	13.63	以器盛而滿	6.36	殪	2.31		5.12
暈	12.87	倚	2.12		6.59	罃甄	5.15
剌	6.48	倚伴	5.35		13.74	罃甄小者	5.15
餰	13.148	蟻土	10.24	臆	13.121	甖	5.10
yi		刈鉤	5.30	膉	13.70	甖大者	5.10
一	12.111	仡	9.25	饐	5.10	甖小者	5.10
衣被醜弊	3.48	役	10.14	譩譆	6.42	甖中者	5.10
依	13.108	抑	13.98	繹	1.19	䲭	6.54
	13.109	佚	3.26		6.38	蠅	11.2
欸	10.43	佚惕	6.60	譯	13.119	迎	1.29
褘	4.5	易	13.33	**yin**		盈	12.92
緊袼	4.37		13.91	音	12.93	桯	5.37
醫治	10.38	易蝪	8.15	暗	1.8	嬴	12.83
瑿	10.43	奕	1.12	瘖蛔	11.2		13.100
台既	6.26		2.4	茨	12.57	攍	7.30
夷狄之總名	12.106	弈	5.41	淫	10.11	蠅	11.12
既	6.26	葰	3.10	婬	12.41	孆	1.3
椸	5.37	益	13.122	黃	12.95	礦	12.9
飴	13.150	陥	13.102	引	12.107	籯	5.9
儀	2.14	殹	12.100	飲毒藥潢	10.31	饎	12.82
肄	1.4	凱	10.10	飲藥傅藥而毒	3.12	媵	13.115
頤	10.35	裔	12.9	隱	3.43	艛	2.16
鎰	9.1		12.106	隱櫂	9.25	**yong**	
以火而乾五穀之			13.1	蝘塲	6.30	庸	3.26

	3.47	柚	6.51	欲	6.1		7.24
庸賤	3.46	祐	13.77	欲而不獲	1.10	死專	5.41
毿	10.46	蚴蛻	11.11	欲思	1.11	願	1.11
永	1.19	**yu**		道	12.12	饢	13.150
甬	3.5	於道	2.32	寓	2.16	**yue**	
恿	6.36	於麤	8.1		3.29	葯	13.49
用	6.31	淤	12.99	裕	3.23	月運	12.11
you		于	1.21	喊	13.16	悦	10.32
幽芥	3.9	仔	2.2	愈	3.52		12.58
悠	1.11	盂	5.4	嫗	13.125	越	6.16
憂	1.10		13.147	繘	5.23	籆	5.38
	10.38	瑜	13.154	繘綆	5.23	蹦	1.28
	12.70	揄鋪	2.29	鵨	8.9	蹯	13.7
由	6.7	榆	12.14	鬱	1.11		13.112
	13.55	虞	12.13	鬱熙	12.6	鑰	5.40
由迪	6.4	愚	12.2	鬱悠	1.11	**yun**	
由女而出	1.14	甌	5.11	**yuan**		允	1.20
由旁人之勸語	6.1	褕	4.9	爰	6.54	惲	13.81
峉	5.10	餘	1.4		12.1	蘊	12.89
蚰蜒	11.15		2.30	暖	6.54		13.79
遊	10.1	籈	13.141		12.1		13.106
	10.12	予	2.35	飯	13.148		
猷	3.23		13.117	榬	5.38	**Z**	
	13.56	與	6.18	緣	4.30	**za**	
有得亡之意	10.7		12.16		13.3	雜	3.17
有容	2.6	語言過度	10.46	轅	9.14		13.111
有汁而乾	7.16	芋	13.131	遠	6.16	**zai**	
有墜	1.10	吁	12.54		6.21	崽	10.4

聹	6.2	襭	4.3	餛餛	13.149	袗	3.37
載	12.62	繒帛之細者	2.8	長老	6.55		9.16
載物者	7.30	**zha**		杖	9.6	稹	4.46
zan		挓	10.47	帳	5.25	槇	5.33
讚	13.61	詐	3.14	**zhao**		黰	13.15
zang			10.3	昭	13.140	**zheng**	
臧	3.5		13.56	釗	1.32	征伀	10.21
	12.79	摣	10.47		7.24	烝	12.41
	13.105	**zhan**		鉊	5.30	崝	6.56
奘	1.12	詀諵	10.9	錯	13.144	抍	13.7
葬而無墳	13.154	詹	1.13	趙	5.36	正	3.35
zao		霑漬	7.20		12.84		6.4
早成熟	6.46	瞻	10.45	櫂	5.4		12.74
皁	5.24	巓	10.34	**zhe**		甄	5.10
梟	5.27	展	1.20	折	6.48	**zhi**	
艁舟	9.25		6.6	哲	1.1	支	13.75
燥	13.136		6.45	菥	5.34	支註	10.9
譟	12.93		7.11	柹	5.33	汁	3.7
ze		盞	5.5	祐	4.18	知	1.1
幘巾	4.43	占	10.45		4.23		3.52
嫧	10.8	湛	13.66	謫	3.33		12.3
簀	5.36	蔵	11.2	謫	10.25	提	13.95
zei		戰慄	6.8	蟅蟒	11.7	鼃黽	11.16
賊	1.16	**zhang**		**zhen**		直袊	4.27
zeng		張	12.94	斟	3.7	植	5.33
憎	7.6		13.80		3.51	殖	12.75
橧	8.5	張小使大	1.25	枕	9.16	摭	1.30
甑	5.3	餦餭	13.150				2.32

蹠	1.27	中心不欲而由旁			12.46	zhun	
蟅蟞	8.10	人之勸語	6.1	杼首	2.2	諄	3.39
止	12.24	柷	4.7	注	5.17	諄憎	7.1
	12.25	冢	13.154	柱而下	6.15	zhuo	
至	1.13	冢大者	13.154	祝蜓	8.15	棁	12.15
志而不得	1.10	冢小者	13.154	褚	10.22	斲	13.101
郅	1.28	重	6.9	箸箅	5.9	怵	1.8
制水	9.25		12.109	築娌	12.8	灼	13.37
炙	13.132	衆信	1.20	zhuan		袡繵	4.26
治	3.31	zhou		轉	12.12	斫	10.30
	7.28	周	13.92		12.63	琢	2.27
	10.38	周官之法	1.19		13.31	斵	2.26
絰	4.2	洲	12.99	轉目	6.11	諑	10.15
絰衣	4.38	輈	9.14	轉目顧視	6.11	擢	3.15
蛭	11.13	妯	6.23	籑	1.30	濯	1.21
蛭蛒	11.14	舳	9.25	zhuang		zi	
倁	1.22	軸	9.13	壯	1.12	子	10.4
螲	8.5	紂	9.17		3.11	姊	12.7
摯	13.13	zhu		狀	12.27	第	5.36
置立者	7.31	侏儒	11.16	幢	2.31	呰	10.28
雉	6.38	豬	8.5	zhui		紫華者	3.9
穉	2.8	豬檻	8.5	追	12.38	訾	10.2
緻	4.2	豬子	8.5	錐	13.144	自家而出	1.14
	4.13	竈蝥	11.16	鵖	8.16	自敬	6.28
	4.38	蠋蝓	11.16	甄	5.10	自愧	6.5
zhong		助	12.86		5.11	恣	3.26
中	12.60	杼	2.2	餟	12.81	zong	
中亡	1.10		6.51			葼	2.8

瞛	10.45	俎几	5.37	**zun**		袾衣	4.1
艐	1.13	祖	12.63	尊老	6.55	酢餾	5.3
䡅	9.12		13.72	遵	2.30	飵	1.31
zu		**zuan**			12.80		
卒	3.4	鑽	9.5	鐏	9.24	**音義未詳字**	
卒相見	10.19	**zui**		**zuo**		蓊	10.26
崒	3.22	罪	3.39	作	6.51		
珇	13.124				13.19		

筆畫索引

一畫

一　　　　12.111

二畫

人之大　　　1.12

人之初生　　13.72

人不靜　　　6.23

人兮　　　　10.7

人言盛及其所愛

　　　　　　　2.7

人相侮以爲無知

　　　　　　　10.30

人貧衣被醜弊3.48

人殘罵　　　10.29

人語而過　　1.21

人語言過度及妄

　　施行　　10.46

人罾乳而雙産　3.1

入耳　　　　11.15

几高者　　　5.37

匕　　　　　13.146

刁斗　　　　13.145

了　　　　　2.17

力　　　　　6.40

　　　　　　12.20

三畫

三刃枝　　　9.2

三刃枝柄　　9.2

三鐮長尺六者9.20

于　　　　　1.21

干　　　　　9.8

土而高且大者1.24

土作　　　　6.51

工爵　　　　8.12

下　　　　　6.15

　　　　　　13.60

大　　　　　1.12

　　　　　　1.21

　　　　　　2.36

　　　　　　12.95

　　　　　　13.36

　　　　　　13.131

大人　　　　2.2

大人少兒泣而不

　止　　　　1.8

大巾　　　　4.5

　　　　　　4.41

大而多　　　10.46

大芥　　　　3.9

大袴　　　　4.40

大貌　　　　2.2

大醜　　　　4.44

上　　　　　6.17

　　　　　　12.63

　　　　　　12.109

小　　　　　2.8

　　　　　　12.28

　　　　　　12.84

　　　　　　13.10

小枝刃　　　9.21

小兒多詐而獪10.3

小怒　　　　2.20

小舸　　　　9.25

小袴　　　　4.40

小艒縮　　　9.25

巾　　　　　4.41

久熟　　　　7.17

凡　　　　　13.90

凡思　　　　1.11

及　　　　　3.18

及其所愛　　2.7

亡　　　　　13.99

亡奴　　　　3.5

亡婢　　　　3.5

尸鳩　　　　8.9

己不欲怒而旁人

　怒之　　　10.42

己不欲喜而旁人

　説之　　　10.42

子　　　　　10.4

孑　　　　　2.30

女　　　　　3.1

女廁　　　　3.3

女鷗	8.12	匹	2.10	今	12.67		12.38
			12.8	分	6.33	未及	1.26
四畫		巨	1.21	公	6.55	未孚始化	3.6
天龍	12.105	戈	9.1	公賁	3.8		8.4
天螻	11.14	比	3.26	月運	12.11	未陞天龍	12.105
木	13.147	止	12.24	印	6.52	未離	6.34
木作	6.51		12.25	殳	9.2	末	10.44
木細枝	2.8	少	3.51	文	12.96		13.2
支	13.75	少兒泣而不止	1.8		13.76	正	3.35
支註	10.9	屮	11.2	方舟	9.25		6.4
不安	9.25		12.28	火	10.6		12.74
	10.20	日運	12.11	火乾	7.16	去	6.44
不安之語	10.20	中	12.60	火熟	7.17	去簶	13.143
不長大	10.28	中亡	1.10	戶鑰	5.40	艾	1.5
不具	2.12	中心不欲而由旁		心內悪	6.5		6.55
不知	10.5	人之勸語	6.1	引	12.107	本	13.47
不甚	2.9	水中可居	12.99	以火而乾五穀之		可惡	7.1
不施	10.10	水潵	13.28	類	7.16	布帛之細者	2.8
不殊其音	6.34	牛筐	13.141	以目相戲	6.20	布穀	8.6
不借	4.44	升甌	5.15	以器盛而滿	6.36	平均	7.22
不純	6.3	仇	3.28	以驢馬馲駝載物		平題	9.20
不得	1.10	化	3.6	者	7.30	占	10.45
不欲	6.1		12.23	允	1.20	且	13.113
不欲鷹而强愈	6.54	刈鉤	5.30	予	2.35	目	12.92
不達	6.2	介	6.24		13.117	甲襦	4.3
不斟	3.51	父	6.55			田力	6.40
不獲	1.10	父老	6.55	**五畫**		田儜	3.46
不聰	6.2	父姼	6.55	未	1.26	由	6.7

	13.55	氾	3.25	**六畫**		曲道	5.41
由女而出	1.14	永	1.19	式	13.55	曲領	4.6
由迪	6.4	司	12.20	戎	1.12	曲綸	9.17
由旁人之勸語	6.1	尻	3.16		3.15	曲綯	9.17
央亡	10.3	民	3.27	扞	12.98	同	3.22
兄	10.26	民女而婦奴	3.5	考	12.107	呂	6.39
叨	2.19	民男而壻婢	3.5	老	1.18	吃	10.27
冉鐮	6.37	出	1.26		10.40	年小	2.8
四鐮	9.20	出火	13.7		12.51	缶	5.14
生而聾	6.2	出伏	13.7	老鼠	8.10	缶小者	5.14
失	6.26	奴	3.5	扱	13.85	伏卵	3.6
矢	9.4	奴婢	3.5	地大	1.24	伏雞	8.4
丘	13.154	奴婢賤稱	3.5	耳目不相信	10.30	延	1.19
代	3.26	加劇	3.51	芋	13.131		13.134
仡	9.25	皮傅	7.14	芒	13.20	伈	13.52
仉	10.48	台	1.5		13.21	伆	6.16
用	6.31	台既	6.26	杚	3.28	役	10.14
氐惆	10.31	矛	9.3	有汁而乾	7.16	自家而出	1.14
夗專	5.41		9.21	有容	2.6	自敬	6.28
立	7.19	矛柄	9.3	有得亡之意	10.7	自愧	6.5
	7.31	矛骹有小枝刃者		有墜	1.10	仔	2.2
	12.75		9.21	夸	12.41	行	6.31
玄蚼	11.13	矛骹細如鴈脛者		匼	5.19		12.11
半	12.59		9.21	列	3.20		12.19
半步	12.103	母	6.55	夷狄之總名	12.106		12.80
半盲	12.104	母妜	6.55	至	1.13		13.64
半聾	6.2			吁	12.54		13.112
汁	3.7			早成熟	6.46	全物而體不具	2.12

合	12.90		2.3	杜蛒	11.3
危	6.37		10.8	杠	5.36
多	10.46		13.4	杖	9.6
多詐	10.3		13.34	李父	8.1
色	13.93		13.124	李耳	8.1
	13.125	好目	1.3	求	2.32
交	4.19		2.5	車下鐵	9.9
衣被醜弊	3.48	牟	1.6	車枸簍	9.11
盲	10.5			車枸簍上約	9.11
充	1.19	**七畫**		車紂	9.17
	13.73	戒	13.12	車釭	9.19
妄施行	10.46	扶	13.86	車轄	9.10
羊	11.12	扟	13.7	更	3.26
羊頭	9.20	折	6.48		12.75
汗襦	4.3	抾	13.63	豆筥	5.8
忉	1.8	抑	13.98	喬	1.12
守宮	8.15	投簙	5.41	豕	8.5
守宮大者而能鳴		抗	7.3	步	12.12
	8.15	抖藪	6.32	肖	7.5
守宮在澤中者	8.15	扰	10.41		12.84
安	6.57	志而不得	1.10	吳	13.36
	10.13	芥	3.8	見	13.119
	13.66	芬	13.107	助	12.86
	13.98	茮	3.10	男	3.5
艮	12.56	茷	12.57	困	13.32
阰	13.9	杜	3.19	吹	12.86
好	1.3		7.2	別	3.31
	2.1	杜狗	11.3	岑	12.95

私	2.8				
	13.15				
何	10.2				
何爲	10.2				
何斟	3.51				
佚	3.26				
佚惕	6.60				
作	6.51				
	13.19				
伯都	8.1				
阜	5.24				
伺	10.45				
希	7.21				
爺	4.41				
狄	12.101				
迎	1.29				
言非其事	7.14				
亨	7.17				
庇	2.16				
远	13.103				
	13.104				
辛芥	3.9				
忘	13.14				
灼	13.37				
汨	6.22				
沈	1.21				
沉	10.12				
忰	12.55				

快	2.17		13.103	取物之上	2.22	刺	2.21
	3.13	長老	6.55	取物而逆	1.30		12.48
忸怩	10.23	長首	2.2	取物溝泥中	10.47	刺船	9.25
帊褾	4.33	抶摸	6.44	苦	2.17	協	3.7
初	13.72	拔	3.15		3.13	刐	12.101
初生	13.72		13.7		12.88	奇	2.12
初達	2.8	坥	6.30	苟	2.20	奄	2.33
即	12.59	担	10.47	苃	3.19		10.16
尾	12.76	抽	13.114	苙	3.42	敗	6.34
局	5.41	拊	12.4	直衿	4.27	到	13.13
改	6.29	坻	6.30	杜	5.37	郅	1.28
阿與	6.18		11.13	杪	2.8	【丨】	
壯	1.12	拘腸	9.20		12.28	非	3.34
	3.11	抱	8.4		13.10	非其事	7.14
陁	6.14	抱嬎	2.11	枚	12.110	虎	8.1
陂	6.3	拌	10.14		13.90	盰	2.5
姅	1.3	拕	10.41	析	13.17	呵叱者	7.18
姸	1.3	拂	3.15	析竹	13.17	明	12.31
努力	7.9	披	6.34	來	2.14		12.57
甬	3.5	披牛羊之五藏	7.15	枕	9.16		13.84
		取	1.30	杷	5.28		13.139
八畫			2.32	杼	2.2	易	13.33
【一】			3.44		6.51		13.91
盂	5.4		6.19		12.46	易蜴	8.15
	13.147		10.17	杼首	2.2	旷	12.96
長	1.19		10.47	軋	10.27	虹	11.5
	6.39		13.53	或	10.37	蚔蟓	11.1
	12.6		13.62	或如此	10.37	呭	2.25

帔縷	2.29	使	13.18	肥臘	2.7	注	5.17
帔	4.4	使之而不肯	10.5	服翼	8.10	泣而不止	1.8
【丿】		使犬	7.5	服鴟	8.9	治	3.31
制水	9.25	侗胴	12.27	周	13.92		7.28
知	1.1	侏儒	11.16	周官之法	1.19		10.38
	3.52	侹	3.26	狙	6.19	怚	12.39
	12.3	佻	7.3	狌	13.130	怛	1.8
牧	12.20		12.35	忽	13.20		13.35
	12.21	佩紟	4.22	咎	13.11	怵	12.60
	12.22	依	13.108	炙	13.132	定	6.27
物	6.38		13.109	【丶】			13.69
物力同者	2.10	帛之細者	2.8	京	1.12	定甲	8.7
物小者	2.8	伴莫	7.9	卒	3.4	冢	10.13
物之大貌	1.12	征伀	10.21	卒相見	10.19	空	3.49
物之壯大者而愛		徂	1.14	瓬	5.10		13.65
偉之	1.21	往	1.14	刻	13.24		13.123
物生而不長大			12.29	於道	2.32	宛	13.45
	10.28	所以行棊	5.41	於麴	8.1	戾	1.13
物壯大	1.12	所以投簙	5.41	呡	3.27		3.37
物長	1.19	所以注斠	5.17	炖	13.8	亟	4.10
物空盡者	3.49	所以墓	13.154	炊箕	5.19	袀襌	4.26
物盛多	1.21	所以藏箭弩	9.20	炊薪不盡	2.30	瓶	5.10
物細大不純者	6.3	所疾	7.1	法	3.32	【一】	
物無耦	6.24	舍車	7.4		7.5	居	13.72
物盡生者	3.49	采	13.154		13.46	弞	6.39
物樹稼早成熟	6.46	受	6.10	泄	10.16	承露	4.43
和	13.107	念	1.11	泔	9.25	孟	12.7
委痿	7.19	瓮	5.10	泡	2.7	牀	5.36

牀上板	5.36	者	10.40	相益而又少	3.51	皆	7.8
牀杠	5.36		12.83	相被飾	6.1	【丨】	
狀	12.27	者鮐	1.18	相推搏	10.41	省省	10.20
呕	1.17	挌	13.83	相問而不知	10.5	削	9.7
姑蟄	11.6	茛	13.57	相惡	7.1	昒	2.24
妯	6.23	革	10.40	相敬愛	1.17	是子	10.4
姉	12.7	茉	3.11	相憚	6.6	眇	13.10
始	12.23	芩	1.23	相暴僇	7.15	咺	1.8
	12.78	草	3.8	相難	6.6	晞	10.18
	13.72		10.39	相驚	2.13	昭	13.140
	13.91	草木刺人	3.11	相竊視	10.45	毗	12.42
弩	1.21	草生而初達	2.8	柚	6.51		13.3
弩父	3.4	苗	5.31	柍	5.29		13.84
迨	3.18	荏	3.8	柢	12.48	思	1.11
		荗媞	10.33	枸簍	9.11		10.7
		荄	3.19	柱而下	6.15	思之貌	1.11
九畫		茫	2.33	祕	9.2	帞頭	4.42
【一】		茹	7.27		12.48	幽芥	3.9
珇	13.124	南	8.9	柿	5.29	【丿】	
毒	3.12	柟	1.4	匽戟	9.2	牴	1.22
	13.42	柯	5.4	咸	12.68	舌	5.27
毒而不發	10.31	枰	5.41	庬	1.12	重	6.9
封	10.24	相	13.1		2.2		12.109
持去	6.44	相正	6.4	威	12.32	怘愉	12.58
城旦	8.7	相仉	10.48	厚	12.79	㑊	12.36
垤	10.24	相見驩喜	10.7		13.129		12.37
括	12.64	相非議人	10.25	斫	10.30	修	1.19
挺	1.30	相候	10.45	殄	12.90	俚	3.40
	13.30						

保庸	3.5	急	12.45	美容	2.4	既隱	6.27
侮	3.5	【丶】		美貌	2.3	屋而下	6.15
信	1.20	哀	1.7	酋	7.17	屋相	13.152
	7.11		12.1	首	13.72	眉	1.18
鬼	1.2	哀而不泣	1.8	逆	1.29	胥	6.7
追	12.38	哀泣而不止	1.8	洭	6.55		7.8
俊	2.30	亭父	3.4	洼	3.25	牂	6.1
盾	9.8	度	3.16	洿	3.25	峀	10.39
衍	13.69		5.29	洲	12.99	除	3.52
待	13.123	度高	12.102	恒慨	2.36	娃	2.3
佫	1.13	度廣爲尋	1.19	恬	13.94	帤	4.41
	1.28	弈	5.41	恌	13.78	姝	1.3
	2.14	奕	1.12	恂	1.20	娗	10.3
律	12.78		2.4	恨	10.10		12.33
逃	13.32	迹	13.104		12.55	姞	10.3
姐几	5.37	迹迹	10.20	室	9.7	姚娸	13.34
爰	6.54	疲	10.29	突	10.19	姣	1.3
	12.1	音	12.93	衽	4.12	拏	10.9
食	1.31	施	6.35	衿	4.19	怒	1.21
	7.27	施於年者	1.19	祐	13.77		2.20
	12.69	施於衆長	1.19	被戩	7.33		3.33
食閻	10.42	差	3.52	祖	12.63		6.53
盆	5.15	美	2.3		13.72		7.18
胎	1.5		13.124	祝蜒	8.15		12.53
	13.32		13.140	【一】			13.59
負他	7.30	美心	2.3	退	12.44	怒而噎噎	1.15
勉	1.32	美色	2.3	既	6.26	飛	12.91
勉努	1.32	美狀	2.3	既廣又大	2.36	飛蛋	9.20

飛鳥	6.25	埌	13.154	烈	1.4	蚚蠖	11.10
飛鼠	8.10	明	6.2		13.132	蚭蚭	11.15
盈	12.92	華	1.23	【丨】		哨	7.5
怠	6.14	萪	5.34	㡩	4.42	哭極音絕	1.8
矜	1.7	莽	3.8	虘	1.2	唏	1.8
	2.33		10.39		1.16		13.16
	9.3	莜	3.10		3.24	益	5.15
	9.6	荼	12.49		12.34	圂	3.42
紸	9.17	𢀿巳	10.36	時	12.52	唲	1.8
紀	10.44	栬	5.33	貼	10.45	唲唲	1.8
紉	6.49	郴	1.21	逞	2.17		
		桓	1.10		2.34	【丿】	
十畫		梴	5.22		3.13	瓶	5.11
【一】		格	3.35		12.47	氣熟	7.17
挈	6.24		5.38	畢	9.9	特	6.24
班	3.20	樣	5.33	畞	1.23	透	2.13
素	13.5	根	3.19		10.46	第	5.36
恚	6.54	索	6.32		12.87	倩	3.2
馬蚰	11.18		13.135	眩	3.12		12.49
馬蚿	11.18	軑	9.12	眠	3.12	借	12.49
馬馳	13.133		9.18	眠娗	10.33	俯	13.24
挾斯	3.48	連此撲澌	3.49	眠眩	10.31	㺑	3.47
埋	3.6	速	2.34	眙	7.34	倚	2.12
	6.15	鬲	5.1	虵孫	11.4	倚佯	5.35
捬	2.18	逗	7.34	蚨虸	11.15	健	1.2
	13.29	夏	1.12	蚍蜉	11.13	倒頓	4.40
哲	1.1		1.21	蚍蜉塲	11.13	倒懸	8.7
逝	1.14			蚍蜉羘鼠之塲	6.30	倀	12.65
恐	6.8	㤭	6.5			傍	12.77

倦	13.68		12.95	湴如是	10.37	袿衣	4.1
息	2.25		12.108	涉濟	7.32	袚	4.5
	10.16	高而有墜	1.10	涅	8.4	袖	4.18
	13.97	病	3.21	涓抉	13.147		4.23
烏頭	3.10		13.48	浮梁	9.25	袓飾	4.27
般	1.12	病少愈而加劇	3.51	浼	3.25	袖	4.9
航	9.25	病而不甚	2.9	浚	6.28		4.32
釗	1.32	病愈者	3.52	溫	5.5	袡	4.5
	7.24	疾	2.34	㦗鰓	10.40	袛裯	4.3
殺	1.16		12.4	悖	12.85	袍	4.28
	3.24		12.35	悚	13.25	被巾	4.33
釜	5.2	疾行	6.22	恪	10.10	【一】	
䚡	5.10	府	10.28	悦	10.32	帬	4.4
飤	12.21	效	12.31		12.58		4.29
飤馬囊	5.25		12.96	恿	6.36	展	1.20
翁	6.55	淨	13.88	悛	6.29		6.6
胹	7.17	恣	3.26	家居簰中	9.25		6.45
胦	13.79	呴	7.28	宵	13.18		7.11
	13.110	旁人怒之	10.42	容	2.4	屑	3.38
脈	10.33	旁人説之	10.42	容盛	6.10		12.29
狸	8.2	旅	13.2	窈	2.3		12.30
逢	1.29	羞	12.66	案	5.7	奘	1.12
盎	5.4	羞繹	2.36	冢	13.154	陭	13.102
【丶】		瓶	5.14	冢大者	13.154	盉	5.5
訏	1.21	粃	10.5	冢小者	13.154	蚩	12.85
託	2.16	益	13.122	扇	5.21	陶	1.5
	13.115	娃	12.31		12.86		13.82
高	6.56	湴	10.37	㝌	4.44	烝	12.41

娠	3.3	掩	3.22	梓	5.29	盛	2.7
娟	12.7		6.19	梗	2.23		6.10
娌	12.8		6.59		3.11	盛膏者	9.19
娥	1.3		12.25		13.120	【｜】	
	2.3		13.74		13.137	逴	2.13
脅閬	1.15	捆	3.22	梧	5.5		6.12
畚	5.27	赧	2.18	梧大者	5.5	鹵	12.73
罜	13.4	推	10.41	梧落	5.8	常思	1.11
通詞	1.21	頂	6.17	梢	12.76	眱	10.30
能	13.23	捭	13.117	桯	5.37	匙	13.146
逡	12.10	埝	13.60	桿	5.27	眮	6.11
	12.11	捴	10.41	梱	3.41	敗	3.30
桑飛	8.12	掬	7.12	麥蚻	11.2		3.48
純	13.4	培	13.154	麥饘	1.31		13.28
	13.76	培	13.51	梲	12.15	略	2.24
紕	6.38	聊	3.40	桶欀	5.9		6.20
紗繽	4.42	聥	6.5	軝	9.12	野鳧大者	8.14
紛毋	2.36	菣蓮	3.9	敕	13.12	野鳧小而好沒水	
紛怡	10.36	黄鳥	8.13	堅	2.28	中者	8.14
紓	12.44	菲	12.5		12.56	閉	12.64
			13.128	殹	12.100	勖兹	1.32
十一畫		萃	3.17	帶	4.35	喊	13.16
【一】			12.52		13.64	晞	7.15
春黍	11.9		13.138	勔釗	1.32		13.136
理	6.38	乾	7.16	爽	2.23	跂	1.28
	13.78		7.29		13.41	略	2.32
瓵	5.11	乾物	10.18	馗	6.12		13.120
琳	1.16	乾都	10.40			蛄詣	11.3

蛆蛒	11.18	悠	1.11	豚	8.5		12.45
蚰蜒	11.15	俊	6.55	脫	12.14	淹	13.28
蚑	11.7	偏裨	4.25	脫衣相被	6.35	渠拏	5.28
蛉蛄	11.1	偏襄	6.12	猜	12.55	渠疏	5.28
蚼蟓	11.13	假	1.13	猝	10.19	涸	12.17
蛇醫	8.15	偉其肥脙	2.7		12.50	淫	10.11
蚴蜕	11.11	得而中亡	1.10		13.111	淬	13.87
崝	6.56	舸	9.25	猛	2.23	淤	12.99
帳	5.25	舳	9.25	【、】		深	13.51
俺	4.42	船	9.25	訛	1.20	深之大	1.12
崇	12.89	船大者	9.25	庸	3.26	深衣	4.1
過	1.21	船後	9.25		3.47	涵	10.12
	10.25	船首	9.25	庸賤	3.46	悵	12.5
	13.41	船偏	9.25	鹿觡	5.26	悷	1.7
	13.100	釪	9.24	褰	4.1		6.58
過度	7.32	釭	9.19	竟	6.47	惏	2.19
	10.46	鈔	2.1		13.30	俺	1.6
過贏	8.12	釫	9.1	商人醜稱	3.46		1.17
【丿】			9.21	旋	6.46	悼	1.7
悟	13.116	欲	6.1	望	12.13		1.9
動	12.65	欲而不獲	1.10	道	12.12	悃	10.31
	13.38	欲思	1.11	袞	6.3	悈	6.5
笙	2.6	餧	13.149	益	5.4	悸	12.71
	5.34	貪	1.16	敝	4.2	惟	1.11
笈	13.142		10.10	烁	13.8	恎	12.30
瓶	13.153		13.29	焜火	10.6	惇	7.11
傑	2.4	貪而不施	10.10	清	12.18	悴	1.9
偪	6.36	貪飲食者	7.27		12.43	惙	12.60

寇	1.21	隆屈	9.11	揣	12.102	惹	10.9
寄	2.16	媌	1.3		13.58	蚩	11.4
	3.29	婷	10.8	臺	1.18	葬而無墳	13.154
寄物	2.16	婢	3.5	揄	13.154	董	12.97
寄食	2.16	婬	12.41	揄鋪	2.29	蒎	2.8
逭	12.12	婦	3.5	揓	6.43	葰	2.8
	13.92	婦考	6.55	蛩拱	6.8	敬	6.28
窕	2.3	婦妣	6.55	裁	2.26	戟	9.1
	10.11	習	12.9	裁木爲器	2.26	戟大者	9.1
盜盞	13.147	欵	10.43	揩	6.43	戟曲者	9.1
袿	4.11	參	6.33	達	13.20	菿	13.49
袴	4.8	細而有容	2.6	挼	2.32	根	3.32
袗衪	3.13	細貌	2.6	揮棄物	10.14		3.45
	4.40	紩	4.2	壺鑑	11.11	植	5.33
祗裋	4.2	紩衣	4.38	壻	3.2	棓	5.29
	4.38				3.5	椀	13.147
視	6.20	**十二畫**		惡	10.29	極	13.39
	10.45	**【一】**			13.35		13.89
【一】		絜襦	4.31		13.43	軸	9.13
逮	7.13	琢	2.27	菶	5.41	軫	3.37
逯	12.19	堪	12.62	斯	7.12		9.16
扅	4.44	握	3.15	欺	1.16	棘	3.11
張	12.94	越	6.16	欺謾之語	10.33	酢餾	5.3
	13.80	超	7.24	聚	7.16	殖	12.75
張小使大	1.25	揚	2.5	葉	3.50	殗	2.9
隋	13.33		12.98	葉輸	2.29	殗殜	2.9
將	1.12	喜	10.36	散	3.24	殘	1.16
	12.32		13.95		6.34		2.19

裂帛爲衣	2.26	蛴蜌	11.1	甀	5.10	艇	9.25
【丨】		暖	6.54		5.11	艇小而深者	9.25
愻	1.8		12.1	棃	1.18	艇長而薄者	9.25
	1.9	暗	1.8		12.51	艇短而深者	9.25
	1.10	啼極無聲	1.8	稅	7.4	舒	10.32
	1.11	喙	2.25	策	2.8	舒勃	6.45
	12.5	幅廣	1.19	筵	6.47	鈔	12.72
啙	10.28	幅廣爲充	1.19	筏	9.25	鈀	9.20
紫華者	3.9	崑	10.4	符籅	5.35	翕	3.50
眑眩	7.25	圍	12.59	傑伀	7.10		12.88
睎	2.24	圍大	2.2	備	12.68		13.132
睇	2.24	圍棊	5.41		13.12	爲	6.52
眼	12.57	【丿】		健子	3.1	飦	13.148
鼎	9.25	無升	13.145	傅藥而毒	3.12	餁	7.17
開	6.50	無有耳者	6.2	傲	1.22	飲毒藥懣	10.31
	13.126	無知	10.30	順	2.5	飲藥傅藥而毒	3.12
猒	6.57	無袂衣	4.16	傜	6.3	腆	13.14
間	3.34	無裲之袴	4.17	集	3.17		13.129
	3.52	無耦	6.24		13.138	脾	12.24
喊	13.16	無寫	10.7	遑遽	10.21	猲	10.3
跌	13.26	無緣之衣	4.15	甋	5.12	殌	1.31
跐	1.27		4.38	衆信	1.20	然	10.43
蛭	11.13	無賴	10.3	蚔	10.25		12.54
蛭蟧	11.14	短	10.28	徥	2.6	【丶】	
蜓蚞	11.1		13.50		6.31	詀諵	10.9
蛞螻	11.3		13.101	循	12.10	詐	3.14
蛤解	8.15	短蘀	10.28	徧	13.134		10.3
蛒	11.14	毳	2.29	須捷	3.48		13.56

字	編號	字	編號	字	編號	字	編號
就	3.41	湛	13.66	弻	12.108	**十三畫**	
	12.59	湟	13.52	强	7.9	【一】	
就室	2.32	渾	2.7		12.36	摸	1.25
敦	1.12	惎	6.58		12.72	摲	12.98
	1.21	惵	12.83	强取	2.32	載	12.62
廀	3.43	惕	10.1	强盦	6.54	載物者	7.30
痛	1.8	愧	2.18	强蚌	11.6	馲駝	7.30
	2.21	愋	12.3	隖	13.122	馭	13.133
	3.12	愺	13.43	陸	13.96	撠	13.13
	13.71	惲	13.81	隥	13.102	遠	6.16
棄	6.25	愔	10.31	隥企	7.19		6.21
瓵瓵	5.14	憹	12.71	媟	13.130		7.24
瓵甀	5.10	割雞	8.4	媓	6.55	搖	12.63
遄	12.80	寒	13.87	媆	2.11	搖扇	2.34
遊	10.1	寒蜩	11.2	賀	7.30	搪	13.80
	10.12	寋	6.6	登	1.28	㲒	10.10
棄	10.14	寓	2.16	發	7.4	聖	3.17
蚕蠆	11.14		3.29		12.53	斟	3.7
尊老	6.55	窘猝怖遽	10.21	發人之私	7.15		3.51
道	3.23	袒褕	4.2	龤	8.5		4.44
道軌	5.39	稍	4.18	絓	6.24	靮角	8.5
曾	10.2	裎	4.22	結誥	8.6	蓐	
煤	10.6	裎衣	4.1	組	6.47		12.79
焜	12.87	裕	3.23	絡	5.23	葦	12.62
勞	12.29	祿	13.109		5.38	蒔	12.75
勞而相勉若言努		【一】		絡頭	4.42	墓	13.154
力者	7.9	尋	1.19	絞	4.45	幕	12.26
湊	12.32	覘	10.45	絲	6.38		12.100

蓬薄	5.31	虜	12.72	【丿】		鉤釾	9.21
蓄	13.45	業	13.63	雊	6.38	鉤釾鏝胡	9.1
薯	3.8	題	5.16	摯	2.6	鉊	5.30
蒙	12.61	睧	13.139	愁恚	10.31	鈹	9.22
楚雀	8.13	賊	1.16	筲	5.9	䰯	5.11
楕	12.14	間	5.5		13.143	愈	3.52
椷	5.5	愚	12.2	筮	13.17	僉	1.21
椴	5.32	煦煆	7.29	筠	9.11		5.29
槌	5.33	歇	10.16	箚襪	4.39		7.8
槌橫	5.33		12.17	與	6.18		12.39
榆	12.14	跬	12.103		12.16		12.40
椿	10.10	跳	1.27	傳	13.119	會	1.22
	12.89	跪	7.19	僄	10.48	遥	6.21
	12.90	蚌蚌	11.5	鼠	8.16		6.22
椸	5.37	蛾蚌	11.13	牒	5.36		10.11
輎	9.14	蜉蟻	11.17	牖	5.36	愛	1.6
乿	13.33	蜋蜩	11.2	傷	1.9		1.17
碏	5.22	蜘蛉	11.8	僢	12.77		7.26
碓機	5.22	嗁	13.67	傺	7.34	愛偉之	1.21
殜	2.9	農夫之醜稱	3.46	微	2.9	亂	13.77
殰	12.77	梟	5.27	傒醯	6.37	鉆	1.31
頓愍	10.31	嗌	6.13	觟舟	9.25	詐	1.31
盞	5.5	置立者	7.31	鉗	10.29	飾貌	7.28
【丨】		罪	3.39	鈉	12.97	餈	13.148
督	6.38	遷	3.18	鉀鑪	9.20	飽	12.82
訾	10.2	蜀	12.111	鉤	5.26	飴	13.150
虡	5.37	㠉	4.41		5.30	腹滿	6.36
虞	12.13			鉤格	5.26	腪	13.110

媵 13.115
詹 1.13
鳩 8.8
鳩小者 8.8
解 12.15
12.46
12.47
13.22
13.61

【丶】

試 13.58
該 12.68
溓 13.88
稟 6.28
廕 12.46
斛 5.27
廓 1.25
9.7
裔 12.9
12.106
13.1
13.2
靖 1.11
煎 7.16
13.40
猷 3.23
13.56
遡 12.19
煩濍 7.25
煬 13.132
煓 13.8
滎 12.43
溝泥 10.47
滅 13.21
13.127
溼 1.10
溼敝 13.28
慲 2.18
愼 1.10
1.11
愮 10.38
12.85
塞 6.57
塞塞 10.20
索 6.19
甂 5.16
甂大者 5.16
褚 3.4
裣 4.7
裺 4.20
裺笵 5.25
裺囊 5.25
裯 4.14
裪襦 4.32
裿 4.21
裾 4.11
福 13.95
福禄 7.33
禔 13.95

【乛】

辟 3.46
屢 4.44
媱 10.1
嫁 1.14
嫁子 3.1
黜 13.101
綆 5.23

十四畫

【一】

熬 7.16
髦 11.5
摳揄 6.46
摵 13.13
趙 5.36
12.84
攄 10.47
塿 13.154
臺 2.10
13.75
臺敵 2.10
摧 1.13
塲 6.30
10.24
赫 12.53
13.8
翥 10.22
嵾 9.23
摭 1.30
2.32
墊 6.15
摻 2.6
綦 9.9
聚 3.50
鞅 12.36
12.37
靰下 4.44
蔽 5.41
蔽郤 4.5
4.31
嘏 1.12
1.21
蔘綏 2.36
榱 5.38
槳 9.25
榟 5.36
榻前几 5.37
蜇易 8.15
尌 13.151
榺 5.33
榆 9.11
輔 6.7
輕 1.3

	10.48	蜻蛉	11.8	鉽	2.26	瘌	3.12	
輶	9.13	蜻蜅	11.4	鉽鉽	2.26	瘑蝸	11.2	
遬	12.94	蜻蜻	11.2	銚銳	5.4	療	13.39	
監	12.22	蜋蠰	11.15		13.147	端	10.44	
覼	3.46	蜻	11.2	餅	5.1	適	1.14	
酷	7.17	蝂	11.2	貊	8.2		13.116	
厲	4.35	蜺	11.2	餌	13.148	膌	7.30	
	6.52	蜩	11.2	餀	13.150	養	1.5	
	12.66	蜩蟧	11.2	餅	13.149		13.73	
	12.67	幘巾	4.43	膜	13.54		13.82	
盛咨	10.23	嶁箕	5.25	膊	7.15	養馬者	3.3	
碩	1.21	【 丿 】			10.26	慇	10.15	
奪	12.73	箸簛	5.9	縚	10.45	弊	3.48	
臧	3.5	箕	5.18	膔	13.70	漢	12.53	
	12.79	箺	5.21	嫪	10.3	漢漫	7.25	
	13.105	箇	12.110	奱	12.13	滿	6.36	
豨	8.5	箘	5.41	夤	12.95		13.121	
匰璇	5.41	箽	13.17	【 丶 】		漸	13.6	
【 丨 】			13.141	誣	6.18	漫	13.28	
暈	12.87	簶	9.20	語言過度	10.46	潦	13.65	
夥	1.21	僆	13.32	敲	10.14	漉	13.89	
	12.40	僪	12.33	廣	6.21	漱	12.18	
瞍	12.104	僞物	6.37		13.5	慘	1.16	
睽	10.45	鼻	13.72	廣大者	2.36		13.43	
聞而不達	6.2	厰	9.8	廣平	5.41	察	12.22	
閤閏	9.25	鋌	3.49	廣長而薄鐮	9.20	褋	4.1	
暖	6.20	銛	3.44	廣長而薄鐮	9.20	褌	4.10	
瞠	13.140	鋌	9.3	瘡	3.21	褕	4.16	

複舃 4.44	**十五畫**	蕪青 3.9	劇 12.39
複履 4.44	【一】	蔿 2.37	慮 1.11
複襦 4.39	慧 1.2	3.6	劑 6.48
褕 4.9	3.52	橑娥之臺 2.3	瞋目 6.11
褌 4.7	10.25	樕 5.33	暴 13.132
褘 4.5	耦 2.11	橢物而危 6.37	賦 7.22
【一】	12.8	槚 5.24	12.16
盡 3.49	墳 1.24	慭 10.31	13.38
12.76	13.154	耕 9.15	13.105
13.40	摑 2.23	憗 6.5	賜 3.49
墮耳者 6.2	撫 13.154	憗澀 10.23	賜施 10.33
隨 3.45	撫 12.4	輪 9.12	噎 6.13
12.38	13.54	輨 9.18	噎噫 1.15
13.57	撖 2.26	甌 5.16	數 3.36
嫭 10.8	撟捎 2.22	憂 1.10	踦登 7.19
嫗 13.125	熱 7.29	10.38	踦 2.12
嫣 2.3	鞏 7.16	12.70	踐 3.16
嫋 7.2	撚 1.26	磏 5.22	踾 6.40
10.27	撈 13.53	12.56	蟲蛢 11.16
斲 2.26	穀熟 7.17	鴈 6.25	蝒馬 11.2
緒 10.44	撏 1.30	8.11	蝭蟧 11.1
綾 2.8	聯 6.2	鴈脛 9.21	蝎 7.13
緉 4.45	羳 3.9	鴈頭 3.10	11.14
維船 9.25	蕆 12.47	豬 8.5	蝤蠐 11.14
緇 6.35	13.12	豬子 8.5	蝘蜓 11.14
緇縣 6.35	蕛 10.19	豬檻 8.5	蝙蝠 8.10
綷 3.22	蕛相見 10.19	【丨】	噴 10.7
	蕪 13.27	劇 3.11	劋 2.37

嘼之初生	13.72	儇	1.2	膠	3.14		13.135
嘼支體不具者	2.12		12.34	隸	1.4	潛	10.12
嘽咺	1.15	儋	5.11	猲	2.13		13.99
嶢	6.56		7.30	頜	10.34	澄	12.18
罵	7.10	儀	2.14	劉	1.16	憤	12.92
罵奴	3.5	僾	6.24	【丶】			13.9
罵奴婢	3.5	緜	6.35	諫	10.5	憭	3.52
罵庸賤	3.46	樂	13.67	諉	6.18	憒憒	10.31
罵婢	3.5	衝	12.65		10.9	憚	6.53
憮	1.12	甆	5.10	諉與	6.18		7.6
幢	2.31	慫慂	10.42	諑	10.15		13.35
骹	9.21	徹	3.20	諒	1.20	憛㤺	10.33
	9.23	腼艆	9.25		12.3	憮	1.6
【丿】		艘	1.13	諄	3.39		1.7
敷	2.15	艖	9.25	諄憎	7.1		1.17
剢	2.15	艣	7.30	熟	7.17	懆	2.21
稤	2.8	艛	2.16		12.66	憐	1.6
箱	9.15	鋪	12.24	摩	6.43		1.7
箄	5.19	鋪頒	6.32		7.21		1.17
箭	9.4	銟	6.10	摩鋁	7.21		6.58
箭三鎌長尺六者		頜	10.35	塺	3.16		10.7
	9.20	劍	1.21	瘼	3.21	憐哀	10.7
箭小而長中穿二		劍削	9.7	廢	13.3	憐職	7.26
孔者	9.20	狋	8.2	遵	2.30	憎	7.6
箭裏	5.41	餘	1.4		12.80	審	6.41
箭簇胡合贏者	9.20		2.30	憋	10.29	過	1.21
箭鏃內者	9.20	鳲鳩	8.8	潔	3.38	【一】	
篋	9.11	腋	13.50	澌	3.49	慰	3.16

履	4.44	撱	13.85	瓢	5.6	器破	6.34
履中有木者	4.44	撍	13.83	醜	3.22	器破而不殊其音	
履麻作之者	4.44	據	6.27	醜稱	3.5		6.34
履庳者	4.44	操	12.16		3.46	器破而未離	6.34
履粗者	4.44	甇	5.13	醜弊	3.48	戰慄	6.8
履絲作之者	4.44	擗	6.2	歷	12.11	噬	7.13
履襌者	4.44	薆	6.59		13.1		12.69
彈愊	7.14	薦	9.25	獡	8.5		12.70
選	2.22	薪	2.30	霑漬	7.20	噭咷	1.8
	13.134	薄	1.32	【丨】		還	13.44
嬉	10.1		5.31	遷	2.33	幧頭	4.42
嬈	2.1		13.49	縣	7.3	幧頭遍者	4.42
嬋	1.26		13.128	縣柵	5.33	嶮	6.56
嫣	12.33	薄努	1.32	縣欘	9.25	【丿】	
猴	13.47	薄鎌	9.20	曉	1.1	積	12.89
罷	12.91	頤	10.35		3.13		13.44
緤	10.44	橈	9.25		13.84	穆	1.20
緝	9.25	樹	5.36		13.100	犂鼠	6.30
緅	9.17	樹植	7.31	鴟鴞	8.7	篝	5.20
緩	6.60	橛	5.32	瞚	2.5	築娌	12.8
	12.44	憖	1.9	閻	13.126	籃椷	5.34
緣	4.30	歘	13.151	閻笚	6.50	篙	5.17
	13.3	橧	8.5	踏	1.27	箈	13.141
		輸	12.15	蟒	11.7	篷	9.11
十六畫		輮	9.12	蜲蜲	8.15	簀	5.35
【一】		賴	2.35	蜲蜲	11.1	篣	13.142
靜	10.13	賴	13.62	螗蜩	11.2	篍	13.143
	13.94	融	1.19	器物弊	3.48	篡	9.11

舉	10.22	鮨	1.18		5.12	駿	1.19
儓	3.46	獲	3.5	罃瓵	5.15	戴	12.61
儶	7.16	獨	12.111	罃瓵小者	5.15	戴南	8.9
儒輸	12.2	獨舂	8.7	激	12.43	戴勝	8.9
駒騄	8.11	獪	2.37	澰	12.17	戴鳹	8.9
錯	6.43		10.3	懌	6.29	戴鳻	8.9
錯	13.144		12.30	襐	4.37	擽	3.49
錡	5.1	殭	10.46	褸	4.12		3.50
錕	9.19	【丶】			4.13	擽生	3.49
鍨	5.1	謀	13.81		4.23	聲	13.14
	6.9	謀思	1.11		4.38		13.16
錮	12.97	謗	12.54	褸裂	3.48	聲變	6.34
鍋	9.19	諟	6.42	【一】		擢	3.15
錘	6.9	諻	12.93	嬖	12.99	薵	12.61
錐	13.144	憑	2.20	隱	3.43	鞠	1.5
錍	9.20	劇	13.22	隱欘	9.25	鞭	9.20
錟	9.22	麿	5.5	嬽	1.26	藏	6.43
鍵	5.40	瘶	6.41	縜	4.46	藏箭弩	9.20
猯	8.3	瘳	3.52	緻	4.2	藐	13.5
墾	12.20	襃明	4.28		4.13		13.6
餛	13.149	赢	12.83		4.38	蓋	2.30
餭	13.150		13.100	縫	13.118	粦	13.151
餧	13.148	簷	6.40			轅	9.14
餳	13.150	甋	5.10	十七畫		擊穀	8.6
館娃之宮	2.3	甋	5.3	【一】		臨	13.140
饒	13.150	煇	6.6	環	5.33	翳	2.31
餕	12.81	熾	12.88	擣	13.108		6.59
頷	10.35	罃	5.11	駸	10.30		13.74

緊袼　4.37	篦　13.141	餚　13.150	襌衣無袤者　4.1
䈁　12.23	篦小者　13.141	餧　12.81	襌襦　4.3
【丨】	籔　13.141	朦　2.2	4.25
蕡　1.31	篋　2.8	臆　13.121	襎裙　4.36
螬　10.28	鴛　8.9	鮮　10.8	襘裕　4.2
戲　6.53	儵　2.7	【丶】	襘　4.3
戲泄　10.16	傶　2.7	譁　3.6	【一】
瞟　1.10	聳　6.1	謰謱　10.9	擘　6.49
瞷　2.24	6.2	謗　13.11	懟朴　12.50
蹈　1.27	13.25	癝　6.13	屨　4.44
螳蜋　11.5	螫蝑　11.9	6.34	彌　13.118
螻蛄　11.3	膸　9.25	療　10.38	韘　9.7
螻螲　11.3	胕　9.25	瘦　3.21	牆居　5.20
蟋蟀　11.4	鍥　5.30	癆　3.12	猛　10.26
蟓蛉　11.3	鍊鐅　9.18	麋　12.51	績　4.45
蟷蟒　11.7	鍇　2.28	燥　13.136	維車　5.39
蝶蝨　11.17	鍴　9.5	濟　1.10	縮　5.19
螾場　6.30	鍑　5.1	13.21	
螾蚳　11.15	5.2	濯　1.21	十八畫
幭　4.36	鍭　9.4	懠爵　8.12	【一】
幨帷　2.29	鍬　9.3	寋　6.12	釐　13.29
【丿】	鍏　5.27	6.23	釐孳　3.1
黏　2.15	斂物而細　2.6	寋者　2.13	鬄帶　4.42
䵃子　8.17	爵子　8.4	鴡鳩　8.8	擾　6.23
魏　2.6	邀　6.16	襌　4.26	鞮　4.44
13.23	貌　8.2	襌衣　4.1	薀　12.89
魏盈　7.18	貕　8.5	4.24	13.79
盦　13.147	鵤　2.16	襌衣有袤者　4.1	13.106

楬	5.5	瞿小者	5.10	簞	5.6	【丶】	
櫨	13.147	瞿中者	5.10		5.34	譜	6.41
欋	5.4	瞻	10.45	簞粗者	5.34		6.42
轉	12.12	闍	6.50	鼨鼠	8.10	謾	1.2
	12.63	暴	7.15	雙	2.5		12.34
	13.31	蹠	1.27		6.25	謾台	1.15
轉目	6.11	蟦	11.14	雙産	3.1	謫	3.33
轉目顧視	6.11	蟪蛄	11.1	雙聾者	6.2	譖	1.2
鹽	13.111	蟬	1.26	鵝	8.11	雜	3.17
	13.113		11.2	歸	13.97		13.111
覆	12.26		13.42	艟	11.7	離	6.16
	12.61	蟬大而黑者	11.2	鐈	5.27		6.33
覆結	4.43	蟬大者	11.2	鎌	5.30		7.12
覆萃	4.24	蟬小者	11.2	鶌鳩	8.8		7.23
覆䰽	4.43	蟬有文者	11.2	懇	1.2		12.52
醫治	10.38	蟬黑而赤者	11.2	雞	3.6	顏	10.34
醫	10.43	蟬鶻蜻	11.2		8.4	糒	7.17
鬻	5.3	蟠龍	12.105	雞卵	8.4	瀗	7.25
豐	1.12	蟪蟝	8.10	雞頭	3.10		12.42
	2.2	蟧	11.2	雞雛	8.4	瀇	9.25
豐人	2.2	噎屎	10.3		8.17	竄	13.9
豐人杼首	2.2	黠	1.2	餽	12.82	襜	4.21
【丨】		【丿】		餾	2.25	襜褕	4.2
尮	12.37	翻	12.91	餹	13.150	襜褕敝者	4.2
鵙鳴	8.7	簿	5.41	饌	13.148	襜褕短者	4.2
瞱	13.139	簿毒	5.41	膽	2.7	襜襦	4.3
瞿	5.10	簺籠	9.11		13.70	【一】	
瞿大者	5.10	䘈	9.25	甖	5.10	繞衿	4.29

繞縉 4.34
繒帛之細者 2.8
繑 5.23
繑綆 5.23

十九畫

【一】

鬊 12.76
靌 12.78
攍 13.96
騷 6.12
攄 12.94
擱 6.48
擷 13.30
壞 6.14
　 13.96
壟 13.154
擴 7.30
難 6.6
難貌 6.6
蘆菔 3.9
勸 10.42
蘇 3.8
　 10.32
蘇小者 3.8
顛 6.17
顛眴 7.25
䴏 13.151

䴙 13.151
麴 5.31
　 13.151
櫹 5.7
鵵 8.9
願 1.11
麿 13.26

【丨】

齘 2.20
關 12.64
蹷 2.37
蹻 7.2
蠮螉 11.11
蠅 11.12
蟾蠩 11.14
蟾蜍 11.10
蟻土 10.24
獸無耦 6.24
羅 7.23
黀 13.15

【丿】

黿鼇 11.16
簾 5.38
簸 5.36
簵 13.141
鏦 8.4
鏤 5.1
鏝胡 9.1

鍋 5.30
鏦 9.3
鏚 9.1
鵙鳩 8.8
蠢 11.11
蠢大而蜜 11.11
纕 10.46

【丶】

譆譆 6.42
譙 7.7
　 7.28
譙讓 7.7
譌 3.6
譎 3.14
靡 2.8
　 13.127
廬 5.10
癡 10.30
臍 10.28
顖 10.34
類 7.5
　 13.46
瀾 3.25
瀧涿 7.20
懷 1.11
　 1.13
　 2.14
襜 4.14

　 4.15
　 4.38
襤褸 3.48
　 4.2
襦 4.6
　 4.20
襧 4.17

【一】

矌 1.3
顙 10.34
繩索 6.48
繹 1.19
　 6.38
繯 5.33
繪 5.33

二十畫

攘 12.25
攓 2.32
攕 1.30
　 10.17
翻 2.31
蘪 13.27
蘻蛧 11.2
櫪 5.24
櫽 9.25
鶛鴡 8.9
甗 5.3

黨	1.1	襬	4.4	懼	1.15	籩笛	5.34
懸淹	4.30	黷	9.20		13.48	籩篨	5.34
闚	10.45	鷄鳩	8.8	顧視	6.11	籠	13.142
矚	2.5			褼淹	4.34	籤	5.9
鷾鳾	8.7	**二十一畫**		襱	4.8	鑹	12.74
蠑螈	8.15	蠢	13.19	鶴卻	9.21	龕	6.10
嘲哳	10.9	觳	8.4	蠹	6.33		13.16
巍	6.56	夒	13.151	續	1.26	𪘤𪗴	1.31
鶻鳩	8.8	藚	3.9		6.48	讀	13.114
鶻鵃	8.14	歡	13.68	鴛鶡	8.9	孿生	3.1
耀	10.28	櫼	5.6	纑	5.33	聾	6.2
鶬鸆	8.9	礪	12.9			聾之甚者	6.2
璺	6.34	露	3.30	**二十二畫**		竊視	10.45
覺	13.137	躋	1.28	鬠帶	4.42	襫	4.8
儵	13.18	黯	13.15	蠱	11.14	纙	4.46
鑴	2.27	鼀鼊	11.16	聽而不聰	6.2	繝	1.26
鐏	9.24	籑	1.30	驚	2.13		
饒	13.106	籔	9.25		13.37	**二十三畫**	
饙	12.82	鯤	8.16		13.48	攪	10.41
護	13.86	鐬	5.26	欇殳	5.29	矙	6.2
譴喘	13.31	鐮	9.20	纇	13.59	轚轆車	5.39
譟	12.93	鶻鴀	8.11	曬	6.11	轆	9.10
譯	13.119	鶻鵙	8.13	躔	12.10	歔	3.36
譠謾	10.33	朧	2.7		12.11	曬	7.15
譨極	10.27	讁	10.25	蠦蠪	8.15		10.18
麿	6.54	爛	7.17	體	2.12	蠾	11.2
懷	7.6	灈沭	10.21		2.13	讎	2.35
橙	4.39	瀑	6.55	體而偏長短	2.13	鷦鷯	8.8

顠	2.5	囍	13.93	鵪鳩	8.12	鑽	9.5
鑗	2.28	玃	8.3			鏖	5.13
鑠	2.5	讙	7.7	**二十六畫**			
	7.21	讓	7.7	驢	7.30	**二十八畫及以上**	
齫	3.52	鷟鸕	8.14	鱺	5.6	欐	13.152
巆	12.42	鷓鴠	8.4	饢	12.81	豔	2.3
劊	13.22	鷓鶉	8.8	讚	13.61	鱷瞳之子	2.5
纖	2.8					鬱	1.11
		二十五畫		**二十七畫**		鬱悠	1.11
二十四畫		欙	9.25	驪喜	10.7	鬱熙	12.6
蘻	13.151	躐	1.28	釀菜	3.8	讕	13.11
甎	13.153		12.45	躦	13.7		13.71
踹	1.28	籬	5.18		13.112	驤黃	8.13
蟺蝑	11.11	鑰	5.40	蠁蜦	11.16	麤	4.44

254

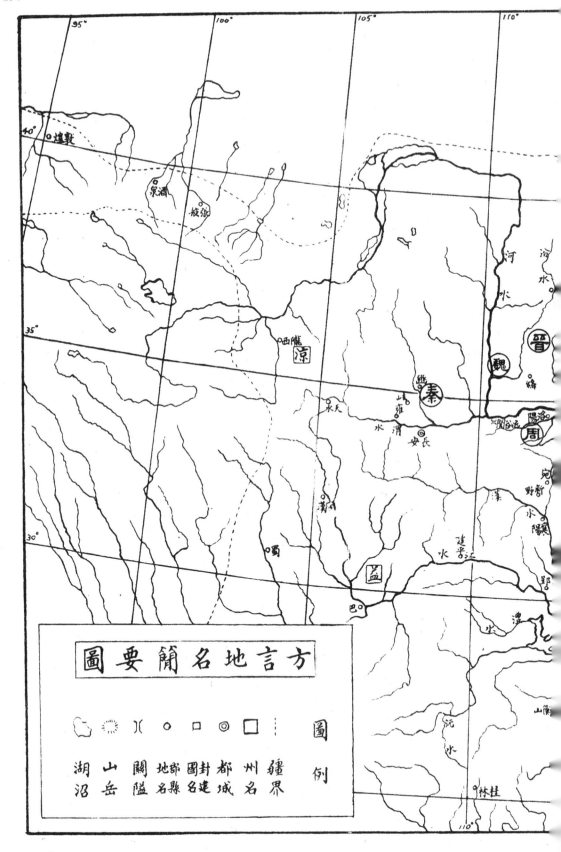

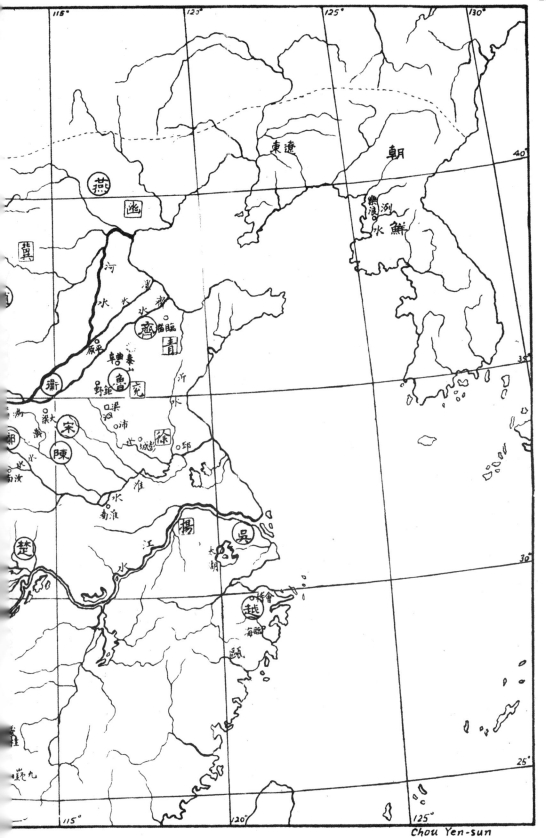

東遼

朝

燕

樂浪
水

鮮

浿

冀

河
水

沛
水

都臨
齊臨淄

青

野鉅
轅泰
魯
兗

沂
水

衛

原東

梁大
河泗

朝
黃

宋

沛口
彭城

徐

邳

陳

汝北

淮
水

淮南

楚

江
水

揚

太湖

吳

會稽
越

海臨

甌

九巖

釋名校箋

序

　　《釋名》八卷，二十七篇，宋陳振孫《直齋書録解題》題爲"漢徵士北海劉熙字成國撰"。案：劉熙史無傳記。《三國志·吳志·程秉傳》稱秉"汝南南頓人也，逮事鄭玄，後避亂交州，與劉熙考論大義，遂博通五經"。又《薛綜傳》説："沛郡竹邑人也。少依族人避地交州，從劉熙學。"據此可知劉爲漢末儒者，曾由北方到南方，避亂交州，所以程秉、薛綜得以從他問學。據史書所記，程秉、薛綜至交州都是在士燮作交阯太守的時候，史稱士燮"體器寬厚，謙虛下士，中國士人往依避難者以百數"，劉熙一定也是其中之一。《世説新語·言語篇》劉孝標注引晉伏滔《論青楚人物》説，後漢時禰正平、劉成國，魏時管幼安、邴根矩"皆青土有才德者也"。案：禰衡是平原人，劉熙、管寧、邴原都是北海人，北海即青州地。後漢時，鄭玄也是北海的名儒，卒於漢獻帝建安五年（200），而伏滔不舉鄭玄，却舉劉熙，推想劉熙的年輩也許稍晚於鄭玄，所以與禰衡等三人相提並論。

　　案：范曄《後漢書·文苑傳》裏又曾稱劉珍撰《釋名》三十篇，以辯萬物之稱號。因此有人疑惑《釋名》是否爲劉熙所作。考《三國志·吳志·韋曜（昭）傳》稱曜繫獄，因獄吏上書言："見劉熙所作《釋名》，信多佳者。"韋曜生於漢獻帝建安九年（204），卒於吳末帝二年（273），生當漢末三國時代，他説《釋名》爲劉熙所作，自然比范蔚宗的話可信。錢大昕已分辨明確（見《潛研堂文集》卷二十七《跋釋名》）。劉熙除著有《釋名》以外，還有《孟子注》《謚法注》見於慧琳《一切經音義》引，可惜都早已失傳。

　　《釋名》是在《爾雅》《方言》《説文》幾部書之後專門從聲音上推求語詞

意義的一部訓詁書。劉熙在自序裏説：

> 夫名之於實，各有義類，百姓日稱而不知其所以之意，故撰天地、陰陽、四時、邦國、都鄙、車服、喪紀，下及民庶應用之器，論敍指歸，謂之《釋名》，凡二十七篇。

劉熙解釋詞義的方法是即聲以求義，訓詁學家稱之爲“聲訓”。這種方法在先秦古書中已經出現不少，到漢代以後，應用更多。今文經家説字解經特別喜歡以聲爲訓，班固所作《白虎通德論》可以説是代表。但是專就日常應用的語詞分門別類加以詮釋，則始自劉熙。劉熙生當古文經盛行之後，不能不受經傳注釋家如賈逵、馬融、鄭玄等人解釋字義的影響，他同時又繼承了今文經家因聲求義和即形説義的方法，以探求事物得名之由，所以寫成這部前所未有的訓詁書。

劉熙推求事物得名之由，有多種不同的着眼點：有就品物的形狀或性質而立説的，有就物的構成或功能而立訓的，取譬多方，隨事而易，足見其能。其中所説固然多屬於主觀臆測，不免爲人所詬病，甚至於有人以爲毫無足取，可是我們不能不注意到《釋名》在中國語言學發展史上的地位和今日對我們的用處。首先，從總體來看，這部書是把日常通用的事物名詞和一部分表示性質及行爲的語詞依照事物的屬類加以區分而編次成書的，這代表了中國人早期記録以通用語詞爲主的詞彙所采取的一種分類方式。劉熙所分的類別和所收的詞語可以説是圍繞着人的社會生活而取材的，是現實的，實際的，跟大量記録古語詞的《爾雅》不同。如《釋飲食》《釋彩帛》《釋首飾》《釋衣服》《釋宫室》《釋牀帳》《釋用器》《釋樂器》《釋兵》《釋車》《釋船》等篇所釋都是生活上的事物，而且分類比較細。劉熙在序列詞語的時候，總是儘量把有關聯之事物的詞綴繫在一起，如《釋形體》以“鼻、口、頰、舌、齒、頤、牙、輔車”相連；《釋彩帛》以“青、赤、黄、白、黑、絳、紫、紅、緗、緑”相連。在《釋言語》一篇，除把意義相近的詞如“言、語、説、序”以及“罵、詈、祝、詛、盟、誓”之類相次之外，還把一些意義相反的詞比次在一起，如“善惡、好醜、遲疾、緩急、巧拙、燥濕、强弱、能否(pǐ)、躁静、逆順、清濁、貴賤、榮辱、禍福、進退、羸健、哀樂"等等兩兩相對,這些都表現出劉熙對詞彙系統的理解和對詞義的分析都具有一定的科學性,並且達到一定的水平。

其次,劉熙所立的聲訓,或取同韻,或取雙聲,或取聲近,目的即在於從聲音相關、義則相近之理以説明一個詞所具有之意義的由來,大有語源學的意味,這爲後代研究訓詁的人開闢了一條途徑。如根據文字的諧聲偏旁來推尋同聲符字的涵義,或根據古音的聲韻部類以證明字義的相通,都不能不説與《釋名》有一定的關係。所以《釋名》這部書在中國語言學史上自有其地位。

今天我們來看這部書還是很有用處的。其中的聲訓可以幫助我們瞭解漢代的語音,用以考察歷史上語音的演變;其中所記錄的一些方言詞語的讀音,對研究漢代方言也有些幫助。另外,劉熙對名物和制度的解説可以使我們瞭解漢代的社會文化和人民的風習,還可以有助於與其他古籍注釋相印證,如鄭玄《三禮》注之類。爲用甚廣,不止一端,就看我們怎麼取裁了。

前人對這部書一直很重視,在類書、字書、音義書中稱引頗多。使人遺憾的是在清代以前没有人爲《釋名》作注釋,傳寫既久,訛誤增多。宋代雖有刻本,已亡佚無存。現在我們能看到的古本是明代嘉靖三年(1524)吕柟翻刻的南宋臨安府陳道人書鋪本,其中訛字脱文不勝枚舉。後來吴琯刊《古今逸史》、郎奎金刊《五雅全書》,所刻《釋名》都從吕本出,無大差異。郎奎金書更名《逸雅》。

明本既然訛誤很多,清代乾隆年間畢沅作《釋名疏證》就根據前代群書所引校訂明本之誤,一時稱爲善本。不過在矜慎之中仍有不足之處。後來吴志忠又根據顧千里提示的《釋名略例》從事校正,以意爲定,也不免得失參半。光緒二十一年王先謙又撰集《釋名疏證補》一書,在校勘方面,采録了畢、吴兩家所説,又兼采成蓉鏡《補證》、吴翊寅《校議》和孫詒讓《札迻》中的校語,並以胡玉縉、許克勤兩家所校附於《釋名疏證補》之後,集録衆説,可謂美備。然而,病在缺乏斷制,糾葛不清的地方尚多;有些可以用於校勘的材料也還没有利用上。今謹就往日箋識所得,重加刊定,即以吴琯所刻《古今逸史》本爲底本,取其刻板比吕柟本工整,可以免除許多繁瑣的話。現在就原書加點句讀,而以校記附於每卷之後,以爲研習此書者參酌。

1983 年 8 月

原載《辭書研究》1984 年第 4 期

《釋名》卷第一

一葉上

　　七行　天，豫司兖冀以舌腹言之。　　　"豫司"，《續博物志》一引作"豫并"，疑誤。本書風下以"兖豫司冀"合言，不言并。

　　八行　天，垣也，垣然高而遠也。　　　垣字誤，畢本改作坦，是也。天坦雙聲，爲舌頭音透母字。

一葉下

　　三行　月，缺也，滿則缺也。　　　畢云："《左傳正義》引作'滿而闕'，《初學記》《太平御覽》(下簡稱《御覽》)引作'言滿則復闕'。"

　　四行　景，境也，明所照處有境限也。　　　畢本無明字。

　　六行　宿，宿也，星各止宿其處也。　　　玄應《一切經音義》二(下簡稱玄應書)"星宿"條引作"言星各止住其所也"。《御覽》引作"止宿其所"。案："宿，宿也"，字重，上爲名詞，音息救切；下爲動詞，音息逐切。《釋名》中以同字爲訓者，音義多有分別。

　　七行　氣，餼也，餼然有聲而無形也。　　　畢據《御覽》引改餼作愾。案：愾音苦愛切，《廣韻》云："大息。"字與慨同音。

　　九行　陰，蔭也。氣在内奥蔭也。　　　下陰字畢本作蔭，當據正。

二葉上

一行　寒,捍也,捍格也。　　吳本依上“陰、陽”兩條辭例,於“捍格”上增氣字。

暑,煮也,熱如煮物也。　　吳本於熱上加氣字。

熱,褻也,如火所燒褻也。　　吳本熱上增“亦曰熱”三字,與“暑,煮也”連爲一條。

二行　春,蠢也,動而生也。　　《玉燭寶典》一引作“蠢動而生也”。《藝文類聚》三十(下簡稱《藝文》)引作“物蠢而生”,《御覽》引作“萬物蠢然而生”。吳本作“物蠢動而生”,義較完備。

五行　四時,四方各一時。　　吳本於時下增也字。

八行　金,禁也,其氣剛嚴能禁制也。　　畢本據《御覽》引改爲“氣剛毅能禁制物也”,義較完備。

九行　木,冒也,華葉自履冒也。　　冒當作冒。

十行　火,化也,消化物也。亦言毀,物入中皆毀壞也。　　中字《藝文》卷八十引作即,《韻補》卷三引作則。

二葉下

四行　卯,冒也,載冒土而出也。　　冒當作冒。

三葉上

一行　亦言脫也,落也。　　吳本改作“亦言脫也,物脫落也”。

三行　甲,孚也,萬物解孚甲而生也。　　畢本據段校本作“甲,孚甲也”。案:《史記·律書》云甲者,萬物剖孚甲而出也。

五行　丁,壯也,物體皆丁壯也。　　案:玄應書卷十五引作“丁,壯也,言物體皆壯健也”。

六行　庚猶更也,庚,堅强貌也。　　吳校作“庚猶更,更堅强貌也"。案:《韻補》卷二引作"庚,剛也,堅强貌也"。

九行　霜,喪也,其氣慘毒,物皆喪也。　　案:《玉燭寶典》卷一引作"物喪之也"。

十行　雪,綏也,水下遇寒氣而凝,綏綏然也。　　案:《玉燭寶典》一引曰:"雪,娞也,水下遇寒而歸凝,娞娞然下也。"畢云:"《文選注》《初學記》《廣韻》《御覽》皆引作水下遇寒而凝,綏綏然下也。"今案:《蘇氏演義》卷三引亦作"綏綏然下也",今本脫下字,當補。

三葉下

三行　又言運也,運行也。　　吳於"運行"上增若字。

四行　電,珍也,乍見則珍滅也。　　畢本據玄應書卷七引改作"言乍見即珍滅也"。案:《法華經玄贊》卷十(下簡稱《玄贊》)引則亦作即。

四行　震,戰也,所擊輒破,若攻戰也。又曰辟歷,辟,折也,所歷皆破折也。　　畢本改折字爲析,是也。蘇輿謂"辟歷"下之辟字衍,"所歷皆破析也"乃總申辟歷之義,承析字言之。《御覽》天部十三引正作"霹靂,析也"。案:蘇説是也。案:《御覽》所引"霹靂,析也"句在"震,戰也"三句上,《法苑珠林》卷四引與《御覽》同。日本《倭名類聚抄》卷一(下簡稱《倭名抄》)引《釋名》云:"霹靂:霹,析也;靂,歷也。所歷皆破析也。"今疑《釋名》原本"又曰辟歷,辟,析也,所歷皆破析也"數句蓋承"電,珍也"一條而作"又曰辟歷,辟歷,析也,所歷皆破析也"。

六行　雹,砲也,其所中物皆摧折,如人所盛砲也。　　畢本據玄應書卷九引砲作跑,"盛砲"作"蹴跑"。畢云:"《玉篇》'跑,蒲篤切。蹴也'。則'蹴跑'二字不誤矣。《御覽》蹴作蹙,後又因形近,遂訛爲盛。"

十行　男美於女,女美於男,恒相奔隨之時,則此氣盛。畢本據《藝文》卷二引改恒爲互。

四葉上

　　二行　　傷害於物,如有所食齧也。　　　食,吴本改作蝕。

　　二行　　暈,捲也,氣在外捲結也。　　　《開元占經》八《日占》四引捲字皆作卷。

　　三行　　暍,翳也,言掩翳日光,使不明也。　　　畢本據玄應書卷九引言下增“雲氣”二字。又案:掩,玄應書作晻,卷十、十一又引作隱。同爲影母字。

　　六行　　日月虧曰食,稍稍侵虧,如蟲食草木葉也。　　　食,玄應書卷二、十四、廿二引均作蝕,《廣韻》職韻食下引同,畢本據改。“稍稍”,兩書引均作“稍小”。

　　七行　　晦,灰也。　　　畢本此上據《初學記》引補出“朏,月未成明也;霸,月始生霸然也;晦,月盡之名也”三句。

　　七行　　朔,蘇也。　　　畢本據《初學記》引於朔補“月初之名也”一句。

　　八行　　弦,月半之名也。其形一旁曲,一旁直,若張弓施弦也。　　　《净土經三部音義》卷二(以下簡稱《净土音義》)引名字上有異字。又《倭名抄》卷一引其字上有言字。卷二引無施字,《書抄》《類聚》《御覽》引同。惟《净土音義》卷二引有施字。

四葉下

　　一行　　晨,伸也,旦而日光復伸見也。　　　玄應書卷二引作“言其清旦日光復伸見也”。

　　二行　　氛,粉也。潤氣著草木,因寒凍凝,色白若粉之形也。　　　玄應書卷引作“因冷則凝,色白若粉也”[1]。《説文繫傳》气部雰下引作“潤氣著草木,遇寒而凍,色白曰雰”。

---

[1] 編者按:卷後原闕一字,經核當作“二十五”,且引文當作“因冷則色凝白若粉也”。

三行　霧,冒也,氣蒙亂覆冒物也。　　《玉燭寶典》卷十一引作"霧,冒也,氣蒙冒地物"。

四行　彗星,光梢似彗也。　　玄應書卷二、四、十四引光字上有星字,依下"筆星、流星"例,當據補。

四行　孛星,星旁氣孛孛然也。　　劉台拱《經傳小記》云:"案:釋智圓《楞嚴經疏》引《釋名》云:'言其氣孛孛然似掃彗也。'"

六行　枉矢,齊魯謂光景爲枉矢,言其光行若射矢之所至也。　　吳本作"齊魯謂光爲枉"。

八行　厲,疾氣也,中人,如磨厲傷物也。　　案:玄應書卷廿一"疾厲"條引作"癘,病氣流行中人,如磨礪傷物也"。王念孫《廣雅疏證》卷一上引《釋名》作"癘,厲也,病氣流行中人",蓋據玄應書校改,是此條病氣之厲字當作癘。

八行　疫,役也,言有鬼行疫也。　　案:玄應書卷廿一引作"疫,役也,言有鬼行役,役役不住也"。下疫字誤,當作役。

九行　疛,截也,氣傷人如有斷截也。　　畢本疛字從《周禮·均人職》改作札。《韻補》月韻引此文作"氣傷人如有所截斷也"。

五葉上

一行　眚,瘠也,如病者瘠瘦也。　　畢本瘠字並改爲省。"省瘦"爲古之常言。

二行　孽,櫱也,遇之如物見髡櫱也。　　玄應書卷三引此文,上孽字從虫作蠥,下兩孽字皆從木作櫱。

五行　地者底也,其體底下,載萬物也。亦言諦也,五土所生,莫不信諦也。《易》謂之坤,坤,順也,上順乾也。　　《玉燭寶典》卷一引曰"地,底也",無者字,《莊子·釋文》《爾雅·釋文》引同。又《玉燭寶典》引"信諦"作"審諦",《御覽》引同。

七行　已耕者曰田,田,填也,五稼填滿其中也。　　案:《倭名抄》卷一引云"土已耕者爲田,田,填也,五穀填滿其中也"。《齊民要術》引"五稼"亦作"五穀"。

八行　壤,瀼也,肥濡意也。　　此條訓釋上下文意不合。畢本據《説文》所云"益州鄙言人盛,諱其肥,謂之瀼"改此文作"壤,瀼也,肥瀼意也"。

十行　下濕曰隰。隰,蟄也;蟄,淫意也。　　王先慎謂《説文》"蟄,藏也",無下淫義。蟄當作墊。《方言》、《説文》、《莊子》司馬注並云"墊,下也"。《書》"下民昏墊",鄭注"陷也",某傳"溺也"。土爲水淫,勢若陷溺,是此文當作"下淫曰隰。隰,墊也;墊,淫意也"。今案:原本《玉篇》:"隰,辭立反。《尚書大傳》'隰隰,言淫也'。《廣雅》(當作《釋名》)'隰隰,墊也;墊墊,濕意也'。"據此可證王説不誤。《方言》卷六"墊,下也",郭注音丁念反。

五葉下

一行　下而有水曰澤,言潤澤也。　　《妙法蓮華經釋文》中卷(下簡稱《妙法》)引無而字,《御覽》《廣韻》引同。

三行　土黄而細密曰埴。埴,膩也,黏肥如脂之膩也。　　膩,畢本據《莊子·馬蹄篇》釋文引改作膱,是也。《慧琳音義》卷十三引亦作膱。又肥疑爲訛字,當作泥。

八行　陵,隆也,體高隆也。　　"高隆",《韻補》引作"隆高",是也。畢本不誤。

六葉上

一行　山小高曰岑。岑,嶃也,嶃然也。　　"山小"下畢本據《初學記》《御覽》引增而字,與上下辭例相合。又"嶃然"改作"嶃嶃然",是也。《詩·小雅》"漸漸之石",字作漸,毛傳云:"漸漸,山石高峻。"《廣韻》漸音慈染切,嶄音士減切。

二行　上銳而長曰嶠,形似橋也。　　畢本據《初學記》《御覽》改爲"山銳而高曰喬"。案:原本《玉篇》山部"嶠,渠驕反"。《爾雅》"山銳而高,嶠",郭璞曰:"言纖峻。"《釋名》言形似橋也。

二行　小山別大山曰甗。甗,甑也,甑一孔者,甗形孤出處似之也。　　首句畢全據《御覽》改爲"山,上大下小曰甗"。案:原本《玉篇》山部甗下云:"魚偃反。《爾雅》'重甗,隒',郭璞曰:'山形如累兩甑也。'《釋名》:'甑,一孔曰甗,山孤處以(似?)之爲名也。'"

六葉上

五行　礐,學也,大石之形學學形也。　　礐,畢云當從山作嶨。又下形字畢本據《初學記》《御覽》引改作然,是也。

七行　山上有水曰浮。浮,脱也。　　浮,畢本據《爾雅》改爲埒,是也。

六葉下

二行　山體曰石,石,格也,堅捍格也。　　格字《初學記》與《韻補》藥韻引俱作硌。硌,《廣韻》音落。

七行　江,公也,小水流入其中,公共也。　　《水經注》引作"江,共也,小水流入其中,所公共也"。《文選·江賦》注及《北堂書鈔》引"小水流入其中",下有"出物不私"四字,是傳本有不同。此條"公共"上當補所字。

八行　淮,圍也,圍繞楊州北界,東至海也。　　案:楊當作揚。

九行　濟,濟也,源出河北,濟河而南也。　　畢本於"濟也"下據《北堂書鈔》《初學記》《御覽》引增言字,是也。案:此條"濟,濟也",字同而音讀有不同,前者水名,《廣韻》音子禮切,後者爲渡水之濟,音子計切。一是上聲,一是去聲,不能相混。《釋名》中類此者尚有多處。

　　十行　山夾水曰澗。澗,間也,言在兩山之間也。　　《倭名抄》卷一、《藝文》九引均無之字。

七葉上

　　四行　所出同,所歸異,曰泌泉。　　泌字畢本據《爾雅·釋水》作肥。

　　六行　水上出曰涌泉、瀵泉,並是也。　　瀵字吳本改作瀆。

　　八行　水決復入爲汜。汜,已也,如出有所爲,畢已而還入也。　　“爲汜”,吳本據上下辭例改爲“曰汜”。又《韻補》卷三汜下引作“畢已復還而入也”。

　　九行　風吹水波成文曰瀾。瀾,連也。波體轉流相及連也。　　《倭名抄》卷一引作“風吹水波成文曰漣。波體轉相連及也”。《韻補》先韻引亦作“相連及也”,當據改。

　　十行　水小波曰淪。淪,倫也,小文相次,有倫理也。　　“小文”,畢本據《御覽》引改作“水文”,是也。

七葉下

　　二行　水經川歸之處也。　　吳本此句屬下條“海,晦也”,改爲“水經川所歸之處曰海”,是也。

　　三行　海,晦也,主承穢濁,其水黑如晦也。　　主,《韻補》卷三引作言。“黑如晦”,《初學記》六引作“黑而晦”,畢本據改。

　　五行　澮,會也,小溝之所聚會也。　　《説文解字繫傳》廿二巜下引澮作巜,“小溝”作“小水”。

　　七行　“使從旁廻也”。　　畢本廻作回。

　　七行　小渚曰沚。沚,止也,小可以止息其上也。　　吳云:“小疑衍。”

八行　小沚曰沘。沘，遲也。　　　沘，畢本據《御覽》引改作坻，是也。《爾雅·釋水》《説文》均作坻。

十行　島，到也，人所奔到也。亦言鳥也，物所赴如鳥之下也。玄應書卷一引作“亦曰鳥，人物所趣，如鳥之下也”。

八葉上

七行　涇上有一泉水，亦是也。　　　涇，畢云：“當爲陘字之誤。”吳本作丘。泉，吳本作淵。

十行　如乘曰乘丘。　　　吳本據《爾雅·釋水》於“如乘”下加者字。

八葉下

一行　四馬曰乘。一基在後，似車；四列在前，似駕馬車之形也。　　　郎本“馬車”作“車馬”。畢云“此車字疑是衍文”，是也。

三行　其止污水留不去成泥也。　　　止，吳本作上。

七行　道出其前曰載丘，在前故載也。　　　“故載也”，吳本作“故言載也”。

十行　水出其左曰營丘。　　　畢云：“案：《水經·淄水》注引《爾雅》曰：‘水出其前左爲營丘。’《禮記·檀弓》正義及《史記·周本紀》皆引作：‘《爾雅》曰：水出其前而左曰營丘。’[①] 今本及《爾雅》皆脱‘前而’二字。”

九葉上

三行　路，露也，人所踐蹈而露見也。　　　畢本。

七行　齊魯謂四齒杷爲櫂。櫂杷地則有四處，此道似之

---

① 編者按：畢書“周本紀”後有“集解”二字。

也。　　"齊魯"下《廣韻》引有間字。玄應書卷二引作"此道似之,因爲名焉"。

　　十行　驂馬有四耳,今此道有七,比於劇也。　　畢云:"'於'疑當作'之'。《初學記》云'比之方驂劇'。"吳本作"比於驂劇也"。劇爲形容詞。

九葉下

　　城下道曰隞。隞,翱也,都邑之内翱翔祖駕之處也。　　原本《玉篇》:"隞,胡勞反。《釋名》:'城下道曰豪。豪,翔也,都邑之内所翱翔也。'"畢本據《初學記》《御覽》引"都邑"上增言字。又據玄應書引"都邑之内"下增"人所"二字。

《釋名》卷第二

十葉上

    六行　楊州　　吳本作"揚州",是也。

    七行　必取荆爲名者。　　畢云:《藝文類聚》《爾雅》釋文及疏引皆無此句。

    八行　常警備之也。　　案:《五行大義》一引常作當,是也。

十葉下

    一行　并州曰土無也。　　畢本據《御覽》引改爲"并州,兼并也"。唐韋澳《諸道山河地名要略·并州》引《釋名》曰:"并者,兼也。"又云:"不以衛水爲號,不以恒山爲稱,而云并者,兩谷之間也。"

    九行　鄭,町也,其地多平,町町然也。　　《説文繫傳》十二鄭下引作"鄭,町也,其地町然平也。"

    十行　楚,辛也。　　畢云:"辛下當有楚字,觀下云'辛楚'可見。"

十一葉上

    一行　周地在岐山之南,其山四周也。　　吳本作"周,周也"。

    四行　魯,魯鈍也,國多山水,民性樸魯也。　　《説文繫傳》七魯字下引作"魯國多山水,民性樸鈍",當據正。

    六行　齊,齊也,地在渤海之南,勃齊之中也。　　王先謙云:

“吳校下勃作如,是。”

　　八行　越,夷蠻之國也。　　　　畢沅以也字爲衍文。

十一葉下

　　一行　河内,河水從岐山而南。　　　畢沅曰:“‘岐山’當是‘梁山’之訛。”

　　四行　上黨,黨,所也。在山上,其所最高,故曰上也。　　　“故曰上也”,畢本作“故曰上黨也”,是。

　　十行　南陽,在國之南,而地陽也。　　　畢沅據《史記·秦本紀》正義及《御覽》引改爲“南陽,在中國之南,而居陽地”。

十二葉

　　二行　大曰邦。邦,封也,封有功於是也。　　　吳校本於大下增邑字。《韻補》引作“邦,封也,有功於是,故封之也”。

　　二行　國城曰都者,國君所居。　　　畢沅據《御覽》引重都字。唐法琳《辯正論》引《釋名》云“都者,覩也”。

　　四行　邑猶悒也。　　　畢沅據《初學記》及《御覽》引改悒作俋。《説文》無俋字。吳校本則作“猶悒悒也”。

　　六行　懸係於郡也。　　　《玉燭寶典》四引無係字。

　　九行　一聚之所尊長也。　　　畢沅據《御覽》引删之字。

十二葉下

　　八行　朹,枝也,似水之枝格也。　　　吳改水爲木,是也。蘇輿云:“《御覽·人事》十六引正作木。”

　　九行　筋,力也,肉中之力,氣之元也,靳固於身形也。　　　案:《説文》:“筋,肉之力也。”吳校改此條作“筋,靳也。肉之力,氣之元,靳固身形也"。

十行　膜,幕也。　《净土三部經音義》三引作"脈,幕也",《御覽》引同。

十三葉上

一行　血,濊也,出於肉,流而濊濊也。　《韻補》質韻引"濊濊"下有然字。

二行　汁,渧也,渧渧而出也。　汁訓渧,音不合。吴校改作"渧,汁渧渧而出也"。

二行　汋,澤也,有潤澤也。　畢云:"人身無所謂汋者。汋字蓋誤也。疑當爲液。"案:盧文弨《鍾山札記》四云:"汋同液。"

三行　汗,㵄也。出在於表,㵄㵄然也。　王先謙云:"㵄字字書所無,疑是'涣涣'之誤。《易》言'涣汗',又疊韻字。《説文》:'涣,流散也。'《詩·溱洧》'方涣涣兮',傳:'涣涣,盛也。'以釋汗字,於義亦安。"

三行　髓,遺也。遺,潰也。　吴校作"髓,潰也,潰潰然也"。畢沅云:"《説文》無潰字,《廣韻》'魚盛貌',《集韻》始有'膏液'一釋。"

四行　髮,扷也,扷擢而出也。　扷當作拔。

四行　鬢,峻也,所生高峻也。　鬢别見下文,畢校改作囟,囟峻同音。吴校字作頤。

五行　髦,冒也,覆冒頭頸也。　冒當作冒。

五行　頭,獨也,於體高而獨也。　《御覽》引作"處體高而獨尊也"。《倭名抄》卷二引作"言處體而獨貴也"。體下脱高字。

七行　故幽州人則謂之鄂也。　《御覽》引無則字。

九行　睫,插接也,插於眼眶而相接也。　畢校作"插也,接也",於插下增一也字。《御覽》引作"睫,接也,插於匡而相接也"。《韻補》洽韻引作"睫,插也,插於目眶也"。

十三葉下

二行　頰，夾也，兩旁稱也。　　《韻補》洽韻引作"面兩旁稱也"，此兩字上脱面字。

四行　頤，養也，動於下，止於上，上下咀物以養人也。　　《韻補》陽韻止作應，人下又有者字。

五行　牙，櫨牙也，隨形言之也。　　畢沅移此條次於前面"齒，始也"一條後。櫨爲櫨梨字，王先謙謂此櫨爲齼之誤字。齒不相值爲齼。

六行　輔車，其骨强，所以輔持口也。　　畢沅以此條承上"頤，養也"之下，據《左傳·僖公五年》"輔車相依"正義引於"輔車"上增"或曰"二字。考《慧琳音義》卷七十四"頷車"下引《釋名》："頷，含也，口含物之車也。或曰輔車，其骨强，所以輔持口也。或曰牙車，牙所載也。或言頰車，亦所載頰也。"今本"或曰頷"下脱車字，"所以載頰"，頰則誤爲物，當改正。

十四葉上

一行　吻，免也。入之則碎，出則免也。　　《御覽》引無之字。《韻補》銑韻引作"入則定碎，出則免也"。

一行　又取抆也。　　抆當作抆。

二行　舌卷也，可以卷制食物使不落也。　　畢沅改"舌卷也"爲"或曰口卷也"，與上文"吻，免也"相連。《周禮·考工記·梓人》鄭注云："吻，口滕也。"是"舌卷"爲"口卷"之訛。

四行　口下曰承漿，漿，水也。　　畢沅據《御覽》引校改爲"口下曰承漿，承水漿也"。

六行　亦取須體幹長而後生也。　　畢沅曰："當云'亦取須也，須體幹長而後生也'。"

七行　隨口動搖，髯髯然也。　　"髯髯"，畢改作"冉冉"。

八行　距，拒也，言其曲似拒也。　　二拒字畢校作矩。吳本同。

十行　咽，咽物也。　　　吳校作“咽，所以咽物也”。王先謙云：“此文疑當云‘咽，咽也，言咽物也’。《史記·扁鵲倉公傳》正義云‘咽，嚥也，言咽物也’，即用此文。”

十行　臒在頤纓理之中也。　　　畢本臒字上有“或謂之”三字，吳校作“或曰”。“在頤”，畢本作“在頤下”，吳校同。

十四葉下

一行　青、徐謂之脰，物投其中受而下之也。又謂之嗌，氣所流通，阨要之處也。　　　畢沅云“物投其中”上當有“脰，投也”三字。王先謙云“氣所流通”上當有“嗌，阨也”三字。

二行　胡，互也，在咽下垂，能歙互物也。　　　“在咽下垂”，《文選·洞簫賦》注引無下字。玄應書卷一引作“在咽下垂者也”。

四行　氣所壅塞也。　　　玄應書卷一引作“謂氣至壅塞也”。

六行　無物不貫心也。　　　畢本據《御覽》引刪心字。案：《韻補》引作“無物不貫於心也”，貫下有於字。

六行　五行屬木。　　　畢本據《御覽》引作“於五行屬木”。

七行　凡物以大爲幹也。　　　大，畢據《御覽》引改作木。

七行　肺，教也。　　　教，畢改作勃，是也。

十五葉上

一行　胞，鞄也。鞄，空虛之言也。　　　畢本胞作脬，鞄作鞄。

二行　“自臍以下曰水腹”云云　　　畢本改承“臍，劑也”條下。

四行　言所在蔭翳也。　　　《倭名類聚抄》卷二引言下有其字。

五行　肋，勒也，檢勒五臟也。　　　《醫心方》卷十三引“檢勒”上有“所以”二字。《廣韻》肋字下引同。

五行　膈，塞也，塞上下，使氣與穀不相亂也。　　　《韻補》質韻引膈作鬲。吳校"塞也"作"隔也"。《御覽》引作"隔塞上下,使不與氣穀相亂也"。

七行　與智脅皆相會闔也。　　皆字畢本據《御覽》引改作背。

七行　臂,裨也,在旁曰裨也。　　裨當作裨。

九行　節,有限節也。　　畢沅云:"指附於手,爪附於指,不應有手有爪而獨無指。此當云'指,節也,有限節也'。"案:指、節聲韻不合。

十五葉下

三行　臂,殿也。　　臂字誤,畢本作臀。

四行　尻所在寮牢深也。　　《御覽》引無尻字。

六行　膝,伸也,可屈伸也。　　案:"伸也",疑當作"屈也"。

六行　腳,却也,以其坐時却在後也。　　《倭名抄》作"言坐時却在後也"。

七行　膝頭曰膊。膊,圍也。　　圍,吳校作圜,是也。

十七葉上

二行　則無蚩繆也。蚩,癡也。　　蚩,吳校作蚩,是。又"蚩,癡也",畢沅云當別爲一條。

四行　趨,赴也,赴所至也。　　至,畢本據《御覽》引改作期。

十七葉下

一行　奔,變也。　　吳本據上文"徐行曰步、疾行曰趨、疾趨曰走"三例於"奔,變也"上增"疾走曰奔"四字。

三行　騎,支也,兩腳枝別也。　　支,吳校改作枝。又"兩腳枝別",枝,《御覽》引作跂。

四行　載,載也,在其上也。　　畢據《禮記正義》引改作"載,戴也,戴在其上也"。

　　五行　　襜,任也。　　　　襜字誤,《妙法蓮花經釋文》引作擔,是也。

　　七行　　僵,正直置然也。　　　　置,吳改作僵。

　　八行　　企,啓,開也。目延疎之時,諸機樞皆開張也。　　　　畢據玄應書引改作:"企,啓也;啓,開也。言自延竦之時,樞機皆開張也。"

　　九行　　體皮皆從引也。　　　　皮,畢校改作支。

　　九行　　察是非也。　　　　畢據玄應書引察下有其字。

十八葉上

　　一行　　跪,危也,兩膝隱地,體危倪也。　　　　案:《净土三部經音義》卷一引作"兩膝隱地,體危陧也"。

　　三行　　於婦人爲扶,自抽扶而上下也。　　　　扶,吳校均作拔。

　　四行　　連翻上及言也。　　　　畢據玄應書引於及下增之字。

　　四行　　使順已也。　　　　已,吳校改作己,是也。使下玄應書卷廿四引有令字,當增。

　　五行　　徒演廣也。　　　　徒,畢校據上下文例改作使,是也。

　　五行　　掬,局也。使局相近也。　　　　局字當作局。

　　六行　　撮,捽也,暫捽取之也。　　　　案:《法華經玄贊》卷六引作"撮,卒也。謂暫卒取之"。《玄應音義》卷六引暫作擊,而卷八則引作暫。

　　六行　　摣,叉也,五指俱往也。　　　　案:《法華經玄贊》卷九引作"摣,叉也,謂五指俱往叉取",當據校。

　　七行　　捉,捉也,使相促及也。　　　　案:《韻補》屋韻引作"捉,促也",當據正。

　　八行　　其處皮薰黑色如鐵也。　　　　案:《韻補》質韻引作"其處皮熏黑如鐵也",無色字。

　　九行　　躎,躎也。　　　　當作"躎,榻也"。

九行　批,裨也。兩相裨助,共擊之也。　　案:裨當作裨。又《漢書·王莽傳》中宋祁注引蕭該《漢書音義》引《釋名》兩字下有指字,又無之字。

十行　四指廣博亦似擊之也。　　玄應書卷十四作"以擊之也",無亦字,似作以,是也。

十八葉下

一行　挾,夾也,在傍也。　　吳校在上有夾字。

六行　攬,歛也,歛置手中也。　　歛當作斂。

七行　拍,搏也,手搏其上也。　　搏,畢本作搏,是也。又玄應書卷四引手字上有以字。《韻補》藥韻引同。

七行　摩娑,猶末殺也。　　案:玄應書卷二十引作"摩抄,抹搬也"。字有不同。

八行　蹙,遵也,遵迫之也。　　遵字畢改作遒。

八行　踐,殘也,使殘壞也。　　《韻補》先韻殘下引使字上有踐字,當據補。

九行　蹹,藉也,以足藉也。　　案:玄應書卷九作"以藉足也"。吳校依以下幾條文例作"以足藉之也"。

十行　以足踐之如道路也。　　《法華經玄贊》八、《法華經釋文》下引並無路字。

十九葉上

一行　躡,懾也,登其上使懾服也。　　懾,畢本作攝。

四行　偃蹇也,偃息而臥不執事也。　　此條偃蹇爲一詞,依上下文例,"偃息而臥"上當出偃字,其上也字當删。畢本已改正。

五行　蹇,跛蹇也。　　此條玄應書卷三、卷九兩引皆與上條相連。

“蹇,跋蹇也” 即釋偃蹇之蹇。畢本已改正。

　　九行　倚箷。倚,伎也;箷,作清箷也,言人多伎巧,尚輕細如箷也。　　吳本校作 “倚徙。倚,技也;徙,箷也,言人多技巧,尚輕細如箷也”。

十九葉下

　　一行　齧,噬齧也。語説卷掔,與人相持齧也。　　“相持齧”,吳校作 “相持如噬齧也”。

　　二行　𠯑摘,猶譎摘也。　　吳校作 “言詗摘也”。

　　五行　精氣變化。　　“精氣”,《御覽》引作 “精神”。《韻補》箇韻引同。

　　八行　欠,嶔也,開張其口聲脣嶔嶔也。　　《韻補》先韻引無 “聲脣” 二字。吳本校作 “開張其口作聲,脣嶔嶔然也”。畢據《御覽》引作 “開張其口,脣欽欽然也”。

二十葉上

　　一行　人始生曰嬰兒。智前曰嬰。抱之嬰前乳養也。　　畢云:“《一切經音義》引作 ‘投之智前,以乳養之,故曰嬰兒’。” 案:玄應書卷二引則投作抱,乳字上有而字,不作以。又案:《弘決外典抄》卷四引《釋名》云:“人之初生曰嬰兒者,胸前曰嬰。接之嬰前而乳養之,故曰嬰也。”

　　四行　青徐州曰姁。　　吳校州作人。

　　五行　兒始能行曰孺。　　畢本據《御覽》引於孺下增子字。

　　九行　幼,少也,言生日少也。　　《韻補》嘯韻引作 “幼,小也;小少也。言生日少也”。

　　九行　十五曰童。　　《釋氏要覽》上 “師資童子” 條引《釋名》曰:“兒年十五曰童。童,獨也。”

二十葉下

一行　二十曰弱,言柔弱也。　　　玄應書卷二引作“二十曰弱冠,言雖成人而冠禮尚弱也”。與此不同。

二行　五十曰艾。艾,治也。　　　吳校治作刈。畢本據玄應書引改作“艾,乂也,又治也”。

四行　耆,指也。不從力役,指事使人也。　　　玄應書卷十引作“耆,指也。謂指事使人,不自執役也”。

六行　或曰黃耇,鬢髮變黃也。　　　吳校鬢上有黃字,是也。劉熙分釋黃耇二字,故下文云“耇,垢也”。

七行　皮色驪悴,恒如有垢者也。　　　悴,畢本據《御覽》引改作頯。又《御覽》引無者字。

八行　皮有班黑。　　　畢本據《御覽》引黑作點,是也。班,吳校作斑。

八行　或曰齯齯。　　　下齯字誤,《御覽》引作齒。

九行　更生細者。　　　者,《御覽》引作齒。

九行　百年曰期頤,頤,養也,老昏不復知服味善惡,孝子期於盡養道而已也。　　　案:《禮記·曲禮》鄭注云:“期猶要也,頤,養也,不知衣服食味,孝子要盡養道而已。”此處《釋名》未釋期字。

二十一葉上

二行　故其制字人旁作山也。　　　案:《三教指歸注》卷中引作“故制字人傍山也”。

四行　親,襯也,言相隱襯也。　　　蘇輿云:“襯疑當作儭。《一切經音義》四‘儭,且各反,又乂覯反[①]。儭,至也,近也’。”

四行　父,甫也,始生己也。　　　畢沅曰:“甫有始義。”吳校始上

[①] 編者按:乂,當從《一切經音義》改作叉。又乂形近而誤,乂又訛作義。

有"甫,始也"三字。

　　五行　母,冒也,含生已也。　　　吳校含字上有"冒,含也"三字。

　　五行　祖,祚也,祚物先也。　　　畢云:"《御覽》引無物字。"

　　九行　弟,弟也,相次第而上也。　　"弟也",當作"第也"。上,《御
覽》引作生,畢本據改。

　　十行　孫,遜也。遜遁在後生也。　　　畢云:"生字疑衍。"

二十一葉下

　　八行　仲父之弟曰叔父。叔,少也。　　　《韻補》引此下有"幼者
稱也"一句。

　　八行　叔之弟曰季父。　　　案:玄應書卷一引叔下有父字,《御覽》
引同。

書劉熙釋名後

劉熙《釋名》八卷，見於《隋書·經籍志》。宋館閣書目題"漢徵士北海劉熙字成國撰"，蓋舊本相傳如是也。《册府元龜》則稱熙爲"後漢安南太守"，安南漢無其郡，當是"南安"之誤。考南安之置郡在靈帝中平五年(見《後漢書·郡國志》"漢陽郡"注引《秦州記》)，是熙爲漢末人也。惟范曄《後漢書》不爲熙立傳，或疑其爲魏初人(如畢沅《釋名疏證》序)，則誤矣。錢大昕《潛研堂文集》卷二十七《跋釋名》云："《吳志·程秉傳》：'避亂交州，與劉熙考論大義，遂博通五經。'《薛綜傳》：'少依族人避地交州，從劉熙學。'《韋曜傳》：'曜因獄吏上書，言見劉熙所作《釋名》，信多佳者。'據此三文推之，則劉君漢末名士，建安中避地交州(原注：案：熙居交州之年固不可知，考《蜀志·許慈傳》云："師事劉熙，建安中入蜀。"夫慈爲熙之弟子，於建安中已學成而去，則其避地交州當在建安初矣)，故其書行於吳，而韋宏嗣因有辨《釋名》之作也。交州與魏隔遠，不當有入魏之事，史又不言其曾仕吳，殆遯跡以終者。清風亮節，亦管寧之流亞矣。"由此觀之，熙非魏初人甚明。

今考《世說新語·言語篇》劉孝標注引伏滔《論青楚人物》云："後漢時禰正平、劉成國，魏時管幼安、邴根矩，皆青土有才德者也。"夫玄度生於青土，且去魏不遠，既以成國屬漢，不屬魏，益可證其爲靈帝、獻帝間人，未嘗入魏。不爾，則不得謂爲有德之士矣。至於《後漢書》不爲熙立傳，則史有遺闕，不可據此以證其非後漢人。

又《四庫提要》云："《後漢書·劉珍傳》稱珍撰《釋名》五十篇，以辨萬物之稱號，其書名相同，姓又相同，鄭明選作《秕言》，頗以爲疑，然歷代相傳無引劉珍《釋名》者，則珍書久佚，不得以此書當之也。明選又稱此書爲二十七篇，與今本不合。明選，萬曆中人，不應別見古本，殆一時失記，誤以二十爲二十七歟？"案：范書所稱劉珍《釋名》，凡三十篇（《提要》誤記爲五十篇），既不見後人徵引，或此書本爲熙作，蔚宗偶然失檢，誤屬之於珍，亦未可知。錢大昕謂：據《吳志·韋曜傳》，《釋名》確爲劉熙所撰無疑，承祚去成國未遠，較之蔚宗自然可信。其説是也。惟學者多過信蔚宗之言，妄事推測，或謂是編創始於珍，而踵成於熙（如畢沅、嚴可均）；或謂珍自有書，今已不傳（如張穆、曾樸），皆不免牽合比附之嫌，姑存而不論可也。又熙所撰《釋名》凡二十七篇，序有明文。宋《崇文總目》云："熙即物名以釋義，凡二十七目。"是自宋以來之傳本均爲二十七篇，明選所稱篇數不誤，《提要》誤著爲二十篇，反謂明選失記，可謂無的放矢、信筆雌黃者矣。

　　劉成國著《釋名》之旨，詳於自序。序云：

　　　　熙以爲自古造化，制器立象，有物以來，迄於近代，或典禮所制，或出自民庶，名號雅俗，各方名殊。聖人於時就而弗改，以成其器，著於既往，哲夫巧士以爲之名，故興於其用而不易其舊，所以崇易簡、省事功也。夫名之於實，各有義類，百姓日稱而不知其所以之意，故撰天地、陰陽、四時、邦國、都鄙、車服、喪紀，下及民庶應用之器（一本此下有"即物名以釋義"六字），論敘指歸，謂之"釋名"。凡二十七篇。

此言古之爲事物立名，各有其義，故推考其得名之由來。自《釋天》至《釋喪制》共二十七篇，其分類與《爾雅》已不同。《爾雅》分類較疏，一篇之内所收語詞有非篇目名稱所能概括者。如《釋宮》兼及道途、橋梁；《釋器》兼括用具、衣着、食物、兵器等類。至於《釋名》，則分類加細。包括天、地、山、水、丘、道、州國、形體、姿容、長幼、親屬、言語、飲食、彩帛、首飾、衣服、宮室、牀帳、書契、典藝、用器、樂器、兵、車、船、疾病、喪制諸類，各爲一篇，事以類聚，物以群分，遠較《爾雅》爲優。後之類書，以事類繫詞，因詞以記事典，詞之分類蓋即取則於是。《釋名》與《爾雅》雖同爲訓詁書，而性質有殊。《爾雅》一書乃雜集經傳訓詁而成,故詞之出於古之經傳者爲多;《釋名》一書非爲通曉經傳而作,旨在探尋事物命名之含義,故以當時日常習用之詞爲主。雖俚語俗言,亦所不避。兩者用意不同。是以欲考察漢代之詞彙,《釋名》與史游《急就篇》當同爲重要之資料,未可以其訓釋多出於主觀而忽之也。

聲訓之事,起於《易傳》,而發揚推衍之者,實爲漢之今文經家。如班固《白虎通義》所集漢人解字之説皆爲今文經家之言是也。若劉熙者,是否爲今文經家不可知,其《釋名》即音説義,則承襲今文經家之緒餘,固無疑也。其中説解詞義,多出於臆測,誠未可信,然披沙揀金,亦時有一二可取。如《釋水》云:"水小波曰淪。淪,倫也,水文相次有倫理也。""小沚曰沘……人所爲之曰滴。滴,術也,偃水使鬱術也。魚梁、水碓之謂也。"《釋道》云:"四達曰衢。齊魯謂四齒杷爲櫂,櫂杷地則有四處,此道似之也。"如此之類,亦頗有所見。清人推闡訓詁,倡因聲求義之説,殆遠紹《釋名》,旁取徐鍇《説文解字繫傳》,有以成之耳。

《釋名》之聲訓可取者誠不多,但釋名物之形狀亦頗委細,亦可爲考索漢代文化之資助。其列詞也,義之相類者比而次之,而義之相反者亦然,如"道、德;言、語;飲、食;冠、纓;衣、裳;宮、室;寺、觀;屋、宇;倉、庫"等詞連類相屬矣,而"是、非;巧、拙;貴、賤;禍、福;哀、樂;吉、凶;甘、苦"等詞亦比而次焉。足見成國於紛繁詞語之中雅能探其倫序。至於書中所出之音訓,以及當時之方音俗語,尤爲後人考索漢代語音者所重視,理而董之,端在達者。

1946 年

原收録於《問學集》